Gina Rosa Wollinger

Gesellschaft ordnen

Gina Rosa Wollinger

Gesellschaft ordnen

Formelle Sozialkontrolle und die Entwicklung des Versammlungsrechts in Deutschland

Tectum Verlag

Gina Rosa Wollinger

Gesellschaft ordnen
Formelle Sozialkontrolle und die Entwicklung
des Versammlungsrechts in Deutschland

ISBN: 978-3-8288-2730-1

Umschlagabbildung: © Udo Schmode
Druck und Bindung: CPI buchbücher.de, Birkach
Printed in Germany

Besuchen Sie uns im Internet
www.tectum-verlag.de

Bibliografische Informationen der Deutschen Nationalbibliothek
Die Deutsche Nationalbibliothek verzeichnet diese Publikation in der Deutschen Nationalbibliografie; detaillierte bibliografische Angaben sind im Internet über http://dnb.ddb.de abrufbar.

1. Einleitung

„Jeder Mensch hat das Recht auf Freiheit und Sicherheit." Dieser Satz des Artikel 6 der EU-Charta mag zunächst irritieren, stehen sich doch Freiheit und Sicherheit im aktuellen Diskurs als Antagonisten gegenüber, die nicht zusammen gedacht werden können. Artikel 6 der EU-Charta ist jedoch nicht aus gegenwärtigen Debatten entlehnt, sondern geht zurück auf die Französische Revolution, genauer auf Artikel 2 der Erklärung der Menschen- und Bürgerrechte von 1789 (Denninger 2008: 86). Interessanterweise war hier mit Sicherheit (*sûreté*) eine Rechtssicherheit der Bürger_innen[1] gegenüber willkürlichem staatlichen Eingreifen gemeint (Denninger 2008: 86). Heute wird unter Sicherheit in politischen Kontexten meistens etwas anderes verstanden, nämlich die Sicherheit vor anderen Mitbürger_innen. Dennoch wird dem Gedanken des Rechts der Bürger_innen dem Staat gegenüber immer noch Bedeutung zugesprochen, in Deutschland verankert im Grundgesetz (GG). In der folgenden Arbeit wird es um eines dieser Grundrechte gehen, nämlich um Art. 8 GG, der das Grundrecht auf Versammlungsfreiheit festschreibt, wobei beide angesprochenen Verständnisse des Begriffs „Sicherheit" eine zentrale Stellung einnehmen werden.

Seit die Bundesländer durch die Föderalismusreform 2006 die Kompetenz erhielten, eigene Versammlungsgesetze zu erlassen, machten davon bis heute fünf Länder Gebrauch. Dabei erließ Bayern als erstes Land ein eigenständiges Versammlungsgesetz, welches in Baden-Württemberg und Niedersachsen als Vorlage für eine eigene erste Gesetzesinitiative diente[2]. Sachsen-Anhalt, Sachsen und Brandenburg übernahmen bis auf einige Änderungen das bisherige bundesweite Versammlungsgesetz. Diese neuen Länderversammlungsgesetze riefen und rufen in bestimmten Kreisen heftige Kritik hervor. Durch das Bayerische Gesetz, aber selbst auch durch die Gesetze (hier besonders das Sächsische), die fast vollständig das bisherige Recht übernahmen, fühlen sich viele Menschen in Bezug auf die Ausübung ihres Grundrechts erheblich eingeschränkt und kriminalisiert. Nach einer ersten Beschäftigung mit dem neuen Ge-

---

1 Im Folgenden verwende ich bei Personenbezeichnungen den Unterstrich (Bsp.: Teilnehmer_innen) als eine Weiterentwicklung des Binnen-I, um alle möglichen Lebensweisen außerhalb der hegemonialen Zweigeschlechtlichkeit mit einzubeziehen und sichtbar zu machen. Zum Hintergrund siehe: Herrmann, Steen Kitty (2003): Performing the Gap. Queere Gestalten und geschlechtlicher Aneignung. In: Arranca! (28): 22–26.

2 Diese Gesetzesvorlagen wurden jedoch nicht in der Form umgesetzt (dazu später mehr).

setzesmaterial, liegt die vorsichtige Vermutung nahe, dass dieses eine Abkehr vom bisherigen Versammlungsrecht darstellt.

Das Interesse, sich im Rahmen dieser Arbeit mit dem Thema näher zu beschäftigen, speist sich aus der anfänglichen Frage, was eigentlich im Versammlungsrecht in Deutschland passiert. Es mag auf den ersten Blick nahe liegen, zur Beantwortung dieser Frage die jeweiligen Gesetze zu vergleichen. Viel mehr interessiere ich mich jedoch dafür, wie diese Entwicklung im Versammlungsrecht in Deutschland soziologisch beschrieben und verstanden werden kann. Wenn Kriminalpolitik immer auch Gesellschaftspolitik ist (Hoffmann-Riem 2002), d.h. die jeweilige Rechtslage auch immer eine Aussage über eine gesellschaftliche Situation enthält, sollte ein soziologischer Blick auf den Wandel im Versammlungsrecht gewagt werden. Zwar handelt es sich bei dem gewählten Thema nicht um Kriminalpolitik im klassischen Sinne, dennoch geht es im Versammlungsrecht um bestimmte Verhaltens- und Handlungsbefugnisse, die der Staat seinen Bürger_innen einräumt bzw. beschneidet. So bilden die Polizei und die jeweilige zuständige Behörde staatliche Institutionen im Versammlungsrecht, die in ihrer Wirkung nicht zu unterschätzen sind. Fritz Sack kommt sogar zu dem Schluss, dass die „Ausgestaltung der Polizei ein Lackmustest einer freiheits- oder polizeistaatlich verfaßten Gesellschaft geworden ist“ (Sack 1995: 440).

Aus soziologischer Sicht lässt sich zunächst der Gegenstand mit dem man es hier zu tun hat, nämlich die Gesetze, als eine formelle Sozialkontrolle beschreiben. Das Thema formelle Sozialkontrolle sorgt schon seit längerer Zeit in der Kriminologie für Diskussionen und ist nicht zuletzt auch deshalb ein interessanter soziologischer Grundbegriff, weil die vorherrschende Sozialkontrolle, in dem Sinn in dem ich diesen Begriff verstehe und verwende (dazu mehr unter Punkt 2.1 „Zum Begriff der sozialen Kontrolle“), auch ein Ausdruck für die jeweilige gesamte gesellschaftliche Situation ist. Denn „gleichgültig ob diese Kontrollagenturen informell oder formell wirken, sie sind gesellschaftlich institutionalisiert und wirksam“ (Lamnek 1997: 61). In den verschiedenen staatlichen Maßnahmen, Gesetzen und Institutionen drückt sich auch immer eine Grundidee bzw. Intention von einer spezifischen gesellschaftlichen Ordnung aus.

Dabei existiert eine Vielzahl an Formen sozialer Kontrolle, welchen jeweils unterschiedliche Ideologien und Denktraditionen zugrunde liegen (Cohen 1993: 210-222). Gesellschaftspolitisch und soziologisch interessant ist es, zu betrachten, welche Form der Sozialkontrolle gegenwärtig vorherrscht und ob oder in welcher Form Wandlungsprozesse stattfinden. Hierbei ragt in jüngster Zeit vor allem die umfangreiche Analyse

David Garlands heraus. Dieser hat sich in seiner Arbeit „Kultur der Kontrolle“ (2008) mit einem Wandel der sozialen Kontrolle in Bezug auf das Strafrecht und die Kriminalpolitik in den USA und in Großbritannien beschäftigt. Garland beschreibt eine Entwicklung vom wohlfahrtsstaatlichen Strafen, welches sich vor allem durch den Resozialisierungsgedanken auszeichnete, zu einer neuen Tendenz, bei der es weniger um die Ursachenbehebung von Kriminalität geht als um die Folgenbearbeitung, und bei der öffentliche Sicherheit zu einem unhinterfragten Ideal geworden ist. Dieses soll präventive verdachtsunabhängige Eingriffe und viele andere Maßnahmen legitimieren. Eine umfangreiche Darstellung der Etablierung des Sicherheitsgedankens geknüpft an einen Wandel sozialer Kontrolle findet sich auch bei Singelnstein/Stolle (2008). Dennoch ist die Beschäftigung mit den Themen Prävention und staatliche Eingriffe kaum als neu zu betiteln. In der BRD zeichneten sich präventions- und überwachungskritische Debatten Ende der 70er und in den 80er Jahren ab (siehe z. B. Wambach 1983 und Narr 1977), wobei vor allem Maßnahmen der Volkszählung, der Berufsverbote und der Terrorismusbekämpfung im Fokus der Kritik standen. Wichtig erscheint mir jedoch, soziale Kontrolle nicht nur auf einzelne staatliche Maßnahmen zurück zu führen, sondern diese vielmehr in ihrer Komplexität und Eingebettetheit in die Gesellschaft zu verstehen, welche nicht im Hintergrund eines monolithischen Staatsverständnisses begriffen werden kann. Diesbezüglich scheinen mir die Arbeiten von Garland (2008) und Singelnstein/Stolle (2008) eine angebrachte theoretische Basis zu liefern, wobei ich selbstverständlich auch andere Ausführungen zu dem Thema berücksichtige und anführe.

Die Forschungsfrage lautet, inwiefern der Wandel im Versammlungsrecht in Deutschland durch einen Wandel in der formellen Sozialkontrolle beschrieben und verstanden werden kann. Dabei konzentriere ich mich speziell auf die Entwicklung des Versammlungsrechts in Bayern als Analysegegenstand. Die Gesetzeslage in Bayern hat eine umfängliche Neuerung und rasante Entwicklung in Bezug auf das Versammlungsrecht zu verzeichnen und ist schon deshalb interessant: 2008 erließ Bayern ein eigenes Versammlungsrecht, welches 2010 als Reaktion einer Entscheidung des Bundesverfassungsgerichts überarbeitet wurde. Daneben ließen und lassen sich viele Elemente des Bayerischen Rechts auch in anderen Bundesländern wiederfinden, z.B. als Gesetzesvorlage. Die Frage ist nun, ob die Entstehung und die Entwicklung des Bayerischen Gesetzes durch einen allgemeinen Wandel formeller Sozialkontrolle, welcher noch näher zu bestimmen ist, verstanden werden kann.

In meiner Untersuchung stütze ich mich auf das bisher bundesweit geltende Versammlungsgesetz (VersG), auf das 2008 erlassene Bayerische

Versammlungsgesetz (BayVersG2008) sowie auf das gegenwärtige Bayerische Versammlungsgesetz mit dem Stand vom 22.4.2010 (BayVersG2010). Einen Schwerpunkt bildet dabei das BayVersG2008.

Zur Beantwortung der Frage werde ich in einem ersten Teil die theoretische Basis der Arbeit liefern. Hierzu gehört zunächst eine Klärung des Begriffs sozialer Kontrolle. Daran schließt sich eine Bestimmung des Wandels formeller Sozialkontrolle an. Im zweiten Teil der Arbeit werde ich die Entwicklung des Versammlungsrechts in Bayern vor dem theoretischen Hintergrund analysieren und die Brauchbarkeit der Annahmen zum Wandel der formellen Sozialkontrolle zur Erklärung prüfen.

2. Theoretische Grundlage

Im Folgenden soll die theoretische Grundlage für die vorliegende Arbeit bereitet werden. Hierbei ist es erforderlich, zunächst eine kurze Darstellung des Begriffs der sozialen Kontrolle zu geben, was nicht zuletzt aus den unterschiedlichen und vielfältigen Konnotationen des Begriffs resultiert. Es erscheint mir angebracht, die Begriffsgenese darzustellen und die verschiedenen Bedeutungen voneinander abzugrenzen, um schlussendlich die Verwendung des Begriffs in dieser Arbeit zu klären. Anschließend werde ich die Entwicklung in der sozialen Kontrolle von der Mitte des 20. Jh. bis zur Gegenwart nachzeichnen.

2.1 Zum Begriff „soziale Kontrolle"

Als Kunst, mittels sozialer Kräfte die Gesellschaft an einem gesellschaftlichen Ideal zu orientieren, beschrieb Vincent George den Begriff „soziale Kontrolle" 1896 (Janowitz 1973: 499). So befremdlich diese Formulierung heute scheinen mag, weist sie doch auf einen wesentlichen Aspekt sozialer Kontrolle hin: auf die Tatsache, dass wo immer sie ausgeübt wird, eine bestimmte Vorstellung von Gesellschaft wie sie sein sollte, hier als gesellschaftliches Ideal beschrieben, dem Handeln der sozialen Kontrolle zugrunde liegt. Jede Rüge, jeder missbilligende Blick und jeder maßregelende Fußtritt unter dem Tisch besitzen implizit eine Idee davon, welches Verhalten erwünscht ist, was als angemessen, als gut und richtig und was als falsch angesehen wird. Soziale Kontrolle als Fähigkeit der Gesellschaft zur Selbstregulierung (Janowitz 1973: 500) wirft immer die Frage auf, an welchen Werten und Prinzipien sie sich orientieren soll. Somit ist soziale Kontrolle notwendigerweise an das Bestehen von Normen geknüpft. Aus diesem Grund stellt die soziale Kontrolle für Fritz Sack einen „(...) epistemologisch fundamentalen Begriff für die Soziologie, der den Gegenstand dieser Disziplin nach einem gleichermaßen unbestrittenen Urteil erst begründet: den der Norm" (Sack 1993: 22).

Die Ausgestaltung und Form sozialer Kontrolle kann dabei höchst unterschiedlich sein. Sie kann als formelle Sozialkontrolle in Form von Gesetzen und Verordnungen oder als informelle im zivilen zwischenmenschlichen Bereich, basierend auf Moralvorstellungen, Bräuchen und Sitten, klassifiziert werden. Daneben existieren jedoch auch Mischformen, wie beispielsweise im Bildungswesen, wo Angestellte und Beamt_innen zwar staatliche Weisungen ausführen, aber auch durch die persönliche Interaktion informelle Kontrolle ausüben. Ebenso verschieden können die Akteure sein, die die jeweilige Sozialkontrolle ausüben.

Formelle soziale Kontrolle wird beispielsweise vorwiegend von staatlichen Institutionen wie der Polizei, staatlichen Bildungseinrichtungen oder auch Gerichten ausgeübt. Informelle Sozialkontrolle wird von jedem/er in seiner/ihrer privaten Rollenpositionen verwirklicht. Dies findet beispielsweise in der Kindererziehung statt, ist aber auch latent im Umgang mit Nachbar_innen, Kolleg_innen und Freund_innen enthalten. Durch das Verhalten und die Reaktionen gegenüber anderen werden Haltungen der Zustimmung, Gleichgültigkeit oder auch Missbilligung vermittelt. Dies kann sich schon in relativ schwachen Formen, wie zum Beispiel in der Gestik und Mimik, ausdrücken. Auf der anderen Seite wirkt das Bewusstsein über das Vorhandensein sozialer Kontrolle, d.h. das Wissen um das *Gesehenwerden*, auf das Verhalten in zwischenmenschlichen Interaktionen (dazu Foucault 1976).

Sozialkontrolle ist die ständige Durchsetzung der Normen, die dadurch erhalten bleiben. Sie kann jedoch auch schon bei der Normentstehung analysiert werden, d.i. auf der Ebene der Normgenese (Singelnstein/Stolle 2008: 11). Ebenso breit wie die verschiedenen Formen sozialer Kontrolle ist auch der Gegenstand auf den sie sich bezieht, d.i. das von einer Normvorstellung abweichende Verhalten. Kriminelles Verhalten ist hierbei nur eine Art des abweichenden Verhaltens, wenn auch jene, die in diesem Zusammenhang wohl am meisten Aufmerksamkeit seitens sozialwissenschaftlicher Theorien und Untersuchungen findet. Weiter sind viele Verhaltensweisen denkbar, die zwar auch vom erwarteten und tolerierten Verhalten abweichen, jedoch keine Straftat im Sinne des Gesetzes darstellen. Hierzu können kleine Arten der Abweichung gehören, wie zum Beispiel das Unterlassen eines Grußes beim Begegnen der Nachbarin im Treppenhaus, aber auch ein von vielen Menschen unerwünschtes Verhalten, die sogenannten *incivilities*, wie es der längere Aufenthalt von Jugendlichen und/oder Obdachlosen an bestimmten öffentlichen Plätzen, sogenanntes *Herumlungern*, für manche darstellt.

Der Begriff soziale Kontrolle ist heute in der Alltagssprache oftmals mit einer konservativ-autoritären Einstellung und Konformitätszwang konnotiert. Dies ist jedoch nicht die einzige Bedeutung. Tatsächlich beschrieb Sozialkontrolle zum Zeitpunkt des Aufkommens des Begriffs zunächst die Fähigkeit einer Gesellschaft, sich selbst entsprechend ihrer normativen Wertevorstellungen zu regulieren. Am Ende des 19. Jh. in den USA auftauchend und vor allem in einem philosophisch geprägten Umfeld verankert, wurde mit dem soziologischen Grundbegriff der Sozialkontrolle eine neue vielversprechende Möglichkeit verbunden, Aussagen über Gesellschaften zu treffen. Edward A. Ross sah 1894 in Sozialkontrolle ein Konzept, um das Gelingen des menschlichen Zusammenlebens als Gesellschaft zu erklären; Assoziationen mit Konformität oder gar Zwang waren damit nicht verbunden. Viel eher wurde soziale Kontrolle positiv verstanden als ein Mechanismus zur Problemlösung, der in einem kollektiven Prozess der Selbstregulierung vollzogen wird. Anders als die vorher dominierende Beschäftigung mit dem Thema der gesellschaftlichen Ordnung, welches vor allem die Frage nach der richtigen Herrschaftsform meinte, war in der Vorstellung von sozialer Kontrolle der Gedanke präsent, dass sich die gesellschaftliche Ordnung von unten nach oben konstituierte (Sack 1993: 23). Hierauf aufbauend betonte Charles H. Cooley die Bedeutung von Individualität und die Rolle starker Individuen zur Förderung des gemeinschaftlichen Zusammenlebens. Soziale Kontrolle galt als ein essentielles Bindeglied zwischen den einzelnen Gesellschaftsmitgliedern, welches erst eine Gesellschaft als solche ermöglicht. Soziale Kontrolle meinte keinen Zwang zur Konformität, sondern die „Triebkraft von gesellschaftlichem Wandel und sozialem Fortschritt" (Sack 1993: 23). Die Aufgabe der Soziologie war es demnach zu analysieren, welche Bedingungen eine gut funktionierende soziale Kontrolle ermöglichen. Hierin wurde auch die Chance gesehen, gesellschaftlichen Wandel mittels der Betrachtung der sozialen Kontrolle zu beschreiben bzw. zu erklären. Weitere Erklärungskraft erfuhr der Gebrauch des Begriffs zur Beschreibung von Kooperationsprozessen. Mittels sozialer Kontrolle konnten Mechanismen beschrieben werden, die durch ökonomische Kooperationsmodelle nicht erklärt werden konnten. Somit tauchte der Begriff vermehrt auch in den Wirtschaftswissenschaften auf.

Anfang des 20. Jh. erfuhr der Begriff einen Bedeutungszuwachs in der Sozialpolitik. Grundlegend dafür war der Gedanke, menschliches Miteinander als durch soziale Kontrolle organisiertes zu begreifen. Vor allem für die aufkommende empirische Forschung stellte sich der Begriff als äußerst aufschlussreich dar: Mittels der Idee der Sozialkontrolle wurden die abhängigen Variablen zueinander in Beziehung gesetzt und interpretiert. Sozialer Kontrolle einen so elementaren Stellenwert in der Gesellschaft zu geben ging mit der Vorstellung einher, dass soziale Probleme als Probleme der sozialen Kontrolle zu begreifen und zu analysieren seien. Es bedeutete in diesem Sinn jedoch auch, die Lösung gesellschaftlicher Probleme in einem gemeinschaftlichen, kollektiven Handeln zu suchen. Hierbei handelte es sich jedoch nicht um die Idee einer zwanghaften Anpassung von Verhalten und hiermit verbundenen Disziplinierungsmaßnahmen. Leitend war vielmehr der Gedanke der eigenständigen Selbstregulierung und der damit einhergehenden Zurückdrängung staatlichen Machteinflusses.

Erst Robert MacIver formulierte soziale Kontrolle als einen negativen Konformitätsdruck und hob mit der Bezeichnung „legitim angewandte Gewalt" (Janowitz 1973: 507) Zwang als wesentliches Element der sozialen Kontrolle hervor. Hierbei ist Kontrolle ein notwendiger Mechanismus, der menschliches Zusammenleben reguliert, indem er als eine Kontrolle der angeborenen Triebe fungiert und so eine Gesellschaft überhaupt erst ermöglicht (MacIver 1953: 29). Dieser Anthropologie des Menschen als egoistisches Wesen folgend, ist der Zwang eine notwendige Bedingung, um die Interessen aller zu wahren (MacIver 1953: 69). Die Idee der Kontrolle als Zwangsmechanismus und Konformitätsdruck findet sich verstärkt ab den 1940er Jahren in der Sozialpsychologie, wo er vor allem durch Robert E. Park und Ernest W. Burgess ideologisch besetzt wird. Sozialkontrolle stellt hier nicht mehr einen zentralen Grundbegriff zur soziologischen Gesellschafts- und Kooperationsanalyse dar, sondern wird als Ausdruck eines Konformitätsdrucks innerhalb des Sozialisationsprozesses verstanden. Demnach wird soziale Kontrolle vor allem als Überwachung und Überprüfung des Individuums angesehen und weniger als gesellschaftliche Selbstregulation. Diese ideologische und politische Nutzung des Begriffs schreibt Janowitz (1973: 509) u.a. den Ereignissen der Great Depression und des New Deal zu, wobei in Deutschland das Phänomen der ideologischen Besetzung des Begriffs der sozialen Kontrolle wohl vor allem in den politischen Strömungen der 60er Jahre auftaucht. Seitdem sind Mechanismen sozialer Kontrolle stark in ein konservatives Licht gerückt, welches mit autoritären Sozialisationsstilen behaftet ist.

Es lässt such eine Begriffsgenese nachzeichnen: Stellte man anfangs, beim Aufkommen des Begriffs, noch große Erwartungen an soziale Kontrolle zur Erklärung komplexer gesellschaftlicher Formationen, so beschränkt sich mit der Zeit der Gebrauch fast ausschließlich auf die Sozialpsychologie und -politik. Dennoch war, wenn auch nicht mehr explizit erwähnt und diskutiert, soziale Kontrolle aus den Interaktions- und Kooperationsanalysen nicht mehr zu abstrahieren, und wo dies geschah wurde eine negative Auswirkung auf die Erklärungskraft der jeweiligen Beobachtung sichtbar (Janowitz 1973: 509).

Ab den 1970er Jahren zeigten sich Bemühungen, soziale Kontrolle begrifflich wieder weiter und offener zu fassen und dadurch den anfänglichen Bedeutungsgehalt stärker zu betonen. Hierzu zählte z.B. George C. Homans, der betonte, dass soziale Kontrolle allen zwischenmenschlichen Beziehungen und Interaktionen zugrunde liege (Homans 1970: 271-298). Janowitz (1973) plädiert dafür, soziale Kontrolle als Grundbegriff zum Verständnis von sozialer Ordnung zu begreifen und diesem wieder mehr Aufmerksamkeit zu schenken. Ihm geht es darum, zum Untersuchungsgegenstand in der Soziologie wieder die „Vorbedingungen und Variablen" zu machen, „die zur Maximierung der Selbstregulierung der Gesellschaft führen und die die Realitäten sozialen Zwangs erkennbar machen, unabhängig davon, ob dessen Ursprung in ökologischen, ökonomischen oder normativen Faktoren gesehen werden muss" (Janowitz 1973: 512). In gegenwärtigen Arbeiten und Diskursen zum Thema „Reaktionen auf abweichendes Verhalten" und „soziale Kontrolle" geht es genau darum: Es werden Fragen nach der spezifischen Form und Ausgestaltung der sozialen Kontrolle aufgeworfen und es wird untersucht, inwiefern hierin Veränderungen stattfinden. Tobias Singelnstein und Peer Stolle (2008) beispielsweise sehen gerade in der Form der sozialen Kontrolle eine große Aussagekraft über die Gesellschaft, in der sie auftaucht, indem sie sagen, dass „soziale Kontrolle der Ausdruck der jeweils herrschenden gesellschaftlichen Bedingungen ist" (Singelnstein/Stolle 2008: 12). In ihrer Arbeit stützen sich Singelnstein/Stolle hauptsächlich auf David Garland (2008), der ebenfalls mit dem Begriff der sozialen Kontrolle operiert, um die Veränderung mit dem Umgang von Kriminalität und den Wandel des Strafrechtsystems in den USA und Großbritannien zu analysieren und zu erklären.

In der folgenden Untersuchung möchte ich den Begriff der sozialen Kontrolle als ein Instrument zur Erhaltung einer bestimmten Ordnung und damit von der Begriffsgenese her eher traditionell verstehen. Die Ordnung, die erzielt oder beibehalten werden soll, resultiert aus normativen, moralischen Vorstellungen, bzw. weit gefasst verstanden, aus einer Idee davon, wie Zusammenleben und soziale Interaktion vonstattengehen sollen. Das heißt, dass es sich bei der sozialen Kontrolle um ein Ordnungsproblem handelt, wie Gesellschaft gestaltet und strukturiert wird bzw. werden soll. Dabei beziehe ich mich in dieser Arbeit vor allem auf die Definition von Singelnstein und Stolle (2008): „Sozialkontrolle als Begriff umfasst sowohl staatliche als auch private Mechanismen und Techniken, mit denen eine Gesellschaft oder eine sonstige soziale Gruppe versucht, ihre Mitglieder dazu anzuhalten, den von ihr aufgestellten Normen als Verhaltensforderungen Folge zu leisten" (Singelnstein/Stolle 2008: 11). Dies ist nicht zu verwechseln mit der Machtausübung bestimmter herrschender Gruppen, denn auch gesellschaftliche Minderheiten haben ihre Vorstellung davon, wie gesellschaftliches Miteinander sein sollte und auch sie werden dies durch Verhalten und Handlungen nach Außen kommunizieren. Einzig sie werden dabei wahrscheinlich nicht so erfolgreich sein wie Gruppen, die einen starken Einfluss in der Gesellschaft ausüben. Analysiert man nun, welche Form von sozialer Kontrolle in einer Gesellschaft behauptet werden kann, d.h. sich durchsetzt, und welche Vorstellungen mit dieser Form sozialer Kontrolle verknüpft sind, so lässt dies Rückschlüsse auf eine allgemeine Tendenz und Vorstellung in der Gesellschaft zu, die gegenwärtig viel Zuspruch findet.[3] Interessant ist in diesem Hinblick vor allem ein Prozess des Wandels, d.h. wenn eine Form von Sozialkontrolle durch eine andere abgelöst wird. Dies kann nach dem Gesagten als eine allgemeine und grundlegende Veränderung in der Gesellschaft interpretiert werden. In einer Untersuchung nun den Fokus auf die jeweilige soziale Kontrolle zu richten, bedeutet, eine „Gesellschaft nicht über ihre Normen zu begreifen, sondern sie als ein permanent aktives Geflecht sozialer Normierung und Kontrolle zu begreifen“ (Sack 1993: 22), als in einem ständigen gesellschaftsordnenden Prozess befindlich.

2.2 Wandel sozialer Kontrolle

Nachdem der historische Verlauf des Begriffs der sozialen Kontrolle in einem kurzen Abriss dargestellt wurde, möchte ich im Folgenden auf den Wandel der sozialen Kontrolle eingehen. Hierbei orientiere ich mich vor allem an den Arbeiten Garlands (2008) sowie an denen von Singelnstein/Stolle (2008). Wie auf der vorigen Seite schon erwähnt, untersuchte Garland in seiner Untersuchung den Wandel der Sozialkontrolle anhand der Strafrechtssysteme in den USA und in Großbritannien. Diese Gesellschaften unterscheiden sich in ihrer Geschichte, Kultur und gesetzlichen Konstitution selbstverständlich von jener in Deutschland. Dennoch meine ich, die Arbeit Garlands heranziehen zu können, denn in wesentlichen Aspekten besteht zwischen den Ländern Ähnlichkeit. Beispielsweise handelt es sich um kapitalistische und demokratische Industrienationen. Viele Entwicklungen der USA haben sich mit einer zeitlichen Verzögerung auch in Deutschland vollzogen, vor allem politische Strategien, wie beispielsweise der Gedanke des Forderns und Förderns. Dies lässt sich auch im Bereich des Strafrechts und der Kriminalpolitik nachvollziehen, z.B. in Hinblick auf die Resozialisierung. Die Kriminologie in Deutschland wurde immer stark von der britischen und US-amerikanischen beeinflusst (Karstedt/Oberwittler 2003: 9). In meiner

---

3 Hierbei ist natürlich vorausgesetzt, dass es sich um eine einigermaßen funktionierende demokratisch-verfasste Gesellschaft handelt, in der die herrschenden Vorstellungen jene sind, die auf eine breite Anerkennung und Zustimmung in der Bevölkerung treffen und die sich nicht allein durch eine Gewaltherrschaft behaupten können. In solchen demokratischen Gesellschaften ist „die Strafgesetzgebung (...) nicht das Werk einer sich selbst erhalten wollenden Institution oder das Instrument einer latenten Herrschaftsgruppe, sondern ein Interessenabgleich, der nicht ohne Bezugnahme auf die sozialen Schichten einer Bevölkerung verstanden werden kann“ (Mühler 2000: 207f.).

Darstellung werde ich diese Unterschiede berücksichtigen und Entwicklungen in den USA und Großbritannien von denen in Deutschland trennen und auf ihre Vorfindbarkeit in Deutschland hinweisen.

Bei der folgenden Darstellung eines Wandels formeller Sozialkontrolle knüpfe ich in der zweiten Hälfte des 20. Jahrhunderts an.

2.2.1 Wohlfahrtsstaatliche Sozialkontrolle

Ende der ersten Hälfte des 20. Jh. entstand in den USA und Großbritannien sowie in den 1950er Jahren auch in Deutschland eine stabile wirtschaftliche Situation. Diese Entwicklung ging einher mit der Herausbildung von wohlfahrts- bzw. sozialstaatlichen[4] Strukturen und dem Entstehen einer modernen Strafrechtstheorie.

Gesellschaftliche Bedingungen im Wohlfahrtsstaat

Das arbeitsorganisatorische Konzept des Fordismus, der durch Spezialisierung der einzelnen Arbeitsschritte und Fließbandarbeit gekennzeichnet ist, schafft in den USA ab den 1950er Jahren eine Massenproduktion. Durch eine Rationalisierung der Produktionsschritte wird dabei nicht nur ein Anstieg von Produktion, sondern auch eine enorme Lohnsteigerung ermöglicht. Diese führt wiederum zu Massenkonsum, indem den Arbeiter_innen durch hohe Löhne ein Zugang zum Erwerb der erstellten Ware ermöglicht wird und sie somit am Wohlstand beteiligt sind (Hirsch/Roth 1986: 50f.). Vermehrt werden Luxusgüter und neue technologische Errungenschaften wie Autos, Fernseh- und Haushaltsgeräte hergestellt und für eine breite Schicht der Bevölkerung erschwinglich. Durch die Gleichförmigkeit der Massenproduktion vollzieht sich eine Homogenisierung des Lebensstils. In der BRD schlägt sich dieser Trend mit dem Aufschwung der Wirtschaft in den 50er und 60er Jahren (zu Zeiten des so genannten Wirtschaftswunders) nieder, der ebenso wie in

---

[4] Die Problematik, inwiefern die Begriffe Sozialstaat und Wohlfahrtsstaat synonym verwendet werden können, kann im Rahmen dieser Arbeit nicht abschließend geklärt werden. Eine besondere Problematik ergibt sich daraus, dass die deutsche Sprache zwei Begriffe bietet, die einen unterschiedlichen Gebrauch nahelegen, das Englische jedoch nur über das welfare verfügt. Da es sich bei den Arbeiten von David Garland, auf die ich mich hier vor allem beziehe, um englische Texte handelt und er somit keine Unterscheidung zwischen Wohlfahrts- und Sozialstaat intendiert hat, werde ich in der vorliegenden Arbeit ebenso den Begriff Wohlfahrt benutzen, ohne damit eine Abgrenzung zum Sozialstaat ausdrücken zu wollen. Letztendlich wird der Begriff hier benutzt, um das Vorliegen allgemeiner sozialer Sicherungssysteme des Staates zu beschreiben.

den USA vorwiegend durch eine industrielle Rationalisierung getragen wird (Kern/Schumann 1990: 40). Es herrscht eine allgemeine Beschäftigungssicherheit, die Nachfrage nach Arbeitskräften ist groß, was sich u.a. in monetären Vergünstigungen, wie Gehaltserhöhungen und der Einführung von Weihnachts- und Urlaubsgeld, zeigt.

Hohe Löhne und der damit ermöglichte Konsum- und Lebensstil sind jedoch nur ein Charakteristikum der neuen Beschäftigungssituation. Grundlegend sind vor allem die damit verbundenen psychologischen Komponenten, wie die der gefühlten Stabilität und der materiellen Sicherheit. Beschäftigungssicherheit, lebenslange Anstellungen bei einem Unternehmen und das Erstarken von Gewerkschaften ermöglichen der Bevölkerung eine Lebenssituation fern von prekären Verhältnissen. Es ist eine Zeit der Vollbeschäftigung und wirtschaftlichen Stabilität. Keynes Grundgedanken folgend, greift der Staat dabei regulierend in die Wirtschaft ein und schreibt sich die Aufgabe zu, in Bezug auf Nachfrage, Vollbeschäftigung und soziale Rechte zu agieren. Kennzeichnend hierfür ist vor allem das Modell des Korporatismus in Deutschland, welches auf eine Zusammenarbeit zwischen Staat, Gewerkschaften und Unternehmen setzt.

Weiter sind es nicht ausschließlich wirtschaftliche Belange, bei denen der Staat sich in der Verantwortung sieht. Zu den staatlichen Aufgaben der wirtschaftlichen Regulation treten vor allem auch die der sozialen Sicherung hinzu. Der sich konstituierende Wohlfahrtsstaat schafft Strukturen, die positiv integrierend auf das Individuum wirken sollen, wie zum Beispiel durch Jugend- und Sozialarbeit. Gebündelt ist die neue staatliche Rolle in dem Ausdruck *big government*, der den starken Einfluss des Staates bezeichnet, der einerseits regulierend in die wirtschaftlichen Prozesse eingreift, andererseits aber auch in Bereiche wie Bildung, Gesundheitswesen und Sozialarbeit hineinwirkt.

Formelle Sozialkontrolle im Wohlfahrtsstaat

Garland (2008: 93-101) bezeichnet die strafrechtliche Sozialkontrolle im Wohlfahrtsstaat als *penal welfarism*, das wohlfahrtstaatliche Strafen. Hierbei ist eine moderne Strafrechtstheorie leitend, die sich primär auf einen korrektionalistischen Ansatz von Behandlung und Besserung des/der Abweichler_in stützt. Dieser Grundgedanke findet sich in den 1950er und 60er Jahren in den USA in einer vielfältigen und komplexen Struktur von Maßnahmen und Angeboten wieder. Hierzu zählen beispielsweise täter_inbezogene Behandlungsprogramme, vorzeitige Entlassungen, Ausbau der Sozial- und Jugendarbeit, Bewährungshelfer_innen und die Ausweitung der kriminologischen Forschung. Dabei bildet die Maßnahme der Resozialisierung wohl am prägnantesten den Leitgedanken der modernen Strafrechtstheorie ab: die Wiedereingliederung des/der Täter_in in die Gesellschaft. Es herrscht eine „Vision der Einbeziehung (inclusion) statt einer Ausgrenzung (exclusion) als die als adäquat betrachtete Methode sozialer Kontrolle“ (Cohen 1988: 12). Das Einbeziehen von psychologischen Gutachten und die Betonung des Kindeswohls im Zusammenhang mit dem Jugendstrafrecht zeigen die Intention des wohlfahrtsstaatlichen Strafens. Sie weisen auf ein individualisiertes Bestrafen mit dem Ziel der Besserung hin: „Ergebnis war eine hybride Struktur ‚wohlfahrtsstaatlichen Strafens‘, die den liberalen Legalismus der Verfahrensförmigkeit und der verhältnismäßigen Bestrafung mit einer korrektionalistischen Verpflichtung auf Resozialisierung, Wohlfahrt und kriminologische Expertise verband“ (Garland 2008: 81).

Diese moderne Strafrechtstheorie ist jedoch von einem kontroversen Diskurs begleitet, der Uneinigkeit in der Ausgestaltung und der Einschätzung der jeweiligen Erfolgschancen zeigt. Dennoch zeichnet sich das wohlfahrtsstaatliche Strafen hauptsächlich durch zwei Phänomene aus: Erstens, besteht neben allen Problemen ein allgemeiner Konsens über den Grundgedanken der Wiedereingliederung, Besserung und der täter_inorientierten Behandlung, und zweitens werden diese kriminologischen Fragen innerhalb eines Expert_innenkreises und nicht so sehr in der breiten Masse der Bevölkerung diskutiert. Diejenigen, die sich durch Ausbildungen in den entsprechenden Bereichen professionalisiert haben, wozu u. a. Bewährungshelfer_innen, Gefängnisleiter_innen, Therapeut_innen, Jugendhilfe und Sozialarbeiter_innen gehören, beschäftigen sich primär und fast ausschließlich mit dem Problem des abweichenden Verhaltens. Das wohlfahrtsstaatliche Strafen der modernen Strafrechtstheorie wird dabei von den herrschenden Gruppen akzeptiert und von den zuständigen Behörden und liberalen Milieus unterstützt (Garland 2008: 83). Allerdings wird es nicht in der (medialen) Öffentlichkeit und der Politik diskutiert, die Beurteilung wird dem Expert_innenkreis überlassen, wobei kriminologisches Wissen und empirische Forschung sehr gefragt und angesehen sind. Der Bedarf an Expertise zeigt auch die Notwendigkeiten, geht es doch vorwiegend um die Frage nach der richtigen Behandlung, wie Garland die damalige Zeit in der Parole „keine Behandlung ohne Diagnose“ (2008: 95) beschreibt. In den USA taucht Kriminalität zum ersten Mal als Wahlkampfthema und damit als ein Thema eines breiten öffentlichen Diskurses und nicht allein als ein spezifisches Expertensujet, in dem Wahlprogramm von Richard Nixon Ende der 1970er Jahre auf.

Dabei wird abweichendes Verhalten als ein Anzeichen für ein komplexes, tiefer liegendes gesellschaftliches Problem verstanden, in dem die wahren Ursachen liegen. Dieser Logik folgend, geht es im Umgang mit abweichendem Verhalten darum, die tiefer liegenden Ursachen zu erkennen und zu verstehen, um auf diese angemessen reagieren zu können. Im Fokus steht nicht die alleinige Bekämpfung der abweichenden Handlung, d.h. des Auftretens und Sichtbarwerdens des Problems. Abweichendes Verhalten ist viel eher als ein Indikator für fehlende Norminternalisierung, d.h. als eine Art eines sozialen Defekts zu verstehen, welchen es zu beheben und zu korrigieren gilt. Nach der korrektionalistischen Kriminologie müssen die Einstellungen und Dispositionen, die der Tat zugrunde lagen, erkannt und auf diese angemessen reagiert werden (Garland 2008: 104). Normen müssen da wo sie fehlen durch Einübung und Behandlung verinnerlicht werden. Dieser Grundgedanke findet sich in der Bezeichnung „Disziplinargesellschaft" wieder: „Normeinhaltung wurde überwacht; sofern dabei Verstöße festgestellt wurden, führten diese zur Sanktionierung" (Singelnstein/Stolle 2006: 57f.). Zur Norminternalisierung und Aufrechterhaltung der Normen bedarf es somit repressiver Maßnahmen, die durch Überwachung die Normeinhaltung sicherstellen und andernfalls strafend eingreifen (Foucault 1976: 229-238.). Diese disziplinierende Überwachung, die eine feste Ordnung sicherstellt, findet sich sinnbildlich im populären *Panopticon* von Bentham (Foucault 1976: 256) wieder.[5]

Grundlegend ist für die wohlfahrtstaatliche Sozialkontrolle die Vorstellung, dass soziale Probleme auch soziale Ursachen haben, die in gesellschaftlichen Verhältnissen begründet liegen. Während die Institutionen der formellen Sozialkontrolle auf die straffälligen Personen einwirken sollen, soll „(...) die Sozialpolitik die allgemeinen Ursachen bekämpfen" (Garland 2008: 104). Dementsprechend tauchen Erklärungsmodelle wie beispielsweise der Etikettierungsansatz auf, welcher abweichendes Verhalten als durch einen Zuschreibungsprozess bedingt begreift. Nach diesem ist abweichendes Verhalten nicht eine Folge von etwas, was im Individuum selbst liegt, sondern es entsteht dadurch, dass das gesellschaftliche Umfeld ihm/ihr ein solches Verhalten zuschreibt. Gründe für die Zuschreibung sind vielfältig, beispielsweise kann ein auffälliger oder ungewöhnlicher Kleidungsstil mit einem abweichenden Verhalten kon-

---

5 Das Panopticon schafft diese disziplinierende Überwachung durch seine architektonische Bauweise: Ein äußerer Gebäudering umschließt dabei einen inneren Kern, welchen man sich als eine Art Wachturm vorstellen kann. Von diesem ist ein Einblick in die Räume des Gebäuderings möglich, umgekehrt jedoch nicht. Damit wird eine Situation geschaffen, bei der die Bewohner_innen des Gebäuderings sich unter ständiger Beobachtung fühlen, da sie nie wissen können, ob der Turm gerade besetzt ist oder nicht. Dies soll disziplinierend auf ihr Verhalten wirken.

notiert werden. Dabei ist diese anfängliche Auffälligkeit und Nonkonformität nicht unbedingt beabsichtigt und nicht schon von Anfang an als eine Ablehnung der Normen anzusehen (Becker 1981: 22-23). Ähnlich einer selbsterfüllenden Prophezeiung nimmt die jeweilige Person die Fremdwahrnehmung, mit der sie über eine längere Zeit konfrontiert wird, selbst an und ordnet sich der jeweiligen Gruppe bzw. Subkultur, zu welcher ihr eine Zugehörigkeit zugeschrieben wurde, zu. Nach dem Etikettierungsansatz entsteht das abweichende Verhalten erst durch dieses Definieren als abweichend vom Außen: „Es ist also die informelle oder formelle soziale Kontrolle, die die Abweichung ‚feststellt'. Die soziale Kontrolle schafft damit die Abweichung, die es ohne sie nicht gäbe." (Lamnek 1997: 23). Nach dem Etikettierungsansatz gilt es, die klassische Kriminalitätsursachen-Forschung durch eine Analyse der gesellschaftlichen Reaktionen und ihrer Folgen zu ersetzen (Lamnek 1997: 23).

Weitere Ansätze, die im Zeitgeist des Wohlfahrtsstaates entstehen, sind die der relativen Deprivation sowie verschiedene Anomietheorien. Diesen ist gemeinsam, dass sie den Zusammenhang von Armut und kriminellem Verhalten als zu einfach gedacht ablehnen und auf die Problematik der unerfüllten Erwartungen verweisen. Dabei übten die Vertreter_innen dieser Ansätze Kritik an der durch Massenkonsum geprägten Gesellschaft, in der nicht nur Wünsche und Bedürfnisse geschaffen werden, sondern auch die Vorstellung suggeriert wird, alles erreichen zu können. Kriminolog_innen der modernen Strafrechtstheorie werfen somit auch Kritik an den sozialen Ungleichheiten auf, die es trotz einer allgemeinen Steigerung des Versorgungsniveaus in dieser Zeit gibt. Abweichendes Verhalten und Kriminalität setzen sie in Bezug zu den sozialen Ungleichheiten. Die Frage nach sozialer Gerechtigkeit wird verstärkt in der Öffentlichkeit aufgeworfen, was sich u.a. an dem in den USA intensiv diskutierten Werk John Rawls „A Theory of Justice" abzeichnet. „War es ein hobbesianisches Ordnungsproblem, das zur Herausbildung des Strafjustizstaates im frühneuzeitlichen Europa geführt hatte, so könnte man davon sprechen, dass es ein marxistisches Ordnungsproblem war - die durch den Klassengegensatz und die ungeregelte wirtschaftliche Ausbeutung verursachte soziale und politische Instabilität-, das zunächst hinter dem System des wohlfahrtsstaatlichen Strafens stand." (Garland 2008: 109)

Hinzu tritt ein weiteres Problem, nämlich das der Umsetzung der korrektionalistischen Ansätze. Die Umsetzung gilt bei vielen als nicht konsequent genug und teilweise als missglückt. Dennoch stößt die Idee des wohlfahrtsstaatlichen Strafens in den 1960er Jahren auf Zustimmung in breiten Kreisen der Gesellschaft, der Ministerien und liberalen Eliten in den USA und Großbritannien und die Prinzipien des wohlfahrtsstaatlichen Strafens waren in den 1970er Jahren in den meisten diesbezüglich gesellschaftlich relevanten Bereichen fest etabliert (Garland 2008: 83). Es herrschte der Gedanke einer Prävention durch Fürsorge.

Wenn sich auch der Gedanke des *penal welfarism* in Deutschland später etablierte, so kann er doch auf alte europäische Wurzeln zurückgreifen. In Europa entwickelte sich schon im Zuge der Aufklärung eine Debatte über die Abkehr von Vergeltungsstrafen und über den Sinn und Zweck von Strafen überhaupt, welche vor allem durch die Schrift „Über Verbrechen und Strafen" von Cesare Beccaria 1764 ausgelöst wurde. 1882/1883 wird Franz von Liszt mit seiner Abhandlung „Der Zweckgedanke im Strafrecht" populär, in dem er sich mit dem Sinn von Strafen auseinandersetzte und gesellschaftliche Einflussfaktoren bei der Kriminalitätsentstehung betonte. Gleichzeitig sprach er sich gegen Vergeltungsstrafen und für Maßnahmen aus, die auf eine Wiedereingliederung in die Gesellschaft gerichtet sind. Auch wenn von Liszt in seiner Wirkung nicht zu unterschätzen ist und er viele Anhänger_innen fand, so blieben seine Ansichten dennoch nicht unhinterfragt. Vor allem die „klassische Schule" mit prominenten Vertretern wie Kant und Hegel betonten die Vergeltung der Tat und befanden einen erzieherisch eingreifenden Staat als anmaßend. Dieser Theorienstreit mündete in der Vereinigungstheorie, bei der die Schuld in den Fokus der strafrechtlichen Beurteilung rückt (Leyendecker 2002: 49). In der Weimarer Republik fand sich der Resozialisierungsgedanke explizit wieder (Leyendecker 2002: 50). Somit ist der Resozialisierungsgedanke in Deutschland in der zweiten Hälfte des 20. Jahrhunderts kein neuer. Dennoch hat er seit dem Wirken von Franz von Liszt einiges an Bedeutung eingebüßt und wurde von biologischen Kriminalitätstheorien und -forschungen in den 1930er Jahren, während des Nationalsozialismus in Deutschland, verdrängt (Schneider 1987: 134). In der Nachkriegszeit herrscht die Ansicht von dem/der psychopathologischen Verbrecher_in vor (Schneider 1987: 138). In den 60er Jahren war der Resozialisierungsgedanke in der deutschen Kriminalpolitik wieder präsent, wobei sich „die Kriminologien in Nordamerika in der Nachkriegszeit als Motor der kriminologischen Entwicklung in der Welt erwiesen." (Schneider 1987: 140). Diese Entwicklung in den 60er Jahren in Deutschland ging mit der Entstehung erster eigenständiger kriminologischer Forschungsinstitute und der zunehmenden soziologischen Besetzung des Feldes einher (Göppinger 2008: 32). Seit 1976 ist Resozialisierung als Vollzugsziel im Strafvollzugsgesetz in Deutschland aufgenommen (Leyendecker 2002: 51).

2.2.2 Wandel der gesellschaftlichen Bedingungen

Der Wandel und die Herausbildung einer neuen staatlichen Sozialkontrolle sind eng verzahnt mit einer allgemeinen gesellschaftlichen Veränderung, die die Grundlage von formeller Sozialkontrolle darstellt, denn soziale Kontrolle ist ein gesellschaftlich bedingter Gegenstand (Singelnstein/Stolle 2008: 12). Dabei vollzieht sich die Abkehr vom wohlfahrtsstaatlichen Strafen und vom korrektionalistischen Ansatz sowie der schwindende Einfluss der modernen Strafrechtstheorie in einem äußerst komplexen Vorgang und ist nicht auf eine Ursache allein zurückzuführen. Zugrunde liegt ihm vor allem ein ökonomischer, sozialer und kultureller Transformationsprozess, der im Folgenden kurz dargestellt werden soll.

Ökonomischer Umbruch

Mit der Ölkrise 1973 und deren Wirkungen auf die Weltwirtschaft geraten der allgemeine Wohlstand und die Strukturen des Sozialstaates nicht nur in den USA ins Wanken. Dies ist der Beginn einer Zeit der dauerhaften Krise auch in Deutschland (Butterwegge 2006: 37). Der Zusammenbruch der Industrieproduktion, ein massenhafter Stellenabbau und eine Lohn- und Preisinflation sind die gravierenden ökonomischen Folgen. Dabei hat die Zuspitzung der Situation auf dem Arbeitsmarkt ein ganzes Bündel an Ursachen. Nicht nur die krisenhaften Zustände tragen zu einer Umstrukturierung des Arbeitsmarktes bei, sondern auch die technologischen Entwicklungen, die immer stärker Arbeitsprozesse automatisieren und somit zu einem langfristigen Rückgang des Bedarfs an Arbeitskräften führen. Hinzu tritt noch die Tatsache, dass eine immer weiter fortschreitende Globalisierung die Verlagerung von bestimmten Produktionsprozessen ins Ausland ermöglicht. Die Gesamtheit der Gründe näher zu erläutern sprengt sicher den Rahmen dieser Arbeit und ist auch für den hier zu untersuchenden Gegenstand nicht Ziel führend. Festzuhalten ist jedoch, dass es vor allem ökonomische Umbrüche sind, die in den Industrienationen zu einem radikalen Wandel des Arbeitsmarktes und der damit verbundenen Beschäftigungssituation führen. Gegen Ende der 70er Jahre lässt sich zwar eine Entspannung der wirtschaftlichen Lage verzeichnen, dennoch ist die Situation nicht mit dem Aufschwung der Nachkriegsjahre vergleichbar und diese „Krisenerfahrung sitzt fest im Nacken“ (Kern/Schumann 1990: 100). Krisen werden nicht als Umbruch und Neuanfang verstanden, „(...) sondern werden als mehr oder minder starke Gefährdung erfahren“ (Narr 1977: 28).

Der Arbeitsmarkt hat sich gewandelt, mit gravierenden Auswirkungen auf die Beschäftigungssituation. Diese ist nunmehr durch Gefühle allgemeiner Unsicherheit und erhöhte Anforderungen in Bezug auf Flexibilität, Überstunden und Lohnkürzungen an die Arbeiter_innen bestimmt. Prekäre Beschäftigungsverhältnisse nehmen zu. Dabei steigt die Nachfrage an gering qualifizierten und besonders hochqualifizierten Arbeitskräften und führt somit zu einer Polarisierung des Arbeitsmarktes und einer sich entwickelnden Aufspaltung in untere und höhere Einkommensschichten in der Gesellschaft. Gering qualifizierte Tätigkeiten werden dabei überwiegend von Frauen ausgeführt. Wegen der sinkenden Löhne ihrer Männer, die nun nicht mehr in der Lage sind, allein das Haushaltseinkommen aufzubringen, aber auch durch steigende Scheidungsraten (mehr dazu unten), drängen sie vermehrt auf den Arbeitsmarkt (Garland 2008: 163). Arbeitslosigkeit und Dauerarbeitslosigkeit nehmen zu; davon sind meist junge Menschen und ethnische Minderheiten betroffen.

Religiös-moralische Werteeinstellungen und neoliberale Sichtweisen

Es sind nicht prekäre Beschäftigungsverhältnisse allein, die zu einer vermehrten Unsicherheit führen. Hinzu tritt auch ein soziokultureller Wandel, der meist als Übergang von der Moderne zur Postmoderne beschrieben wird. Während in der wohlfahrtsstaatlich geprägten Anfangszeit des Fordismus durch Massenkonsum eine Angleichung der Lebensstile dadurch stattfand, dass ein breiter Teil der Bevölkerung sich ähnliche Konsumgüter leisten konnte, ist die Postmoderne maßgeblich durch Differenzierung und Pluralität geprägt. Traditionelle Beziehungsmuster lösen sich allmählich auf, die bürgerliche Kleinfamilie stellt keine stabile Institution mehr dar, Scheidungsraten steigen und die Praxis alternativer Lebensmodelle tritt verstärkt auf; eine Entwicklung, die sich auch in Deutschland wiederfinden lässt (Hirsch/Roth 1986: 56). Dabei verändern sich nicht nur die Formen von Sozialbeziehungen; pro Person verringert sich auch ihre Anzahl. Die Verbreitung und Nutzung des Fernsehgeräts und die Konzentration auf das eigene Heim symbolisieren den Rückzug ins Private (Hirsch/Roth 1986: 56f.). Kennzeichnend ist weiter eine Privatisierung der Lebensstile (wie es sich beispielsweise in gesetzlichen Novellierungen zu Homosexualität und Ehebruch ausdrückt) und damit einhergehend eine Individualisierung (Mühler 2000: 206). Mit der Individualisierung ist, besonders in der Stadt, auch eine Anonymisierung verbunden.

Veränderungen finden aber nicht nur im Lohnarbeitsleben statt. Umbrüche sind nun auch im privaten Lebensverlauf normal und werden teilweise auch angestrebt. Es sind also nicht nur wirtschaftliche Unsicherheiten verbunden mit einem Rückgang staatlicher Sozialleistungen.

Auch der Wegfall von ehemaligen sozialen Beziehungsnetzen und -institutionen führt zu einer vermehrten allgemeinen Verunsicherung in der Gesellschaft. In der Folge kommt es zu einer Exklusion von Teilen der Bevölkerung und zu der Herausbildung einer neuen Unterschicht.

Traditionalistische und wertkonservative Strömungen treffen in dieser Zeit der Unsicherheit auf großen Zuspruch. Vor allem in den USA unter Ronald Reagan treten christlich-konservative und nationalistische Einstellungen und Argumentationsmuster vermehrt in die Öffentlichkeit, aber auch in Großbritannien unter Margret Thatcher lässt sich eine ähnliche Entwicklung verzeichnen. Dabei wird zunehmend auf einen Werteverfall in den liberal geprägten 60er Jahren hingewiesen, welchem ein großer Einfluss auf bestimmte Missstände und Kriminalitätsaufkommen zugeschrieben wird. Weiter treten in Bezug auf Strafe wieder Motive wie Vergeltung und Sühne in den Vordergrund und verdrängen damit den Besserungs- und Behandlungsgedanken.

Es ist jedoch nicht nur der religiös-moralische Konservatismus, der an Bedeutung gewinnt, sondern auch eine neoliberale Ideologie (Singelnstein/Stolle 2006: 44). Diese Verzahnung ist interessant, bedenkt man die grundlegenden Verschiedenheiten dieser Vorstellungen.[6] Die Verbreitung von neoliberalen Strömungen macht sich vor allem in einer ab den 1980er Jahren beginnenden Marktliberalisierung bemerkbar und findet in den USA ihre Wurzeln in der Chicagoer Schule unter Milton Friedman sowie Gary S. Becker und ihrer Theorie der rationalen Wahl. Die Grundannahmen des Marktliberalismus sind, dass der Markt sich am besten selbst reguliert, Individuen autonom sind und sich regulierendes Eingreifen seitens des Staates als Hindernis für individuelle Freiheit und Markteffizienz auswirkt (Singelnstein/Stolle 2008: 20). Angenommen wird, dass sich ökonomische Prozesse auf menschliches (Entscheidungs-) Verhalten übertragen. Dem Menschen, definiert als homo oeconomicus, d.h. als ein rein rational nach Kosten-Nutzen-Maximen kalkulierendes Wesen, wird eine erhöhte persönliche Eigenverantwortung zugeschrieben. Dabei werden ökonomische Perspektiven verstärkt auch in der Sozialpolitik eingenommen. Hier werden staatliche Sozialmaßnahmen oft als zu teuer und durch die Zuschreibung von Eigenverantwortung als nicht gerechtfertigt angesehen, vor allem gegenüber jenen, die ohne staatliche Hilfe auskommen und dennoch die staatlichen Programme

---

6 Beispielsweise beruhen konservative Einstellungsmuster eher auf einem Interesse an alten Machtverhältnissen, einer strengen Ordnung und einem starken Staat, während neoliberale Tendenzen gerade eine Liberalisierung in Bezug auf den Staat anstreben und Handlungsmaximen stützen, die auf ökonomischen und nicht auf moralischen Vorstellungen beruhen.

mitzutragen haben. Eine mögliche Legitimierung staatlicher Steuerungsmechanismen und Sozialpolitik wird mehr und mehr in Frage gestellt und deren Zweck mit großer Skepsis begegnet, „(...) die neoliberale Politik machte die solidarischen Lösungen des Wohlfahrtsstaates mit seiner Betonung von sozialer Gleichheit, sozialer Sicherheit und sozialer Gerechtigkeit rückgängig und vertrat einen marktwirtschaftlichen Fundamentalismus (...)" (Garland 2008: 190).

Der Sozialstaat ist indessen nicht vollkommen verschwunden. Dennoch lässt sich seit den wirtschaftlichen Umbrüchen bis heute eine Tendenz beobachten, staatliche Sozialleistungen zu reduzieren und mit größeren Hürden zu verbinden. In der öffentlichen Diskussion wird vermehrt eine Eigenverantwortung des Einzelnen für seine jeweilige persönliche Lage betont. Dazu gehört, dass Leistungen an den Einzelnen von dessen Verhalten abhängig gemacht werden (sollen), wie beispielsweise im Gesundheitswesen im Zusammenhang mit Zahnersatzleistungen oder der Debatte, ob übergewichtige Menschen, Raucher_innen, etc. höhere Beiträge zahlen sollten. Gleiches gilt in Zusammenhang mit den monetären Leistungen für arbeitslose Menschen. Bei dieser Responsibilisierung des Individuums vollzieht sich eine „Betonung des Einzelnen als aktiven Agenten, der sich selbst durch Kapitalisierung der eigenen Existenz ökonomisch steuert (...)" (Rose 2000: 93). Hinzu tritt ein allgemeiner Privatisierungsprozess von ehemals staatlichen Institutionen, Versorgungseinrichtungen und Eingriffsbefugnissen (Rose 2000: 72f.), wie z.B. im Bereich der Energieversorgung und der Gesundheit.

Soziale und kulturelle Veränderungen

Der gesellschaftliche Transformationsprozess, der im Übergang zu einer neuen sozialen Kontrolle beschrieben wird, drückt sich auch in einer grundlegenden Veränderung der familiären und kulturellen Bereiche aus. Das klassische bürgerliche Familienmodell, bei dem der Vater der Erwerbsarbeit nachgeht, während die Mutter sich um Haus und Kinder kümmert, wird durch alternative Familienstrukturen abgelöst. Dies zeigt sich am deutlichsten durch einen starken Anstieg der Scheidungsraten sowie rückläufige Geburtenraten.

Des Weiteren etabliert sich durch die Verbreitung des Fernsehens eine neue Medienkultur, nämlich die des Massenmediums. Dies trägt neben der Lohnangleichung zu einer weiteren Homogenisierung bei, indem Nachrichten, Lebensstil und Konsumanpreisung durch das Massenmedium in gleicher Weise einen Großteil der Bevölkerung erreicht. Ferner spielt es vor allem in den USA eine bedeutende Rolle in Bezug auf die Bildung von Gruppenidentitäten über die lokalen Grenzen hinweg (Garland 2008: 169). Dies hat vor allem Auswirkung auf sozial benachteiligte Gruppen, die die sozialen Probleme nun nicht nur als ein Problem bei ihnen vor Ort, sondern als ein nationales und weitverbreitetes sehen. Dies führt wiederum zu einer Vernetzung zum Zwecke der Gegenmobilisierung (ebd.). Begleitet werden diese Prozesse von der Verbreitung und dem Bedeutungsgewinn von Gleichheits- und Gerechtigkeitsproblematiken, die, wie schon oben angesprochen, breit diskutiert wurden und die Entstehung von Bürger_innenrechtsbewegungen begünstigen. Das Fernsehen steht jedoch nicht nur sinnbildlich für eine Angleichung der Lebensstile, sondern auch für einen allgemeinen Rückzug ins Private, welcher nicht von Geselligkeit und Gemeinschaft sondern vom Konsum des Mediums getragen ist. In den USA lässt sich mit dem Aufkommen des Fernsehkonsums auch eine Verbreitung des Risiko- und Gefahrbewusstseins verzeichnen (Garland 2008: 169). Hierzu trägt der Fakt bei, dass Gefahren und Furcht, die sich auf bestimmte Situationen und Personen beziehen, durch die massenhafte Verbreitung des Mediums als allgemeines Problem für jede/n wahrgenommen werden. Hierzu gehören vor allem die Themen Rassismus, Gewalt und Kriminalität.

Wie schon mehrfach angedeutet, löst sich das Thema Kriminalität aus dem Expert_innenkreis und findet mehr und mehr Beachtung in der Politik und der medialen Öffentlichkeit. Vor allem im Bereich der Unterhaltung im Fernsehen und in der Belletristik ist Kriminalität stark präsent. Aber auch im Informationsbereich besitzen Verbrechen und Vergehen einen ungeheuren Nachrichtenwert, vor allem wenn es zum Auftauchen bestimmter Gruppen kommt, wie beispielsweise Menschen mit Migrationshintergrund und Jugendlichen. Die Darstellungen von Kriminalität durch Massenmedien wirken sich nachweislich auf die Entstehung einer Wahrnehmung aus, die den realen Befunden zur tatsächlichen Kriminalität fern steht (Lamnek 1990), sie begünstigen damit eine Kriminalitätsfurcht. Kriminalitätsfurcht wiederum wirkt sich darauf aus, wie sich das jeweilige Strafverlangen gestaltet, d.h. ob eher ein humanes Strafen im Sinne von Besserung oder ein härteres Strafen, welches durch Vergeltungs- und Bestrafungskomponenten gekennzeichnet ist, präferiert wird (Mühler 2000).

Nach Garland (2008) werden die Gesellschaften, in denen Kriminalität einen solchen, wie den soeben beschriebenen, Stellenwert einnimmt, zu *high crime societies* (296-300): Das Phänomen Kriminalität ist in wichtigen Bereichen der Gesellschaft allgegenwärtig und prägend. Dabei wird auch die kulturelle Struktur von einem Kriminalitätskomplex dominiert, welche aus einem Bündel von Wahrnehmungen und Einstellungsmustern besteht. Die *High Crime Societies* zeichnen sich dadurch aus, dass Kriminalität als allgegenwärtig und normal angesehen wird und sie eine hohe Präsenz in der Öffentlichkeit, vor allem in Medien und politischen Programmen, besitzt. Die Auseinandersetzung ist dabei äußerst emotional bestimmt, wobei Kriminalitätsfurcht eine zentrale Rolle einnimmt und zur ständigen Beschäftigung mit dem Thema beiträgt. Der Sektor der privaten und kommerziellen Sicherheitsdienstleistung wächst in einem solchen Umfeld enorm. Der Kriminalitätskomplex weist auf eine feste kulturelle Struktur hin, in der Kriminalität ein elementarer Teil ist: „Unsere Einstellungen gegenüber Kriminalität (...) werden zu festen kulturellen Tatbeständen, die durch kulturelle ‚Skripte' aufrechterhalten und reproduziert werden, nicht durch kriminologische Forschung oder offizielle Zahlen" (Garland 2008: 297).

Die Bekämpfung und Zurückdrängung von Kriminalität wird als wichtige Aufgabe angesehen, die im allgemeinen Interesse aller steht. Hierbei wird *Sicherheit* zu dem angestrebten Ziel überhaupt stilisiert, welches zur Legitimation jeglicher zeitlichen Vorverlagerung des Handelns und anlassunabhängigen Eingreifens genutzt wird (Ullrich 2009). Sicherheit gewinnt besonders in der Zeit an Bedeutung, in der durch den oben beschriebenen gesellschaftlichen Transformationsprozess wirtschaftliche und soziale Verunsicherung herrschen. Es ist eine permanente Verunsicherung, zu welcher ein ganzes Bündel von Faktoren beiträgt. Die wichtigen sind sicher die genannten wirtschaftlichen und sozialen Instabilitäten. Hinzu tritt jedoch weiterhin das wachsende Risikobewusstsein, welches sich aus einem Wissen um eine Vielzahl von Gefahren speist und in geradezu alle Lebensbereiche eingreift (dazu unten mehr). *Innere Sicherheit* wird in den politischen Debatten in Deutschland in den 70er Jahren immer bedeutender und häufiger verwendet (Funk/Werkentin 1977: 189). Hinzu kommen Bedrohungsszenarien, die vorher in dieser Form nicht präsent waren, wie z.B. der internationale Terrorismus. Bei dieser Sicherheit handelt es sich um eine individuelle Sicherheit, die aus einem egoistischen Bedürfnis nach Sicherheit vor Abweichler_innen besteht: „An die Stelle des Versprechens sozialer Inklusion tritt das Versprechen individueller Sicherheit" (Singelnstein/Stolle 2008: 40).

Veränderte kriminalpolitische Debatte

Die liberale Kriminalpolitik des Wohlfahrtsstaates muss sich mit Beginn der gesellschaftlichen Veränderung vermehrt einer kritischen Auseinandersetzung stellen, wobei die Akteure und Bestrebungen, die mit der Kritik verbunden waren, höchst unterschiedliche sind. Zunächst wird die Diskussion vor allem durch Ergebnisse sozialwissenschaftlicher Forschung angeregt. Innerhalb kurzer Zeit werden zahlreiche empirische Studien veröffentlicht, welche kaum signifikante Erfolge der wohlfahrtsstaatlichen Behandlungsmaßnahmen aufweisen, sondern nach wie vor hohe Rückfallquoten belegen. Bei der Interpretation dieser Ergebnisse bilden sich in den USA zwei verschiedene Lager heraus.

Zum einen sieht sich die Gruppe der Bürgerrechtsaktivist_innen in ihrer Kritik an der Praxis der korrektionalistischen Vorstellungen bestätigt. Diese weisen verstärkt auf Diskriminierung bestimmter Gruppen hin, wobei individuelle Behandlung als Deckmantel für diskriminierende Maßnahmen genutzt wird. Weiter wird die etablierte strafrechtliche Praxis weniger als eine Besserungsmöglichkeit gesehen, sondern vor allem als Zwang zur Konformität verstanden. Dies stößt in einer Zeit, in der das Verlangen nach Akzeptanz von Andersartigkeit und individueller Selbstbestimmung wächst, besonders auf Widerspruch. Dennoch sind diese kritischen Stimmen immer noch im wohlfahrtsstaatlichen Konsens zu verorten, sie betrachten „(...) Kriminalität weiterhin als Produkt sozialer und wirtschaftlicher Deprivation und gingen davon aus, dass der Staat die zur Lösung dieses sozialen Problems notwendigen Gesellschaftsreformen und wohlfahrtsstaatlichen Unterstützungen zu leisten habe" (Garland 2008: 124) und sehen es als staatliche Aufgabe an, soziale Ungleichheiten abzubauen. Ihre Kritik zielt nicht auf eine Abkehr der modernen Strafrechtstheorie; vielmehr stellen ihre Forderungen eine Radikalisierung des wohlfahrtstaatlichen Strafens dar.

Neben fehlender Bestätigung der korrektionalistischen Maßnahmen stellen die besagten Studien aber auch keine präventive Wirkung durch Abschreckung fest. Hierin sieht sich wiederum eine andere Gruppierung in ihrer Ansicht von der Austauschbarkeit der Sanktionen betätigt. Demnach ist kriminelles Verhalten ubiquitär und weder harte Sanktionen noch integrative Maßnahmen können das Kriminalitätsaufkommen beeinflussen. Indem der Gedanke des *nothing works* sich verbreitet, treffen konservative Ideologien mehr und mehr bei denjenigen auf Zustimmung, die in wohlfahrtsstaatlich geprägten Zeiten noch liberale antirepressive Maßnahmen forderten. Es entsteht die resignierende Einsicht, dass „gute Absichten zu schlechten Konsequenzen führen, wohlwollende Behandlung als Unterdrückung endet, wenig Schlechtes besser ist als zuviel (sic!) Gutes, alles zu viel kostet und sowieso nichts wirkt" (Cohen 1988: 13). Cohen (1988: 18f.) beschreibt eine Umkehr bei denjenigen, die in den 60er Jahren in den USA noch die Prinzipien des *penal-welfarism* hochhielten: Nun gilt Integration, Sozialarbeit und der Aspekt des Verstehens als idealistisch und weltfremd, als eine naive „Sozialromanze". Die sich herausbildenden „linken Realisten" (Cohen 1988) betonen die Existenz von Kriminalität als „Bedrohung der Machtlosen (Arbeiterklasse, Frauen, Minoritäten)" (Cohen 1988: 18). Zügige Bestrafung und Sanktionierung als realistische Reaktion auf Kriminalität ist wieder salonfähig geworden und drückt sich in Maßnahmen wie z.B. die der Zero-Tolerance-Strategie aus.

Es sind jedoch nicht nur die empirischen Ergebnisse in Bezug auf die Erfolgschance des wohlfahrtsstaatlichen Strafens, die die Debatte über die Kriminalpolitik anstößt, sondern auch ein rasanter Anstieg des Kriminalitätsaufkommens selbst, der sich in allen westlichen Industrienationen in den 70er und 80er Jahren vollzieht (Finkel 1995: 415; Garland 2008: 176) und auch in Deutschland vor allem ab den 80er Jahren zu verzeichnen ist (Schneider 1987: 284). Kriminalitätsstatistiken können leicht missinterpretiert werden, zu viele Faktoren können sich auf einen vermeintlichen Anstieg von Delikten auswirken, sodass hier besonders im Hinblick auf die Verteilung des Hell- und Dunkelfeldes und deren Erhebungsverfahren etc. Vorsicht geboten ist. Dennoch lässt sich ein Anstieg gerade in Eigentums-, Gewalt- und Drogendelikten dieser Zeit nicht leugnen. Dies wird gemeinhin als eine natürliche Folge der Spätmoderne verstanden, in der beispielsweise durch Massenkonsum viel mehr Güter zum Diebstahl bereitstehen und durch den Beginn der Frauenerwerbsarbeit die häusliche Umgebung einen Großteil der Tageszeit unbewacht ist. Daneben wirkt auch der Rückgang von informeller Sozialkontrolle, beispielsweise bedingt durch Urbanisierungsprozesse, begünstigend auf die Entstehung von abweichendem Verhalten. Die hier genannten Faktoren, die den Anstieg von Kriminalität in der Spätmoderne zu erklären vermögen, sind sicher nur einige wenige, und um ein vollständiges Bild der komplexen Ursachen soll es hier auch gar nicht gehen. Wichtig ist allein die Tatsache, dass zu jener Zeit, als sich eine neue Kriminalpolitik herausbildet, Kriminalität durch ihren Anstieg verstärkt als Problem und nicht bloß als Randerscheinung wahrgenommen wurde.

2.2.3 Neue formelle Sozialkontrolle

Der dargestellte komplexe gesellschaftliche Transformationsprozess bleibt auch für die soziale Kontrolle nicht ohne Folgen. Die herrschenden neoliberalen Ideen und Perspektiven sowie vor allem die dominierenden Gefühle der Unsicherheit und das aufkommende Risiko- und Gefahrenbewusstsein wirken sich auf den Umgang mit Kriminalität und abweichendem Verhalten aus. So vielfältig die verschiedenen Veränderungsprozess in der Gesellschaft, so vielfältig zeigt sich auch ein Trend zu einer neuen formellen Sozialkontrolle. Im Folgenden soll dieses Bündel von verschiedenen Aspekten der Sozialkontrolle näher erläutert werden.

Veränderung in der Kriminalpolitik

In den 1960er Jahren setzt sich in den USA die neoliberale Einstellung der angesprochenen zweiten Gruppe durch und manifestiert sich in einer neuen Kriminalpolitik, die der Logik der mit dem gesellschaftlichen Transformationsprozess einhergehenden Einstellungsmuster gerecht wird (Sack 1995: 429). Das Aufkommen eines politischen Konservatismus, für den Kriminalpolitik eine öffentliche Angelegenheit und Interesse darstellt, zeigt sich deutlich an den Wahlprogrammen von Nixon und vor allem von Reagan. In den 70er Jahren findet in den USA delinquentes Verhalten, erst von Jugendlichen, schnell aber auch von Erwachsenen, Aufmerksamkeit im öffentlichen Diskurs. War der Umgang mit abweichendem und kriminellem Verhalten vorher überwiegend Aufgabe eines Expertentums, findet Kriminalpolitik zum ersten Mal als Wahlkampfthema Erwähnung. In den 80er und 90er Jahren war Kriminalität als politisches Thema fest installiert. Die ökonomische Perspektive wird hierbei auch in Angelegenheiten der Kriminalpolitik eingenommen: Kosten-Nutzen-Kalkulationen gewinnen in den Diskussionen um den Umgang mit Kriminalität an Bedeutung. Abweichendes Verhalten ist demnach eine Frage der erwartbaren Nutzen die daraus unter Berücksichtigung etwaiger Kosten gezogen werden. Die sich abweichend verhaltende Person kalkuliert im Sinne des *homo oeconomicus* die Folgen einer Tat vor der Begehung. Der Anreiz für ein Verhalten ergibt sich somit aus einer ökonomischen Berechnung. Wird nun auf der Kostenseite interveniert, beispielsweise durch die Erhöhung des Strafmaßes und ein höheres Entdeckungsrisiko, wirkt sich dies negativ auf den Gesamtnutzen einer Tat aus und schreckt so von der Begehung ab. Fritz Sack (1995) weist jedoch darauf hin, dass die Tendenz zu mehr Abschreckung und starkem staatlichen Durchgreifen bei Gesetzesübertritt keine denknotwendige Konsequenz der ökonomischen Kriminalitätsannahmen ist. Unterstellt man den sich abweichend verhaltenden Personen eine Kosten-Nutzen-Berechnung, so könnte zur Kriminalitätsbekämpfung ebenso auf der Nutzenseite eingegriffen werden, indem die Anreize zum legalen Handeln erhöht werden würden. Mit dieser Nutzensteigerungsidee beschäftigen sich auch einige Wissenschaftler_innen in den 70er Jahren, im Weiteren öffentlichen Diskurs erhielt dieser Gedanke jedoch kaum Beachtung, und das Verlangen nach hohen Strafmaßen und starkem Eingriff, wie es sich in der sogenannten Zero-Tolerance-Strategie niederschlägt, dominiert. Das Strafmaß soll sich nicht an Erfolgsaussichten für die Wiedereingliederung des/der Täter_in messen, sondern in Bezug zur Tat gesetzt werden. Somit wird eine Vergeltungsfunktion vom Strafen wieder etabliert. Die Behandlung der Täter_in und die Chancen auf Wiedereingliederung in die Gesellschaft haben indes an Bedeutung verloren.

In den Fokus rücken nicht nur diejenigen Kosten, die ein/e Straftäter_in zu erwarten hat, sondern auch die finanzielle Belastung des Staates durch kriminelles Verhalten. Dabei werden staatliche Hilfsmaßnahmen, wie beispielsweise die Sozialarbeit, als zu kostenintensiv eingestuft, vor allem in Anbetracht dessen, dass von diesen Maßnahmen scheinbar keine Erfolge ausgingen. Als Folge ergibt sich ein Wegfall derjenigen wohlfahrtsstaatlichen und integrativen Strukturen und Institutionen, auf denen die wohlfahrtstaatliche Sozialkontrolle gerade basierte. Die Bedeutung von Resozialisierung wird herabgestuft, was mit einer gleichzeitigen Aufwertung von polizeilicher Tätigkeit, wie z.B. der *community policing*, einhergeht (Sack 1995: 432f.).

Des Weiteren findet ein sogenanntes *Outsourcing* statt: private Institutionen werden mit Aufgaben betraut, die vorher von staatlicher Seite aus vollbracht wurden (z.B. durch das Einschalten von privaten Sicherheitsunternehmen), was für den Staat weiter kostensenkend wirkt.

Das Herausbilden einer neuen Kriminalpolitik ist keinesfalls ein notwendiger logischer Schluss aufgrund der wissenschaftlichen Untersuchungen. Wie oben schon angedeutet, bedarf es bei empirischen Ergebnissen immer noch einer Interpretation der Daten, die durchaus unterschiedlich verlaufen kann. Es waren nicht die ersten negativen Ergebnisse in Bezug auf die wohlfahrtsstaatlichen Methoden. Schon vorher hatte es kleinere Untersuchungen zu bestimmten Problembereichen gegeben. Der Schluss, der hieraus zuvor jedoch immer gezogen wurde, führte zu einer Modifizierung und Verbesserung der Maßnahmen; die Grundlage der individuellen Behandlung an sich wurde dabei nicht angezweifelt. Ähnlich waren die genannten Bürgerrechtsaktivist_innen an einer Modifizierung und einem aus ihrer Sicht fortschrittlicheren und gerechteren wohlfahrtsstaatlichen Agieren interessiert. Somit ist der Zugewinn an neoliberalem Einfluss keineswegs als logische Konsequenz zu sehen, sondern stellt einen tiefgreifenden Wandel dar: „Man bezweifelte nicht nur die Wirksamkeit bestimmter politischer Strategien, sondern grundsätzlich die Fähigkeit des Staates, Kriminalität zu kontrollieren und für das Wohl der Bürger zu sorgen" (Garland 2008: 148). Dies zeigt, dass die Entwicklung einer neuen Kriminalpolitik nicht herausgelöst von weiteren gesellschaftlichen Prozessen betrachtet werden kann, sondern als verzahnt mit einem allgemeinen ökonomischen und gesellschaftlichen Transformationsprozess gesehen werden muss, um ihn zu verstehen.

Ausagieren

Eine weitere, spezifisch neue Art des Umgangs mit dem Thema Kriminalität ist in der „Form des Ausagierens“ (Garland 2008: 245f.) angesiedelt. Hierbei ist eine Art *blinder Aktionismus* gemeint, bei dem Gesetze zügig erlassen werden, ohne sich vorher intensiv mit den jeweiligen Problematiken zu beschäftigen. Diese Antwort der Politik auf bestimmte Ängste und Gefahren will sich nicht den Vorwurf machen lassen, untätig zu bleiben: „(...) solche Maßnahmen sollen expressive, kathartische Handlungen sein, mit denen die Kriminalität bekämpft und die Öffentlichkeit beruhigt wird“ (Garland 2008: 245). Eine tiefer liegende Beschäftigung mit verschiedenen Ursachen und der Komplexität sozialer Probleme wird dabei nicht betrieben. Entsprechend wenig wirken sich die neu erlassenen Gesetze und Gesetzesänderungen auf das jeweilige Problem aus. Allerdings müssen sie sich daran auch nicht von der Öffentlichkeit messen lassen: Hier herrscht vorläufig das Gefühl, dass etwas getan wurde. Nach Garland finden solche Gesetzeserlasse oft im zeitlichen Zusammenhang mit aufsehenerregenden Straftaten statt, welche mit einer höchst emotional aufgeladenen öffentlichen Debatte einhergehen, wie es beispielsweise in Fällen von Kindesmissbrauch und jugendlichen exzessiven Gewalttaten geschieht.

In Deutschland könnte so ein Bestreben des Ausagierens beispielsweise in der vor kurzem geführten Debatte über Gewalttaten gegenüber der Polizei gesehen werden. Dabei wurde im Zusammenhang mit sog. „linker“ Gewalt und einer Steigerung der Gewalttaten gegen Polizeibeamt_innen die Frage nach einem höheren Strafmaß laut. Wie diese Gewalt genau aussieht und welche Ursachen ihr zugrunde liegen, wurde dabei weniger diskutiert. Sogar die Debatte darüber, ob das Strafmaß nicht ausreicht, bzw. welche Intention ursprünglich hinter der Regelung des Widerstands gegen Vollstreckungsbeamt_innen gem. § 113 StGB steckt, vollzog sich, wenn überhaupt, im Hintergrund. Der Ruf nach einem höheren Strafmaß und damit ein Setzen auf Abschreckung, schien ein eindeutiges Signal dafür zu sein, dass man zügig handelt.

Täter-Opferbeziehung als Nullsummenspiel

Die Abweichung weist nicht mehr länger auf ein komplexes gesellschaftliches Problem hin, sondern wird selbst das alleinige Problem; die Indikatorenfunktion ist verloren gegangen. „(...) politische Beobachter halten es für realistischer, die Auswirkungen von Kriminalität zu bekämpfen als die Kriminalität selbst.“ (Garland 2008: 206) Statt die Ursachenproblematik weiter im Fokus zu erhalten, nimmt die Beschäftigung mit den Folgen von Kriminalität (Garland 2008: 226) zu. Viktimisierungsangst erlangt verstärkt Aufmerksamkeit und wird in empirischen Studien zu messen versucht. Wie schon angedeutet, wird der finanziellen Belastung die dem Staat entstehen, viel Aufmerksamkeit zuteil. Prägnant für die Beschäftigung mit den Folgen ist die Rolle des Opfers, die an Bedeutung gewinnt. Hierbei sind zunächst sehr heterogene Opferbezüge zu verzeichnen. Relevant ist jedoch, dass das Prinzip einer „Neutralisierung des Opfers" (Kaiser 1997: 296) im staatlichen Strafrecht schwindet. Im korrektionalistischen Ansatz liegt der Schwerpunkt auf der Frage nach der richtigen Behandlung. Das Opfer musste dazu nicht thematisiert werden, u.a. auch, um Vergeltungsabsichten zu vermeiden. Nun wird die Situation eines Nullsummenspiels zwischen Opfer und Täter_in konstruiert, bei dem die Behandlung des/der Täter_in zu Lasten oder zu Gunsten der Opferposition führt: „Die Abwägung zwischen dem Schutzbedürfnis der Allgemeinheit, d.h. potentieller Opfer und dem Resozialisierungsinteresse des Täters wird daher heute, etwa bei Entscheidungen über Vollzugslockerungen und frühzeitiger Entlassung im Straf- und Maßregelvollzug, im Ergebnis *eindeutig und flächendeckend* im Sinne des Opferschutzes getroffen" (Kaiser 1997: 297). Durch diese Beziehung, in die Opfer und Täter_in gesetzt werden, werden Überlegungen und Möglichkeiten für den/die Täter_in zu einer Grausamkeit und Zumutung für das Opfer: „Die Heiligsprechung der Opfer macht jeden Gedanken an die Täter weitgehend null und nichtig" (Garland 2008: 264). Dies manifestiert sich u. a. in einer Reihe von Neuerungen, die in den USA sogar bis hin zur Einführung von sogenannten Opfermeinungen und Stellungnahmen von Opfern im Strafprozessrecht führten. Dies dürfte wohl als äußerst radikale Änderung gelten, bei dem das Opfer eine (be-)strafende Rolle zugewiesen bekommt, etwas, was im aufgeklärten modernen Staat peinlichst vermieden werden sollte um den rechtsstaatlichen Grundsätzen gerecht zu werden. Populäre Opfer fungieren in den USA und Großbritannien nicht nur vor Gericht, sondern auch als Namensgeber_in für neue Gesetze, z.B. „Megans-Law" (Garland 2008: 245). Daneben finden sich jedoch auch zahlreiche andere Neuerungen und diese auch in Deutschland, wie beispielsweise die Institution des Täter-Opfer-Ausgleichs[7]. Gegen eine Fürsorge gegenüber einem Verbrechensopfer ist wohl nichts einzuwenden, und sicherlich wurden lange

7 Den Täter-Opfer-Ausgleich gibt es in Deutschland seit 1999 in der Strafprozessordnung. Er meint den Versuch, einen Ausgleich zwischen Täter_in und Opfer zu schaffen. Dabei soll „durch die Konfrontation mit dem Opfer einerseits dem Täter sein Unrecht unmittelbar bewusst gemacht werden und seine Fähigkeit zum Mitleiden gefördert werden; andererseits kann die Versöhnung mit dem Täter auch dem Opfer bei der Verarbeitung der Tat helfen und Ängste abbauen" (Duden Recht A-Z: 442).

Zeit bestimmte Delikte, wie z.B. gegen die sexuelle Selbstbestimmung, verharmlost und dem Opfer nicht notwendige therapeutische Maßnahmen zugebilligt. In der Beschreibung der Opferrolle in Strafprozessen und der neuen Kriminalpolitik wird jedoch ein Nullsummenspiel zwischen Opfer und Täter konstruiert, welches den rechtsstaatlichen Umgang mit Straftäter_innen beschneidet. Mit der Einbeziehung des Opfers wird die Forderung nach der Wiederherstellung von Gerechtigkeit verbunden, die notwendigerweise nur über einen Gedanken der Vergeltung funktioniert und nicht mehr die Resozialisierung des/der Täter_in fokussiert. Zur Konzentration auf die Folgen von Kriminalität zählen neben der Beschäftigung mit den Opfern auch Untersuchungen von Angst vor Kriminalität, die, wenn diese auch recht unabhängig von Kriminalitäts- und Viktimisierungsraten existieren, zur Legitimierung von Einschreitungen herangezogen werden.

Kriminologie des Anderen

Ging es im wohlfahrtsstaatlichen Strafen vor allem darum, Täter_innen zu verstehen, nach Verantwortung in der Gesellschaft zu suchen und sich wissenschaftlich mit Fragen der Schuld zu beschäftigen und durch Disziplinierung und Behandlung wieder einzugliedern, weist Garland (2008) nun eine „Kriminologie des Anderen" (*Criminology of the Other*) nach. Diese stellt keine Fragen nach den Ursache mehr, sondern „führt eine ältere, metaphysische Vorstellung wieder ein, die den Straftäter als jemanden betrachtet der Böses tut, und die Straftat als bedingungslos böse Entscheidung" (Garland 2008: 329f.). Hiermit sind die „Unverbesserlichen" und „gefährlichen Überflüssigen" beschrieben, die von Grund auf böse sind. Es wird nicht versucht sie zu reintegrieren, sondern die Gefahr, die von ihnen ausgeht soll so gering wie möglich gehalten werden. Weiter werden sie vor allem instrumentalisiert um Ängste zu schüren und bestimmtes politisches Handeln zu legitimieren (Garland 2008: 254). Favorisiert werden expressive Strafmaßnahmen, „(...) denn politische Beobachter halten es für realistischer, die Auswirkungen von Kriminalität zu bekämpfen als die Kriminalität selbst" (Garland 2008: 206). Die Annahmen der Kriminologie des Selbst und der Kriminologie der Anderen schaffen es dabei erstaunlicherweise nebeneinander zu bestehen, auch wenn sie sich von den jeweiligen Annahmen die ihnen zu Grunde liegen eigentlich gegenseitig ausschließen würden.

Der souveräne Staat, der Macht demonstriert und Ordnung herstellt, hat Konjunktur. Dabei wird die postmoderne Kriminalpolitik von einer auf ökonomischen Ansichten beruhenden „Managment-Kultur mit dezentraler Ressourcen-Verantwortung, Kosten-Nutzen-Analysen, Organisationseffizienz, Risikoverwaltung (...) und der Zunahme einer populistischen Law-and-order-Politik" (Kaiser 2005: 1362f.) getragen. Diese ist hauptsächlich auf Abschreckung gerichtet und zeichnet sich durch eine Resozialisierungsfeindlichkeit aus (Sack 1995: 496).

Responsibilisierung

Es sind nicht nur private Institutionen, die in die formelle Sozialkontrolle eingebunden werden. In den USA und Großbritannien findet vermehrt auch eine Einbeziehung der Bevölkerung statt, indem versucht wird, kleine Gemeinschaftseinheiten, wie z.B. die Nachbarschaft in einem Stadtviertel mittels des *neighbourhood watch*, in die Verbrechenskontrolle einzubinden. Im Sinne einer Responsibilisierung der Bevölkerung wird diese aufgerufen, Aufgaben zu übernehmen, die vorher rein staatliche waren: „Hauptziel ist es, die Verantwortung für die Verbrechenskontrolle auf Instanzen, Organisationen und Individuen zu verteilen, die außerhalb des Strafjustizstaates operieren, und sie dazu zu bringen, entsprechend zu agieren" (Garland 2008: 232). Nach Vobruba (1983b) ist dies ein Zeichen eines Wandels von primärer zu sekundärer Prävention. Während primäre Prävention institutionelle Änderungen begriff, handelt es sich bei der sekundären Prävention um das Subjekt, das zum Agieren aufgefordert wird (Vobruba 1983b: 29f.). Es entsteht eine Eigenverantwortlichkeit, die darauf zielt die „(...) Vermeidung der Problementstehung in die Verantwortung des Subjekts zu übertragen" (Vobruba 1983b: 31). Dies ist nach Vobruba (1983b) systembedingt: Der Staat entlastet sich durch sekundäre Prävention im Gegensatz zur Primären. Der Prozess der Responsibilisierung stellt ein komplexes Geflecht unterschiedlicher Maßnahmen und latenter Intentionen dar. Um Bürger_innen in die staatliche Verbrechenskontrolle überhaupt einbinden zu können, bedarf es beispielsweise zunächst einmal eines Verantwortungsgefühls. Dazu muss sich in der Bevölkerung ein Bewusstsein bezüglich Kriminalität und der Möglichkeit, der eigenen Viktimisierung, herausbilden (Garland 2008: 233). Durch das Appellieren an die eigenen Handlungsmöglichkeiten wird ein Gefühl der (Mit-)Verantwortung geschaffen. Dies kann sich relativ schwach ausformen, wie beispielsweise in der Durchsage auf Bahnhöfen, auf das eigene Gepäck zu achten, um es vor Diebstahl zu bewahren. Es existieren mittlerweile vor allem in den USA und Großbritannien jedoch auch umfassendere und konkrete Maßnahmen, wie beispielsweise das schon angesprochene *community policing*, bei der die Polizei versucht, mit den Anwohner_innen zusammen zu arbeiten, im Sinne einer bürger_innennahen Polizeiarbeit. Suggeriert wird in all diesen Praktiken, dass „(...) der Staat nicht allein für die Verbrechensprävention und -kontrolle verantwortlich ist und sein kann" (Garland 2008: 234). Reinhard Kreissl konstatiert 1981 ein neues polizeiliches Selbstverständnis, welches „(...) Sicherheit und Ordnung nicht mehr als einen zu verteidigenden Zustand, sondern als Produkt einer aktiv gestaltenden Arbeit der Sicherheitsorgane (...)“ (Kreissl 1981: 128) ansieht. In diesem wird Responsibilisierung zur Polizeistrategie: in der Schriftenreihe der Polizei-Führungsakademie 1980 heißt es: „Damit soll nicht etwa der Bürger zum Spitzel erzogen werden, vielmehr geht es darum, in ihm das Gefühl der Mitverantwortung für die innere Sicherheit in diesem Staat zu wecken“ (zitiert in: Kreissl 1981: 131). Die Bürger_innen werden dazu aufgefordert, verstärkt informelle Sozialkontrolle auszuüben und das mehr und mehr in Bereichen, die zu Zeiten der strafenden Wohlfahrt staatliche Aufgabengebiete waren. Wenn staatliche Institutionen verstärkt private Institutionen und Individuen in die Verbrechenskontrolle einbinden, wird die Grenze zwischen formeller und informeller Sozialkontrolle fließend (Garland 2008: 307). Dadurch wird sich weiter von der Ansicht der strafenden Wohlfahrt, Verbrechenskontrolle falle in den Bereich von Fachleuten, entfernt. Damit werden zwar staatliche Kosten gesenkt und Verantwortungsbereiche verteilt. Es handelt sich jedoch nicht nur um eine finanzielle Entlastung des Staates. Mit der neuen formellen Sozialkontrolle entsteht ein Beziehungsgeflecht der informellen Sozialkontrolle, das sich wiederum die formelle Kontrolle zu nutze macht. Es handelt sich um eine neue Machtpraktik, die nicht mehr ein souveränes Regieren darstellt, sondern viel mehr dem entspricht, was Foucault unter „Gouvernementalität“ verstand (Garland 2008: 233, 236). Dabei wird die Bevölkerung zum zentralen Aspekt. Auf sie wird dergestalt eingewirkt, dass sie das Regierungsziel als eigene Bestrebung will: „Statt als Ausdruck der Macht des Souveräns tritt die Bevölkerung vielmehr als Zweck und Instrument der Regierung hervor. Die Bevölkerung tritt als Subjekt von Bedürfnissen und Bestrebungen, aber ebenso auch als Objekt in den Händen der Regierung hervor; der Regierung gegenüber weiß sie was sie will, zugleich weiß sie nicht, was man sie machen lässt“ (Foucault 2000: 61).

Fraglich ist, inwiefern in Deutschland diese Tendenz der Responsibilisierung vorzufinden ist. Das Bewusstsein der (Mit-)Verantwortlichkeit, welches gleichzeitig zu eigenem Handeln aufruft, ist auch in Deutschland präsent, sieht man beispielsweise auf die schon angesprochene Debatte zum Gesundheitssystem, bei der verstärkt Fragen nach der Eigenverantwortung gestellt werden. Fraglich ist jedoch, ob sich ein solcher Responsibilisierungsprozess in Deutschland auch schon in Form von strafrechtlichen Maßnahmen oder Institutionen manifestiert hat. Der Grundgedanke zur Einbindung von Gemeinschaft könnte in den gemeinnützigen Arbeiten vorzufinden sein, welche oft vor allem jugendliche Straftäter_innen auferlegt bekommen. Allerdings scheint dies abwegig, da hier der pädagogische Aspekt der Behandlung und Besserung im Vordergrund steht, und nicht das jeweilige gemeinschaftliche Umfeld in die Verbrechenskontrolle mit einbezogen werden soll. Die Intention ist dabei nicht, dass jeweilige gemeinschaftliche Umfeld in die Verbrechenskontrolle mit einzubeziehen. Die Idee der Responsibilisierung ist wohl eher in den aufkommenden Mediationsprogrammen zu finden. Insgesamt bleibt festzuhalten, dass in Deutschland bisher die Responsibilisierung in der Verbrechenskontrolle nicht in dem Maße anzutreffen ist, wie in den USA und Großbritannien. Inwiefern dieser Gedanke eventuell im neuen Versammlungsrecht auftaucht, wird im analytischen Teil dieser Arbeit thematisiert.

Verwaltung des Normalen

Die wohlfahrtsstaatlichen Institutionen verschwinden nicht völlig. Nach wie vor werden integrative Maßnahmen angewandt, die eine Normverinnerlichung und die Akzeptanz von bestehender Ordnung anstreben. Dies funktioniert weiterhin über eine Überwachung von Normeinhaltung und entsprechender Sanktionierung. Dennoch kristallisiert sich neben der wohlfahrtsstaatlichen Sozialkontrolle eine andere Formation heraus, von Singelnstein/Stolle (2008: 59-62) als die „Verwaltung des Normalen" bezeichnet, welche maßgeblich auf einem Wandel der Stellung von Normen und Normalität beruht. Verhaltensideale wie sie noch den Disziplinierungstechniken der wohlfahrtsstaatlichen Sozialkontrolle zugrunde lagen, sind in den Hintergrund gerückt, und „der Anspruch auf eine lösungsorientierte Behandlung sozialer Probleme wird dabei aufgegeben" (Singenstein/Stolle 2008: 59). Vielmehr handelt sich bei der Bewertung von Verhalten um eine Orientierung an dem, was normal ist. Normales Handeln wird demnach aus dem durchschnittlichen Handeln der Bevölkerung abgeleitet. So zeichnet sich für Garland die Kriminologie des Alltags u. a. dadurch aus, dass sie auf „einer Vorstellung von sozialer Ordnung basiert, die generell amoralisch und technologisch ist" (2008: 327).

Hierbei liegt allerdings kein völliges Verschwinden des Normativen im Sinne einer Ablösung des Normativen durch das Normale vor, wird doch das Normale selbst zum erklärten Ziel und auch zum Ideal stilisiert. Zutreffender ist wohl von einer normativen Aufladung der Normalität zu sprechen, bei dem das „Mittel- zum Idealmaß" (Bröckling 2008: 44) wird (siehe auch: Singelnstein/Stolle 2006: 59). Dennoch stellt eine normative Aufladung des Normalen einen qualitativen Unterschied zu den klassisch normativ geprägten Handlungsbewertungen dar. Während diese sich bei der Normsetzung bestimmter Werteeinstellungen und metaphysischer Konzepte bedienen mussten, wird das Erstrebenswerte, welches sich in der Normalität verbirgt, nicht außerhalb des positiv Gegebenen gefunden, sondern gerade im empirischen Durchschnitt der Handlungen selbst.

Die Abkehr von den klassischen normativen Handlungskonzepten ist auch mit einer Form von Freiheit verbunden: es stehen verschiedene Verhaltensoptionen zur Verfügung und nicht nur ein Ideal. In der Wahl zwischen ihnen herrscht insofern eine gewisse Freiheit, als mit einer Privatisierung der Lebensweisen eine Akzeptanz für Pluralität einhergeht, die „Normalitätsnormen sind flexibel" (Bröckling 2008: 44). Hier sind jedoch Grenzen gesetzt. Gibt es auch keine Normverletzungen im alten Sinne mehr, so existieren dennoch Toleranzgrenzen, deren Übertritt als Gefahr bzw. Risiko aufgefasst wird. Diese Grenzen sind jedoch flexibel und dynamisch, sodass eine Vielzahl von Verhaltensweisen akzeptiert wird (Link 2009: 78).

Die neue Sozialkontrolle strebt keine Norminternalisierung im Sinne des Korrektionalismus mehr an. Vielmehr geht es darum, Abweichungen vom Durchschnitt zu verhindern, angetrieben durch eine „Denormalisierungsangst" (Bröckling 2008: 44). Das empirisch vorgefundene Unerwünschte gilt es nun nicht mehr im Sinne eines Defekts zu korrigieren, sondern es ist eine „(...) zu verwaltende, berechenbare gesellschaftliche Realität in Form der Überschreitung flexibler Toleranzgrenzen" (Singelnstein/Stolle 2008: 60). Hauptaufgabe im Zusammenhang mit abweichendem Verhalten wird nun die Berechnung von Wahrscheinlichkeiten und Statistiken zur Abweichung, denn Normalität, welche auf einem Durchschnitt beruht, braucht zu ihrer Bestimmung verschiedenste Datenerhebungen (Link 2009: 323). Diese Verwaltung von Handlungen und Persönlichkeitsmerkmalen wiederum wird auch benötigt, um (Gefahren-)Prognosen aufzustellen, die ein frühzeitiges Eingreifen und präventives Handeln ermöglichen.

Wenn abweichendes Verhalten normal und lediglich von Kosten-Nutzen-Relationen abhängig ist, ist der mögliche Täter_innenkreis groß: jede/r, für den/die es sich „lohnt", d.h. potentiell jede/r. David Garland beschreibt diese Vorstellung mit der *Criminology of the Self* (2008: 253-255). Es sind nicht mehr fehlende Norminternalisierung und gescheiterte Sozialisationsprozesse die zu abweichendem Verhalten führen, sondern situationsspezifische Bedingungen. Dieser Ansatz führt zusammen mit dem Bedürfnis, etwas gegen Kriminalität tun zu müssen, dazu, vorbeugende Maßnahmen zu ergreifen. Diese sind nun vor allem dadurch gekennzeichnet, dass sie nicht personen- sondern situationsspezifisch greifen, wie beispielsweise die Überwachung von öffentlichen Plätzen. Alle Bürger_innen als zu abweichendem Verhalten neigend zu sehen, führt zwangsläufig zu dem Versuch, alle zu erfassen und zu beobachten. Bei der Verwaltung des Normalen handelt es sich um ein Management der gesamten Bevölkerung (Garland 2008). Dieser Gedanke schlägt sich auch in der jüngsten Gesetzgebung in Deutschland nieder, wie z.B. der Vorratsdatenspeicherung und dem biometrischen Personalausweis.

Durch diese Verwaltung des Normalen, die die statistische Erfassung aller anstrebt, zeichnet sich die neue Sozialkontrolle vor allem durch eine zeitliche Vorverlagerung der formellen Sozialkontrolle aus, indem nicht erst bei Auffälligkeiten oder konkreten Tatbeständen reagiert wird, sondern schon viel früher. Neben der zeitlichen Vorverlagerung wird der Kreis der Personen, auf die sich die Sozialkontrolle bezieht, enorm ausgeweitet, nämlich potentiell auf alle. Es ist dadurch keine *personen*spezifische Kontrolle, sondern eine *situations*spezifische, wobei die Klassifizierung und Bewertung der Situationen wiederum auf Normalitätsvorstellungen und statistischen Berechnungen (z.B. Kriminalitätsraten an bestimmten öffentlichen Plätzen) beruhen.

Ökonomische Kriminalitätserklärungen

Mit der Verbreitung neoliberaler Ansichten gewinnen ökonomisch Kriminalitätserklärungsmodelle in den 1980er Jahren an Aufmerksamkeit. Nach diesen basiert kriminelles und abweichendes Verhalten auf einer rationalen Kosten-Nutzen-Berechnung und ist durch die Verfolgung von Eigeninteressen erklärbar (Lamnek 1997: 132). Sich abweichend zu verhalten ist demnach das Ergebnis eines ökonomischen Entscheidungsprozesses. Der Nutzen stellt dabei den möglichen Gewinn oder die erwartbaren Vorteile einer abweichenden Handlung dar, während die Kosten u.a. in Form von möglichen Sanktionen wie z.B. Strafe und Ausgrenzung erscheinen.

Ein berühmter Vertreter dieses Ansatzes ist Gary S. Becker, der ökonomische Wahlentscheidungen auf nahezu alle Bereiche des menschlichen Lebens transformiert, u.a. auch auf abweichendes Verhalten (dies explizit in: Becker 1993: 39-96). Dies erscheint zunächst 1976 in seinem Werk „The Economic Approach to Human Behavior" (Becker 1993) und dann in Form einer Zeitungskolumne in der *Buisness Week* in den 1980er und 1990er Jahren (Becker/Becker 1998). Dabei spricht er sich für härtere Strafen und ein Erhöhung des Entdeckungsrisikos als wichtige Faktoren für die Verringerung des Kriminalitätsaufkommens aus. Weiter stellt er die unterschiedlichen Kosten von verschiedenen Straftaten für Gesellschaft und Staat dar. Wie fern diese Diskussion von der davor herrschenden Debatte ist, wird besonders darin deutlich, wie Becker die unterschiedlichen Möglichkeiten der Bestrafung thematisiert. Diese werden nämlich ebenfalls ausschließlich unter ökonomischen Gesichtspunkten bewertet, nämlich durch die Frage, welche Bestrafung am kostengünstigsten für den Staat ist. Demnach ist die Geldstrafe die Lohnenswerteste, „(...) während für Folter, Bewährungsstrafen, bedingte Entlassung, Inhaftierung und die meisten anderen Strafen b>1 gilt" (Becker 1993: 52), d.h. diese sehr kostspielig sind. Somit sollte eine hohe Geldstrafe immer einer Gefängnisstrafe vorgezogen werden, wenn von der Person keine physische Gefahr ausgeht (Becker/Becker 1998: 173).

Unter ökonomischen Verhaltensschemata ist abweichendes Verhalten nicht länger ein Defekt, sondern etwas *Normales*, das jede/r tun würde, allein abhängig von den spezifischen Kosten- und Nutzenüberlegungen. Somit gehen die ökonomischen Erklärungen mit der eben beschriebenen *Criminology of the Self* einher. Diesem folgt auch Becker, wenn er sagt, dass aus der Vorstellung, auch abweichendes Verhalten als eine Nutzmaximierende Wahlhandlung zu sehen, „(...) folgt, daß Menschen nicht deshalb ‚Kriminelle' werden, weil sie sich in ihrer grundlegenden Motivation von anderen Menschen unterscheiden, sondern weil ihre Nutzen und Kosten andere sind" (Becker 1993: 48). Während die wohlfahrtsstaatliche Sozialkontrolle mittels Disziplinierungsmaßnahmen und Ursachenbekämpfung auf abweichendes Verhalten einwirken wollte, zeichnen sich die gegenwärtigen Tendenzen der Sozialkontrolle durch ein Anerkennen der Normalität von Abweichung aus. Kriminalität und *incivilities* werden nicht als Indikatoren für tiefer liegende Probleme wahrgenommen, sondern als etwas Normales, was es zu verwalten gilt, angesehen. Somit findet eine Verschiebung des Subjektverständnisses statt: Das Subjekt ist nicht mehr wie in der wohlfahrtsstaatlichen Gesellschaft eines, das durch Sozialisationsprozesse und gesellschaftliche Umstände geprägt und geworden ist. Es ist stattdessen vorwiegend ökonomisch determiniert (Lamnek 1997: 131). Abweichendes Verhalten ist kein Problem der fehlenden Normakzeptanz, sondern der Kosten-Nutzen-Situation. Hierbei werden die Ursachen immer noch in gesellschaftlichen Strukturen gesehen. Anders jedoch als in den wohlfahrtsstaatlichen Auffassungen liegen hier keine Mängel in der Sozialisation und soziale Missstände vor. Die gesellschaftlichen Umstände sind aber insofern bedeutend, als sie die Bedingungen für die erwartbaren Kosten und Nutzen stellen und somit Anreize zu und Abschreckung gegenüber verschiedenen Verhaltensoptionen schaffen. Allerdings tragen gesellschaftliche Strukturen keine direkte Verantwortung mehr für bestimmte Lebensumstände und Dispositionen Einzelner. Insofern findet auch hier eine Responsibilisierung statt.

Der ökonomischen Logik folgend, wird der Akt der Abweichung das zentrale Moment, welches es zu bekämpfen gilt, und zwar den Gesetzen der Ökonomie folgend, indem die Kosten erhöht bzw. die Nutzen von abweichenden Handlungen gesenkt werden. Der Blick geht vom „Täter zur Tat, von den Motiven zu Situationen und Gelegenheiten und folgerichtig von der Rehabilitation der Straffälligen zur situativen Kriminalprävention“ (Karstedt/ Oberwittler 2003: 16).

Risiko und Prävention

Wenn nun das Normale an Bedeutung gewinnt, erleben auch statistische Erhebungen und Durchschnittsmaße eine Hochkonjunktur. Verhalten wird berechnet und findet sich verstärkt in Wahrscheinlichkeits- und Risikoprognosen wieder. Es ist nicht mehr länger primär die Beschäftigung mit einer konkreten Bedrohung. Die abstrakte mögliche Bedrohung rückt in den Fokus.

Dieser Vorgang kann zunächst weit gefasst als ein allgemeines Phänomen beschrieben werden, welches auf der Entstehung von Risiko fußt. Luhmann (2003) folgend, führt ein Anstieg an Wissen, vor allem in Form von berechenbarem und rational kalkuliertem Wissen, zu einem Bedeutungsgewinn von Risiko, denn „je mehr man weiß, desto mehr weiß man, was man nicht weiß, und desto eher bildet sich ein Risikobewußtsein aus“ (Luhmann 2003: 37). Kommt zu einem ausgeprägten Risikobewusstsein ein allgemeines Gefühl von Unsicherheit hinzu, entwickelt sich ein Bedürfnis nach Prävention, denn diese stellt eine „Vorbereitung auf unsichere künftige Schäden“ (Luhmann 2003: 38) dar. Sicherheit zu erstreben intendiert, „Zukunft überschaubar, verfügbar zu machen“ (Vobruba 1983a: 61). Der Ruf nach Sicherheit ist allgegenwärtig, sodass er für Singelnstein/Stolle (2008) zum Charakteristikum einer ganzen Gesellschaft wird. Doch schon in den 70ern fällt dieser Stellenwert auf, wenn gesagt wird: „Das Sicherheitsbedürfnis ist es, das offenkundig die Bundesrepublik regiert“ (Narr 1977: 23f.). Durch präventives Verhalten soll mittels Vorsorge in das zukünftige Geschehen eingegriffen werden. Der Präventionsgedanke ist dabei ein völlig neu entstehender. Laut Schülein (1983) ist Prävention ein Kennzeichen für den Übergang von traditionellen zur Industriegesellschaften, welche durch „(...) formalisierte und zweckrationale Interaktionsabläufe und -systeme, die hohe Eigendynamik besitzen“ (23), geprägt sind. Der Mensch selbst wird stärker zum Agierenden und übt gezielt Einfluss aus.

Der präventive Vorgang ist nicht notwendigerweise Freiheit einschränkend. Vielmehr kann durch das Wissen über einen Gegenstand auch Freiheit überhaupt erst entstehen, indem die Kompetenz zur Entscheidung erlangt und Intervention möglich wird. Erst das Wissen über die Ursachen von Rückenschmerzen lässt die Freiheit entstehen sich zu entscheiden, ob vorbeugende Maßnahmen durchgeführt werden sollen oder eben nicht. Rückenschmerzen mögen hierbei ein simples Beispiel in dem Sinne darstellen, dass deren Ursachen und Wirkungen wohl recht eindeutig und unumstritten sind. Nun zeichnen sich allerdings die meisten gesellschaftlichen Situationen durch ein hohes Maß an Komplexität aus. Hier herrscht oft Uneinigkeit darüber, welche Risiken und Gefahren aus bestimmten Umständen rühren und wie diese zu bewerten sind. Gesellschaftliche Situationen, die beschrieben und diskutiert werden, sind ein Produkt aus zahlreichen Interpretations- und Wahrnehmungsprozessen. Wie zukünftige Folgen und Entwicklungen eingeschätzt werden, hängt von zahlreichen prägenden Faktoren wie auch von der jeweiligen gesellschaftspolitischen Einstellung ab. Der Vorsorgegedanke ist fest in Lebenspraxen verankert, z.B. in Bezug auf Versicherungen und Sparverträge für die Ausbildung oder die private Rentenvorsorge. Dabei ist Prävention verstärkt mit Responsibilisierungsprozessen verknüpft, wie es oben schon durch den Übergang von primärer zu sekundärer Prävention (Vobruba 1983b) bezeichnet wurde. Eigenverantwortliche Vorsorge wird in vielen Bereichen verlangt. Dies zeigt sich deutlich in den Diskussionen im Gesundheitswesen, wenn es darum geht, ob Raucher_innen höhere Beiträge zahlen sollten, oder deren Praxis, z.B. bei Zahnersatzleistungen die an die regelmäßige Wahrnehmung der Kontrolluntersuchungen geknüpft sind.

Die mit den Präventionshandlungen einhergehende Vorverlagerung führt in der politischen Sphäre zu erweiterten Eingriffsbefugnissen. In den USA finden sich früh präventive Eingriffsbefugnisse, was sich nach den Geschehnissen des 11. Septembers 2001 gravierend verstärkt hat. Doch Kritiker_innen machen auch in Deutschland in den 70er Jahren auf den Zusammenhang von Prävention und Vorverlagerung aufmerksam: „In der Orientierung der Sicherheitsapparate geht es nicht mehr darum, im Bürgerkrieg bestehen zu können, sondern ihn vorab durch die massive Vorverlagerung politischer Kontrolle und Repression gleichsam undenkbar zu machen" (Funk/Werkentin 1977: 189). Dennoch spielt sich in Deutschland zu dieser Zeit der Präventionsgedanke noch in einem relativ kleinen Kreis ab und hat „(...) lange nicht vermocht, die Priorität auf der kriminalpolitischen und öffentlichen Agenda zu erreichen, die die Prävention in anderen genannten westlichen Ländern mittlerweile konzeptionell und praktisch erlangt hat" (Sack 1995: 435). Die Entwicklung einer präventiven Kriminalpolitik sieht Fritz Sack (1995) erst in den 90er Jahren.

Dabei gab es den Präventionsgedanken an sich schon, doch in einer anderen Form. Bei der Frage nach der richtigen Behandlung eines/r Täter_in war beispielsweise das Hauptziel, einem zukünftigen abweichenden Verhalten seitens dieser Person vorzubeugen. Dabei handelte es sich jedoch um eine Spezialprävention, die nicht anlassunabhängig erfolgte, und nicht um eine Generalprävention (Sack 1995: 440-444), wie sie sich in den 90er Jahren in Deutschland entwickelte. Die Funktionen des Strafrechts sind nun zwei: „Strafrecht ist Kriminalprävention = positive Generalprävention und auch Spezialprävention = Beitrag zur Verbrechensbekämpfung = Stärkung der inneren Sicherheit" (Naucke 1999: 339). In Deutschland existiert zwar seit den 70er Jahren eine Diskussion über vorbeugende Verbrechensbekämpfung, dennoch hat die Ausweitung präventiver Eingriffsbefugnisse im Vergleich zu anderen europäischen Ländern relativ spät begonnen (Sack 1995: 435). 1990 gründete sich der „Rat für Kriminalitätsverhütung in Schleswig-Holstein" und machte sich die „Erarbeitung ursachenorientierter kriminalitätsverhütender Konzepte und deren Umsetzung in Projekte" (Finkel 1995: 419) zur Aufgabe. Seit den 1990er Jahren ist Prävention ein expliziter Bestandteil des Aufgabenkatalogs der Polizei (Sack 1995: 436). Die Entwicklung des Präventionsgedankens hat sich in Deutschland in den letzten Jahren durch Ausweitung von Maßnahmen wie die der Videoüberwachung öffentlicher Räume und zahlreichen Gesetzesinitiativen und -änderungen, die auf anlassunabhängiges Handeln abzielten, gezeigt. Hierzu zählen beispielweise das Terrorismusbekämpfungsgesetz von 2002, welches die Befugnisse zur Erhebung von Flug-, Bank- und Telefondaten erweiterte sowie im selben Jahr die Durchführung einer präventiven Rasterfahndung, 2005 die Einführung des biometrischen Reispepasses und 2008 das Vorratsdatenspeicherungsgesetz, um nur einige zu nennen. Hierbei meldeten sich jedoch auch viele Kritiker_innen zu Wort und das Bundesverfassungsgericht hat einige Gesetze für verfassungswidrig erklärt. Dennoch bleibt festzuhalten, dass das Bundesverfassungsgericht keine Gesetze ändert, sondern diese zur Überarbeitung an das jeweilige Parlament zurück gibt, oft begleitet mit einem indirekten Rat, wie es zu ändern wäre, um die Verfassungsmäßigkeit zu wahren und das Gesetz dabei nicht völlig verwerfen zu müssen.

Zu verzeichnen ist ferner eine Zunahme an polizeilichen Befugnissen, wobei hier vor allem verstärkt in grundrechtlich geschützte Lebensbereiche eingegriffen wird. Dabei ist das deutsche Strafrecht eigentlich durch eine reaktive Funktionslogik geprägt, die „den schmalen Grad zwischen Polizeistaat und Verfassungsstaat markiert" (Sack 1995: 440). Zum einem werden bei vielen Delikten die Polizeibehörden erst durch „Beauftragung" von Außen aktiv. Zum anderen ist die Planung einer Straftat nicht strafbar, es muss eine konkrete strafbare Handlung vorliegen. Mit den erweiterten Befugnissen erhält die Polizei große Definitionsmacht über soziale Möglichkeiten (Singelnstein/Stolle 1008: 64), denn größtenteils ist sie es, die entscheidet, wann und wo Daten erhoben und welche Daten wie ausgewertet werden. Die Bedeutung der Polizei sollte dabei keinesfalls zu gering eingeschätzt werden, vielmehr stellt sie das „institutionelle staatliche Scharnier in die Gesellschaft hinein" (Sack 1995: 440) dar. Dabei betont Sack (1995), sodass schon kleine Veränderungen bei der Polizei zu erheblichen gesellschaftlichen Verschiebungen führen können und die „Ausgestaltung der Polizei zu einem Lackmustest einer freiheitlich- oder polizeistaatlich verfassten Gesellschaft geworden ist" (440). Doch nicht nur die Exekutive wird zu einer Verantwortung im präventiven Handeln zur Abwehr abstrakter Gefahren herangezogen. Fiel der Umgang mit Straftaten und sozialer Ordnung in der wohlfahrtstaatlich geprägten Gesellschaft hauptsächlich in die Sphäre von Spezialist_innen wie Psycholog_innen, Kriminolog_innen und Anstaltsleiter_innen, so ist er heute durch Involvierung der kompletten Bevölkerung zur gesamtgesellschaftlichen Aufgabe geworden, wie schon näher oben unter dem Stichwort „Responsibilisierung" ausgeführt. Es handelt sich weniger um eine Spezialprävention, wie beispielsweise in der wohlfahrtsstaatlich geprägten Zeit in Zusammenhang mit der Jugend- und Sozialarbeit in sogenannten sozialen Brennpunkten, sondern um eine Generalprävention.

2.3 Zusammenfassung

Die Form der formellen Sozialkontrolle, die sich zu einem bestimmten Zeitpunkt in einer Gesellschaft durchsetzt, offenbart die jeweilige Auffassung von abweichendem Verhalten und dem richtigen Umgang damit. In diesem Kapitel wurde ein Wandlungsprozess der formellen sozialen Kontrolle beschrieben. In der wohlfahrtsstaatlich geprägten Situation herrschten vor allem liberale moderne Strafrechtstheorien, die abweichendes Verhalten als eine Art Defekt wahrnahmen, welchen man mittels Reintegrationsmaßnahmen beheben muss. Dabei wurden sozialen Problemen soziale Ursachen zugeschrieben. Präventionsmaßnahmen gestalteten sich hier in Form von Fürsorge statt allgemeiner Vorsorge, wobei es sich um eine Spezialprävention handelte, die, anders als die Generalprävention, auf bestimmte Personen gerichtet war. Die Umsetzung dieses liberalen Ansatzes sahen jedoch viele als missglückt an. Hinzu traten empirische Untersuchungen, die keinen signifikanten Erfolg der Maßnahmen nachweisen konnten. Dennoch dominierte in der Diskussion noch der Grundsatz der liberalen Vorstellungen von Besserung und Therapie. Der Wandel der Sozialkontrolle vollzog sich erst mit dem Einsetzen eines gesamtgesellschaftlichen Transformationsprozesses. Der Wohlfahrtsstaat fing mit Beginn anhaltender wirtschaftlicher Krisen an, seine charakteristischen Institutionen abzubauen. Individuelle prekäre Verhältnisse nahmen zu und ein allgemeines Gefühl der Verunsicherung trat ein. Hierbei setzten sich mehr und mehr neoliberale Ideologien und ökonomische Kriminalitätstheorien durch. Durch vermehrte Verunsicherung und gesteigertes Kriminalitätsbewusstsein sowie gesteigerte Kriminalitätsfurcht nahm das Bedürfnis nach präventivem Handeln zu. In Folge entwickelte sich eine formelle Sozialkontrolle, die durch anlassunabhängiges Eingreifen und eine allgemeinen Ausweitung der Kontrolle charakterisiert ist. Somit werden alle Personen zu potentiellen Verbrecher_innen, weswegen sich die präventiven Maßnahmen auch auf die Erfassung der Bevölkerung im Ganzen beziehen (Generalprävention). Gekoppelt mit der Vorstellung, dass abweichendes Verhalten als eine Frage der jeweiligen Kosten-Nutzen-Kalkulationen an sich normal sei, wird abweichendes Verhalten zu einer Aufgabe der Verwaltung. Das Verhalten muss dabei kontrolliert, beobachtet und geleitet werden, es fungiert nicht länger als Indikator für eine komplexere, tiefer liegende gesellschaftliche Problematik. Diese Verwaltung und Kontrolle funktionieren vor allem durch die Ausweitung der Befugnisse durch neue Gesetze, die insbesondere der Polizei einen größeren Handlungsspielraum zukommen lassen. Ziel der sozialen Kontrolle ist die individuelle Sicherheit vor (abstrakten) Bedrohungen.

3. Zum methodischen Vorgehen

Bei dem methodischen Vorgehen in dieser Arbeit orientiere ich mich bezüglich der Einbettung des Materials an der qualitativen Inhaltsanalyse nach Philipp Mayring (2008). Dies bedeutet, dass ich zunächst das Analysematerial näher bestimme und den Entstehungskontext sowie formale und inhaltliche Charakteristika des Analysematerials erläutere. Des Weiteren werde ich jedoch nicht wie bei Mayring vorgeschlagen Kategorien aus dem Material ableiten. Vielmehr werde ich aus dem theoretischen Hintergrund der Arbeit Kategorien bilden, die ich dann auf ihre Vorfindbarkeit im Analysematerial hin untersuche (mehr unter Punkt 3.2.2 „Ablaufmodell der Analyse"). Somit soll eine Theoriegeleitetheit und Nachvollziehbarkeit gewährleistet werden.

Bevor die Inhaltsanalyse durchgeführt wird, werde ich zunächst das Analysematerial näher bestimmen. Darauf folgt eine Explikation der Forschungsfrage sowie des Analysemodells.

3.1 Bestimmung des Analysematerials

Wie schon mehrfach erwähnt, soll in dieser Arbeit die Veränderung des Versammlungsrechts unter dem Aspekt des Wandels der formellen Sozialkontrolle betrachtet werden (ausführlich zur Forschungsfrage siehe unter Punkt 3.2 „Fragestellung der Analyse"). Für die Analyse des Versammlungsrechts ist nun fraglich, welches Material dazu herangezogen werden soll. Dieses soll in vier Schritten bestimmt werden. Zunächst wird das Material festgelegt. Darauf folgend werden die Entstehungssituation und die formalen Eigenschaften des Materials näher erläutert. Da es sich dabei um einen juristischen Gegenstand (genauer: um einen Gesetzestext) handelt, halte ich es für sinnvoll, in einem vierten Schritt kurze grundlegende Erläuterungen zur Bedeutung und zum Umfang des Versammlungsrechts zu liefern, die mir für das Grundverständnis der Textanalyse wichtig erscheinen.

3.1.1 Festlegung des Materials

Um das Versammlungsrecht und dessen Veränderung in Deutschland zu analysieren, bieten sich verschiedene Materialien an. Beispielsweise könnten Plenarsitzungsprotokolle und Zeitungsartikel herangezogen werden. In der vorliegenden Arbeit werde ich mich jedoch bei der Darstellung des Versammlungsrechts und seinen Änderungen auf die gesetzliche Lage konzentrieren. Dies hat verschiedene Gründe. Zunächst spricht die Tatsache für diese Entscheidung, dass es vor allem gesetzliche Regelungen sind, die die Grundlage für die Ausgestaltung von Versammlungen darstellen. Des Weiteren sind es gegenwärtig gerade die neuen Ländergesetze, die eine Veränderung in den Versammlungsmöglichkeiten bewirken. Nun könnte es dennoch nahe liegen, neben den Gesetzen die Entstehungsinteressen in Form von Plenarsitzungsprotokollen und Landtagsdebatten heranzuziehen. Nachdem ich jedoch in diese Einsicht genommen hatte, kam ich zu dem Schluss, dass sie sich nicht für die vorliegende Analyse eignen. Die Diskussionen im Landtag handeln fast ausschließlich vom Umgang mit „Rechtsextremismus“[8] und erfassten thematisch somit nur einen sehr kleinen Teil der Neuerungen. Es ist ein allgemeines Phänomen der neuen Gesetze, dass nach „Außen“ fast ausschließlich diese Rechtsextremismusdebatte kommuniziert wird (dazu mehr unter Punkt 3.1.2 „Entstehungskontext“). Dabei werden viele Regelungen, die keinen Rechtsextremismusbezug aufweisen, aber, wie ich später noch zeigen werde, den Charakter der neuen Gesetze entscheidend prägen, nicht thematisiert. Demnach sehe ich die Einbeziehung von Landtagsprotokollen nicht als gewinnbringend für diese Arbeit an.

Wie schon angesprochen, ist jedoch auch bei der Entscheidung, Gesetze zu analysieren, das Material weiter einzugrenzen. Während die bisherige gesetzliche Regelung noch relativ klar im bundeseinheitlichen Versammlungsgesetz (kurz: VersG) auszumachen und für die Analyse heranzuziehen ist, weisen die neueren gesetzlichen Tendenzen eine Fülle von Texten aus Gesetzen, kleineren Gesetzesänderungen und Gesetzesentwürfen auf. Für die Untersuchung meiner Frage werde ich mich auf die Entwicklung in Bayern konzentrieren. Dies hat verschiedene Gründe. Zum einen hat Bayern als erstes Bundesland ein komplett eigenes Gesetz gegeben in dem Sinne, dass es sich dabei nicht um das bisherige Versammlungsgesetz mit einigen kleineren Abweichungen handelt, sondern von diesem stark unterschieden werden kann[9]. Des Weiteren ist es in

8 Dem Rechtsextremismusbegriff liegt die Vorstellung des Extremismus-Modells zugrunde, demzufolge die politischen Extreme sich eindeutig von einem demokratischen Spektrum in der Mitte zwischen Links und Rechts trennen lassen. Diese Vorstellung wird in den Sozialwissenschaften seit einigen Jahren zunehmend als unterkomplex kritisiert (vgl. Winkler 2000). Ich bin mir dessen bewusst, verwende im Rahmen dieser Arbeit aber dennoch den Rechtsextremismusbegriff, wenn es sich um die Darstellung der Gesetzgebungsintention und der Debatten des Gesetzgebungsverfahren handelt, in welchem der Begriff genutzt wird.

9 Andere bisherige Änderungen im Versammlungsrecht zeichnen sich dadurch aus, dass das jeweilige Bundesland große Teile aus dem VersG übernimmt und darin einige neue Regelungen einführt. Meist handelt es sich bei den Mo-

Bayern nicht bei dem Gesetzeserlass von 2008 geblieben. Zunächst wurden sehr früh im Rahmen einer einstweiligen Anordnung des Bundesverfassungsgerichts viele Regelungen außer Kraft gesetzt. Hinzu kommt, dass der Bayerische Gesetzgeber selbst das Gesetz noch einmal überarbeitete. Das Bayerische Gesetz hat jedoch nicht nur innerhalb des Landes große Auswirkungen, sondern hat auch Einfluss auf andere Länder ausgeübt: Niedersachsen und Baden-Württemberg übernahmen zunächst fast eins zu eins das Bayerische Versammlungsgesetz von 2008 für einen eigenen Gesetzesentwurf und auch das nun entstandene Gesetz in Niedersachsen, welches im Februar 2011 in Kraft trat, weist starke Ähnlichkeiten mit dem BayVersG2008 auf. Aufgrund dieser Aspekte, die hier nur kurz angerissen und im nächsten Unterkapitel näher ausgeführt werden, scheint mir die Entwicklung des Versammlungsrechts in Bayern besonders geeignet und interessant für meine Untersuchung. Der Fokus wird vor allem auf dem Bayerischen Gesetz von 2008 liegen, da dies die Intention des Gesetzgebers vor einer Einschränkung des BVerfG zeigt. Daran anschließend werde ich dann das BayVersG2010 betrachten und prüfen, ob dieses eine grundsätzliche Abkehr der Tendenz des BayVersG2008 darstellt oder nicht.

Somit bilden das bisherige bundeseinheitliche Versammlungsrecht (VersG), das Bayerische Versammlungsgesetz vom 22. Juli 2008 (BayVersG2008) und das aktuelle Bayerische Versammlungsrecht (BayVersG2010) das Material[10] für die nachfolgende Analyse.

3.1.2 Entstehungskontext

Das Versammlungsgesetz (VersG), welches als Bundesgesetz bis 2006 bundeseinheitlich geregelt war, wurde 1953 erlassen und ist damit ein relativ junges Gesetz. Dennoch ist es in seiner Bedeutung nicht zu unterschätzen, stellt es doch die Ausgestaltung eines wichtigen Grundrechts dar, nämlich des Art. 8 GG, das Grundrecht auf Versammlungsfreiheit. Relevanz weist es jedoch auch aufgrund seiner Häufigkeit in seiner praktischen Anwendung auf: der 1. Mai, Sozialkürzungen, Atomausstieg oder die medizinische Versorgung von Menschen ohne Aufenthaltsge-

---

difikationen um die Benennung von Bannmeilen und „historischen Orten", auf die später noch näher eingegangen werden wird. Dies heißt nicht, dass andere Länder die bisherige rechtliche Lage behalten, denn auch die neuen Regelungen weisen eine starke Wirkung auf und sind äußerst umstritten. Des Weiteren sind sie jedoch ähnlich bzw. von der Tendenz her gleich, im BayVersG wiederzufinden, sodass mir die alleinige Beschäftigung mit dem BayVersG als eine neue Tendenz im Versammlungsrecht legitim erscheint.

10 Zu finden im Anhang.

nehmigung – fast jeder gesellschaftliche Bereich ist mit politischen Positionen und Forderungen besetzt, welche sich bei bestimmten Umständen und Anlässen öffentliches Gehör verschaffen wollen. Demonstrationen sind dabei vor allem für jene eine Plattform, die nicht allein durch die gesellschaftliche Stellung oder Repräsentanz in politischen Machtverhältnissen Aufmerksamkeit für ihre Interessen erlangen können.

Wenn auch das Versammlungsgesetz seit seiner Erlassung bedeutend und für viele Menschen relevant war, so zeigte sich doch relativ schnell, dass das Gesetz viele Rechtsunklarheiten aufweist. An vielen Stellen ist es unkonkret und kann somit nicht alle praktischen Fragen klären. Beispielsweise wird im VersG keine Unterscheidung zwischen Video*aufzeichnungen*, dies meint eine Speicherung der Videodaten, und Video*aufnahmen* gemacht, was eine direkte Übertragung ohne Speicherung von der Kamera zu einem Monitor meint und häufig zur Einsatzleitung der Polizei genutzt wird. Diese und weitere Unklarheiten führten zu etlichen Gerichtsverfahren, bei denen häufig die Gerichte in ihren Urteilen das VersG näher zu bestimmen hatten. Zur Gesetzesauslegung wurde sich mit der Zeit vorwiegend an der Rechtsprechung orientiert. Dabei ist vor allem das wegweisende und erste Urteil des Bundesverfassungsgerichts zum Versammlungsrecht im Jahr 1985 hervorzuheben, das sogenannte „Brokdorf-Urteil" (BVerfGE 69, 315), in dem das grundlegende Verständnis des Versammlungsrechts und Bedingungen für einen Eingriff geklärt wurden.

Doch auch durch eine starke Orientierung an der Rechtsprechung bei der Gesetzesauslegung konnte nicht immer Rechtsklarheit erreicht werden, zumal es unter verschiedenen Gerichten selbst zur Uneinigkeit kam. Zum Beispiel entwickelte sich über die Frage, was eine Gefährdung der öffentlichen Ordnung darstelle, eine Meinungsverschiedenheit zwischen dem OVG Münster und dem BVerfG. Versammlungen unter freiem Himmel können nach dem VersG u. a. dann verboten werden, wenn sie eine Gefahr für die öffentliche Sicherheit oder Ordnung[11] darstellen, § 15 Abs. 1 VersG. Das OVG Münster verbot mehrmals in Folge rechtsextreme Demonstrationen und NPD-Versammlungen (erstmals am 25.1.2001, Az.: 5 B 1115/01) mit der Begründung, dass die zu erwartenden Meinungsäußerungen und die Nähe zum nationalsozialistischen Weltbild eine Gefahr für die öffentliche Ordnung darstellen würden (Laubin-

11 Die öffentliche Ordnung meint „(...) die Gesamtheit der ungeschriebenen Regeln, deren Befolgung nach den jeweils herrschenden sozialen und ethischen Anschauungen als unerläßliche Voraussetzung eines geordneten menschlichen Zusammenlebens innerhalb eines bestimmten Gebiets angesehen wird" (BVerfGE 69,315, 352).

ger/Repkewitz 2002: 153f.). Das BVerfG verwies diese Urteile jedoch immer wieder an das OVG Münster zurück bzw. gab dem Antrag auf einstweilige Anordnung statt (Beschluss vom 24.3.2001, Az.: 1 BvQ 13/01), sodass die Demonstrationen durchgeführt werden konnten. Die Begründung des Bundesverfassungsgerichts lautete, dass Meinungsäußerungen keine Gefahr für die öffentliche Ordnung darstellen und die freie Meinungsäußerung für eine Demokratie notwendig sei (Laubinger/Repkewitz 2002: 157). Abgesehen von der Unvereinbarkeit mit Art. 5 GG, der Meinungsfreiheit muss ein Rechtsstaat stark genug sein, auch Rechtsstaatsgegner und deren freie Meinungskundgabe zuzulassen, solange sie nicht konkret gegen den Staat agieren, so weiter die Argumentation des Bundesverfassungsgerichts. Eine Versammlung ist eine besondere Form der kollektiven Meinungskundgabe und würde als Institution ausgehöhlt werden, könne man sie aufgrund bestimmter Meinungen verbieten.

Durch vermehrte rechtsextreme Versammlungen, die sich vor allem durch ihre Medienwirksamkeit auszeichneten (z.B. das Brandenburger Tor und andere historisch und politisch geprägte Orte), bildete sich 2005 eine parteiübergreifende Koalition. Diese machte sich zum Ziel, durch Gesetzesänderungen zukünftig rechtsextreme Versammlungen dieser Art verbieten zu können. Im April 2005 wurde diesbezüglich eine Gesetzesänderung verabschiedet. Zu den bedeutenden Neuregelungen gehört die Erweiterung der Verbotsgründe, § 15 Abs. 2 VersG n. F., und des Volksverhetzungsparagrafen des Strafgesetzbuches, § 130 Abs. 4 StGB n. F.

Schon nach der alten Gesetzeslage konnte eine Versammlung wegen der Gefährdung der öffentlichen Sicherheit[12] oder Ordnung[13] verboten werden. Nach § 15 Abs. 2 VersG n. F. handelt es sich um keine eigenständige Ermächtigungsgrundlage für ein Verbot, sondern konkretisiert lediglich den unbestimmten Begriff der öffentlichen Sicherheit und Ordnung. Der neue Absatz 2 des § 15 VersG n. F. ermöglicht somit ein Versammlungsverbot, wenn sie an einem Ort stattfindet, welcher historisch herausragend mit überregionaler Bedeutung an die Opfer der NS-Zeit erinnert und durch die Versammlung die Würde der Opfer beeinträchtigt werden würde. Eine Versammlung an einem solchen Ort abhalten zu wollen ist demnach nicht per se verboten, viel mehr muss sich die konkrete

12 Die öffentliche Sicherheit meint den „(...) Schutz zentraler Rechtsgüter wie Leben, Gesundheit, Freiheit, Ehre, Eigentum und Vermögen des Einzelnen sowie die Unversehrtheit der Rechtsordnung und der staatlichen Einrichtungen (...)" (BVerfGE 69,315, 352).

13 Definition öffentliche Ordnung siehe Fußnote Nummer 11.

Gefahr der Verletzung der Würde der Opfer durch die Versammlung abzeichnen. Als ein solcher Ort wird das Denkmal für die ermordeten Juden Europas in Berlin genannt, §15 Abs. 2 S. 2 VersG n. F.). Bezüglich der Bestimmung weiterer Orte wird auf die jeweiligen Landesgesetze verwiesen. Durch § 130 IV StGB n. F. wurde der Volksverhetzungsparagraph erweitert. Hiernach macht sich nun auch strafbar, wer nationalsozialistische Gewaltherrschaft öffentlich oder in einer Versammlung verharmlost oder verherrlicht.

Fraglich ist, inwiefern es durch die 2005 verabschiedeten Änderungen des VersG zu Unterschieden in der Rechtsbewertung kommen kann. Die damals vom Gesetzgeber erhofften neuen Möglichkeiten scheitern auch jetzt an dem Grundrecht auf freie Meinungsäußerung (Art. 5 GG). Somit bleibt eine Fallentscheidung, die grundsätzlich auch schon durch den Schutz der öffentlichen Ordnung aus § 15 Abs. 1 VersG möglich war. Bedeutender könnte deshalb wohl § 130 Abs. 4 StGB werden. Inwiefern die Anwendungen dieses Gesetzes faktisch jedoch etwas ändert, bleibt höchst fraglich. Verbote im Zusammenhang mit der rechtsextremen Szene gab es in der Vergangenheit zuhauf. Sie führen dazu, dass Rechtsextreme kreativ werden und verbotene Symbolik gesetzeskonform gestalten, ohne dass die Bedeutung, die damit zur Schau gestellt wird, verblasst. In Konflikt mit diesen Verbotsgesetzen kamen hingegen paradoxerweise Menschen, die sich öffentlich gegen rechts positionierten, indem sie beispielsweise ein durchgestrichenes Hakenkreuz trugen.

Aufgrund der Problematiken des VersG bearbeitete 2006 eine Arbeitsgruppe aus mehreren Bundesländern das Gesetz unter Berücksichtigung der bisherigen Rechtssprechung und brachte somit eine „Generalrevision des alten Versammlungsrechts“ (Gintzel 2010: 1) hervor, die die Schwächen des alten VersG hinreichend beseitigte. Als die Bundesländer 2006 durch die Föderalismusreform die Kompetenzen verliehen bekamen, eigene Versammlungsgesetze zu erlassen, hoffte man, diese würden die neue Gesetzesüberarbeitung übernehmen. Dies geschah bis jetzt allerdings in keinem einzigen Land.

Bayern hat als erstes Bundesland ein eigenes Versammlungsgesetz verabschiedet (BayVersG2008), an welchem sich Niedersachsen und Baden-Württemberg in ihren Gesetzesentwürfen stark orientieren. In den beiden letztgenannten Ländern kam es jedoch nicht zu einer Verabschiedung dieser Entwürfe, was vermutlich daran liegt, dass das BayVersG2008 kurz nach seiner Inkraftsetzung Gegenstand einer Verfassungsbeschwerde wurde. An diese war auch ein Antrag auf einstweilige Anordnung geknüpft, welcher wesentliche Regelungen des BayVersG2008 bis zur Urteilsverkündung der Verfassungsbeschwerde außer Kraft setzte. Niedersachsen und Baden-Württemberg verwarfen ihre Gesetzesentwürfe. Dennoch wird in Niedersachsen im Februar 2011 ein Versammlungsgesetz (NVersG) in Kraft treten, welches starke Ähnlichkeit mit dem BayVersG2008 aufweist. Als ein weiteres Land hat Brandenburg 2006 von der neuen Kompetenz Gebrauch gemacht, indem es sogenannte Bannkreise, d.h. territoriale Bereiche, auf denen nicht oder nur bei Vorliegen bestimmter Umstände demonstriert werden darf, in das Brandenburgische Gräberstätten-Versammlungsgesetz (GräbVersammlG) aufgenommen hat. Sachsen-Anhalt erließ Ende 2009 ein eigenes Gesetz (VersammlG LSA), wobei es sich überwiegend am bundeseinheitlichen VersG orientierte und hauptsächlich Bannkreise aufnahm. Anfang 2010 erließ auch Sachsen ein eigenes Gesetz (SächsVersG). Dabei übernahm es fast ausschließlich das VersG und ergänzte die Verbots- und Beschränkungsregelungen um bestimmte Orte und Daten. Eine Pflicht zum Gesetzeserlass besteht jedoch nicht und so gilt für Länder ohne eigenes Versammlungsgesetz weiterhin das VersG.

Noch im Jahre 2008 reichte ein Bündnis von Parteien, Gewerkschaften und anderen Organisationen eine Verfassungsbeschwerde gegen das BayVersG2008 ein. An diese Verfassungsbeschwerde war ein Antrag auf einstweilige Anordnung geknüpft, welcher das Bundesverfassungsgericht im Februar 2009 teilweise stattgab. Das Gericht betonte in seinem Urteil zur einstweiligen Anordnung (1 BvR 2492/08), dass das BayVersG2008 Versammlungsorganisator_innen hohe Hürden setze und in vielen Punkten eine Verschärfung zum VersG darstelle. Bis zu dem Urteil zur Verfassungsbeschwerde Anfang 2011 setzte es zahlreiche Bußgeldvorschriften außer Kraft und schränkte die Maßnahmen zur Videoaufnahme und -speicherung ein. Der Bayerische Gesetzgeber selbst überarbeitete das BayVersG2008 noch einmal. Das Ergebnis dessen wird auch Analysegegenstand dieser Arbeit sein.

3.1.3 Formale Charakteristika des Materials

In der vorliegenden Arbeit ergeben sich durch die Art des zu untersuchenden Materials einige Besonderheiten. Anders als wohl in den meisten Inhaltsanalysen handelt es sich hier nicht um klassische Kommunikationsformen, sondern um Gesetzestexte. Sie wie Kommunikationstexte zu betrachten und beispielsweise Ausdrucksformen näher zu untersuchen, dürfte wohl als nicht sinnvoll erscheinen. Vielmehr muss sich das sozialwissenschaftliche Interesse an Gesetzestexten darauf richten, was sie bedeuten, in dem Sinne, welche Maßnahmen sie ermöglichen und legitimieren.

Doch auch dies ist nicht immer deutlich dem Gesetz zu entnehmen, sodass es auch innerhalb der Rechtswissenschaft verschiedene Gesetzesinterpretationsmöglichkeiten gibt. So haben sich vier Auslegungsformen herausgebildet: die grammatische, die historische, die systematische, die teleologische und die verfassungskonforme Auslegung (Larenz 1992: 208-235). Welcher Art der Auslegung gefolgt wird, wird in der Rechtswissenschaft dann meist recht pragmatisch danach entschieden, welches Auslegungsergebnis adäquat für die eigene Argumentation oder generell als sinnvoll erscheint.

In der vorliegenden Arbeit werde ich eine „Explikation als Kontextanalyse“ (Mayring 2008: 68) durchführen, indem ich erklärungs- und interpretationsbedürftige Textstellen mittels zusätzlichen Materials analysiere. Dazu bieten sich für das VersG die bisherige Rechtsprechung sowie der Gesetzeskommentar zum VersG an. Da es sich bei dem hier zu analysierenden Bayerischen Versammlungsrecht um ein relativ neues Gesetz handelt, welches auch noch überarbeitet wurde, ist hier die Einbeziehung der Rechtsprechung und Kommentare kaum möglich.[14] Allerdings werde ich die amtliche Begründung (im Folgenden durch „AB Drucksache 15/10181“ abgekürzt, siehe Anhang), welche die Gesetzgeber des BayVersG2008 zu dessen Entwurf abgegeben haben, mit einbeziehen. Diese scheint vor allem dadurch geeignet, als es sich dabei um eine Explikation des Gesetzes durch die Gesetzgebung selbst handelt und dessen Intention ist vorwiegend interessant für diese Arbeit.

3.1.4 Inhaltliche Charakteristika des Materials

Die Institution des Versammlungsgesetzes ist der zentrale Untersuchungsgegenstand dieser Arbeit. Im Folgenden soll dieses kurz juristisch eingeordnet und in ihren Grundzügen erläutert werden.

Versammlungsgesetze stellen eine Ausgestaltung des Grundrechts auf Versammlungsfreiheit (Art. 8 GG) dar. In diesem heißt es:

> „[1]Alle Deutschen haben das Recht, sich ohne Anmeldung oder Erlaubnis friedlich und ohne Waffen zu versammeln. [2]Für Versammlungen unter freiem Himmel kann dieses Recht durch Gesetz oder aufgrund eines Gesetzes beschränkt werden“.

---

14 Der Vollständigkeit halber sei hier erwähnt, dass es eine Einführung von Alfred Scheidler (2008) zum BayVersG2008 gibt, welche meiner Meinung nach jedoch nicht die Form juristischer Gesetzeskommentare trifft, sondern eher deskriptive und bewertende als erläuternde Funktion besitzt und somit nicht brauchbar für die vorliegende Analyse scheint.

Demonstrationen, Kundgebungen und Aufzüge, bei denen Menschen durch ein gemeinschaftliches Agieren eine gesellschaftspolitische Meinung kundtun wollen, fallen unter den Versammlungsbegriff. Sie tragen zum öffentlichen Meinungsbildungsprozess und zum gesellschaftlichen Diskurs bei. Somit stellen sie ein wesentliches Element von Demokratie dar und sind in Form des Grundrechts auf Versammlungsfreiheit in Art. 8 GG in der Verfassung verankert. Das Recht auf Versammlung ist ein Recht des/der Bürger_innen gegenüber dem Staat.

Der Begriff „Versammlung" meint die Zusammenkunft mehrerer Personen, die gemeinschaftlich eine bestimmte Meinung oder Position äußern wollen und sich aus diesem Grund zusammenfinden (Dietel/-Gintzel/Kniesel 2005: 23f.). Er ist als „(...) Ausdruck gemeinschaftlicher, auf Kommunikation angelegter Entfaltung geschützt" (BVerfGE 69,315, 343), wobei eine Versammlung „vielfältige Formen gemeinsamen Verhaltens bis hin zu nicht verbalen Ausdrucksformen umfaßt" (BVerfGE 69,315, 343). Somit besteht der Grundgedanke der Versammlung darin, dass sich Menschen zusammenfinden, um aus der Gemeinschaft heraus zu agieren, d.i. etwas kundzutun oder dergleichen. Zufällige Menschenansammlungen sind dem Begriff nach ausgeschlossen. Einkaufswillige Menschen in Innenstädten beispielsweise haben zwar eventuell das gleiche Ziel, nämlich einzukaufen, jedoch stellen sie keine Versammlung dar, denn sie finden sich nicht bewusst und gewollt zusammen, um zusammen ein Ziel anzustreben. Es ist ein wesentliches Moment der Versammlung, dass ohne ein Sich-Zusammenfinden das Agieren nutzlos bzw. überhaupt nicht möglich wäre. Dabei handelt es sich im juristischen Sinne jedoch nur um eine Versammlung, wenn das Interesse einen im weiten Sinne gesellschafts-politischen Bezug hat. Tanz- und Spaßveranstaltungen, wie beispielsweise die Love-Parade oder Fußballspiele, funktionieren zwar auch nicht ohne das Sich-Zusammen-Finden - gerade die große Menschenmasse erhöht hier wohl den Spaßfaktor und somit den Sinn und Zweck der Aktion - sie haben jedoch kein politisches Ziel. Der Hauptaspekt an diesem Event ist Spaß und nur auf diesen kommt es an. Kleine Meinungskundgebungen von Einzelnen am Rande der Veranstaltungen reichen nicht aus. Somit sind auch Sportveranstaltungen keine Versammlungen, die vom Grundrecht der Versammlungsfreiheit geschützt werden sollen.

Nach Art. 8 GG sollen Versammlungen ohne Anmeldung möglich sein. Dies gilt in Deutschland allerdings nicht im wortwörtlichen Sinn. Vielmehr müssen Versammlungen, die geplant sind, angemeldet werden. Spontanversammlungen sind solche, zu denen es meist aufgrund eines aktuellen Anlasses kommt, und bei denen eine Planung bzw. Organisation aus zeitlichen Gründen nicht möglich ist.

Liegt also eine Versammlung in dem eben genannte Sinn vor, gilt für diese das bzw. ein Versammlungsrecht und nicht, wie beispielsweise bei Sportgroßveranstaltungen und dergleichen, das Polizeirecht. Verläuft eine Versammlung jedoch gewalttätig, wird diese von der Polizei als aufgelöst erklärt, sodass sie nicht mehr vom Grundrecht auf Versammlungsfreiheit und damit vom Versammlungsrecht geschützt wird. In diesen Fällen greift dann wieder das Polizeirecht. Die Eingriffsbefugnisse der Polizei durch das Polizeirecht sind weitreichender als die Befugnisse, die durch das Versammlungsrecht gewährt sind.

Zwar stellt Art. 8 GG lediglich ein Grundrecht für Deutsche dar, dennoch ist in den Versammlungsgesetzen von „Jedermann" die Rede, sodass es durch das Versammlungsgesetz zu einer Ausweitung der Versammlungsfreiheit auf alle in Deutschland sich befindenden Personen kommt. Somit kann sich jeder auf das jeweilige Versammlungsgesetz beziehen, allein das Einklagen des Grundrechts beispielsweise im Rahmen einer Verfassungsbeschwerde können nur Deutsche.

Versammlungen werden grob unterteilt in jene in geschlossenen Räumen, d.h. „drinnen", und jene unter freiem Himmel, also „draußen". Eine Grundrechtseinschränkung durch ein Gesetz ist laut Art. 8 GG nur in Bezug auf Versammlungen unter freiem Himmel möglich. Dies liegt daran, dass eine Versammlung draußen eine größere Gefährdung für andere darstellt, die nicht an dieser beteiligt sind, wohingegen Versammlungen drinnen eher wenige Menschen und Rechtsgüter berühren. Dies bedeutet, dass an Eingriffe in Versammlungen in geschlossenen Räumen erheblich höhere Anforderungen gestellt werden müssen als an solche, die draußen stattfinden. Weiter wird im VersG oft von Versammlungen und Aufzügen gesprochen. Aufzüge sind Versammlungen unter freiem Himmel, die nicht an einem Ort stattfinden, sondern sich fortbewegen, d.h. eine bestimmte Route entlang laufen (Dietel/Gintzel/Kniesel 2005: 381). Die Gesetzeslage für Versammlungen und Aufzüge ist im VersG jedoch fast identisch. Im BayVersG2008 taucht der Begriff Aufzug nicht auf. Im Folgenden werde ich mit dem Begriff Versammlung auch die sich fortbewegenden Aufzüge meinen. Bei unterschiedlichen Regelungen werde ich darauf explizit aufmerksam machen.

Des Weiteren gibt es, außer bei Spontanversammlungen, eine/n Versammlungsveranstalter_in, dass ist diejenige Person, die die Versammlung initiiert und angemeldet hat. Daneben gibt es eine Versammlungsleitung, die meist mit der Versammlungsveranstaltung zusammenfällt. Dies muss jedoch nicht sein, jede natürliche Person kann als Leiter_in bestimmt werden. Versammlungsordner_innen bilden eine weitere wichtige Gruppe bei der Durchführung einer Versammlung. Der/die

Versammlungsveranstalter_in organisiert eine angemessene Anzahl von Ordner_innen, die bei dem Vollzug der Versammlung helfen, dass alles wie geplant verläuft. Auf Demonstrationen ist das meistens die Aufgabe, Teilnehmende auf der geplanten Demonstrationsroute zu halten.

Für die praktische Umsetzung von Versammlungen sind die jeweilige Versammlungsbehörde (die zuständige Behörde ist vom jeweiligen Bundesland abhängig) und die Polizei zuständig. Bei der Versammlungsbehörde wird die Demonstration angemeldet und weiteres Organisatorisches geklärt, z.B. die Anzahl der Ordner_innen und die Demonstrationsroute.

3.2 Fragestellung der Analyse

Nachdem nun hinreichend das Analysematerial bestimmt und eine Einführung in dieses gegeben wurde, sollen die Fragestellung, die die Analyse begleitet, sowie der Ablauf der Analyse näher dargestellt werden.

3.2.1 Richtung der Analyse

Hauptanliegen dieser Arbeit ist es, mittels einer soziologischen Perspektive den Wandel im Versammlungsrecht in Deutschland zu analysieren und zu verstehen. Dabei werde ich diese Änderungen in Bezug zu dem im ersten Teil dieser Arbeit dargestellten Wandel der formellen Sozialkontrolle setzen.

Die Forschungsfrage lautet: Inwiefern kann die Veränderung im Versammlungsrecht mittels des von mir beschriebenen Wandels der formellen Sozialkontrolle verstanden werden?

Dabei könnte sich herausstellen, dass die Neuerungen im Versammlungsrecht in Deutschland starke Tendenzen und Aspekte der beschriebenen neuen formellen Sozialkontrolle aufweisen, die im bisherigen Versammlungsrecht so nicht gegeben waren. Sollte dies nicht zutreffen, müsste sich in meiner Analyse entweder ergeben, dass zwar Elemente neuer formeller Sozialkontrolle in der Entwicklung des Bayerischen Versammlungsrechts vorliegen, diese jedoch auch schon vorher im VersG gegeben waren, oder dass auch in der neuen Rechtslage keine neue formelle Sozialkontrolle zu finden ist.

3.2.2 Ablaufmodell der Analyse

Um der Forschungsfrage nachzugehen, wird die Untersuchung in einzelne Analyse- und Interpretationsschritte gegliedert. Dazu werden von der Forschungsfrage, die auf den theoretischen Überlegungen basiert, welche im ersten Teil der Arbeit vorgestellt wurden, Teilfragen abgeleitet. Diese Teilfragen werden aus einzelnen Aspekten der theoretischen Überlegungen gebildet und fungieren somit als eine Art Kategoriensystem. Dieser Ablauf soll die Theoriegeleitetheit der Inhaltsanalyse und eine Nachvollziehbarkeit des Vorgehens sicherstellen.

Die zu untersuchenden Kategorien, die ich nach dem Theorieteil dieser Arbeit gebildet habe, sind: 1. ob es eine neue Tendenz der Gefahrenprognosen, 2. der Datenerhebung, 3. des anlassunabhängigen Eingreifens, 4. der Responsibilisierung, 5. der Verwaltung des Normalen, 6. der Aufwertung staatlicher Befugnisse, 7. der expressiven Bestrafung und 8. der Verschiebung der öffentlichen Sicherheit als oberstes Schutzgut, gibt.[15] Im Folgenden soll sowohl das VersG als auch das BayVersG2008 nach diesen Teilfragen bzw. Kategorien untersucht werden. Fraglich ist demnach, ob Regelungen in den Gesetzen vorliegen, die sich zu den jeweiligen Kategorien zuordnen lassen. Dabei wird jeweils der erste Absatz einer Kategorie in der Analyse eine kurze Beschreibung dessen darstellen, was mit der Kategorie gemeint ist. Darauf folgend stelle ich die zu den Kategorien gefundenen Regelungen dar und erläutere diese. Die Untersuchungseinheit jeder Kategorie beende ich mit einem kurzen Ergebnis. Zunächst konzentriere ich mich auf das BayVersG2008. Dies ist vor allem dadurch begründet, dass durch dieses erste eigenständige Ländergesetz die zu untersuchende Entwicklung in Bayern beginnt. Da es jedoch bei dieser Neuerung in Bayern nicht geblieben ist, sondern das BayVersG2008 überarbeitet und verändert wurde, werde ich mich anschließend auch mit der aktuellen Fassung (BayVersG2010) auseinandersetzen. Die leitende Frage dabei ist, ob durch mögliche Änderungen eine Abkehr der Tendenz einer neuen formellen Sozialkontrolle oder lediglich eine Entschärfung im Hinblick auf das Bundesverfassungsgerichturteil stattgefunden hat. In einer abschließenden Diskussion der Ergebnisse werde ich diese in einem breiteren Rahmen betrachten und auf mögliche Probleme und sich daran anschließende weitere Forschungsfragen aufmerksam machen.

---

15 Die Konstruktion der Täter-Opfer-Beziehung als Nullsummenspiel bildet zwar auch einen wichtigen Teil der neuen formellen Sozialkontrolle, allerdings halte ich diese Kategorie im Kontext des Versammlungsrechts für nicht zielführend. Dies liegt an dem Gegenstandsbereich des Gesetzes, welcher sich auf den verwaltungsrechtlichen und nicht auf den strafrechtlichen Bereich stützt.

4. Analyse

Im Folgenden sollen die Gesetze im Hinblick auf eine Entwicklung zu einer neuen formellen Sozialkontrolle geprüft werden.

4.1 Das VersG und das BayVersG2008

Zunächst werden das VersG und das BayVersG2008 nach den eben festgelegten Kategorien analysiert.

Gefahrenprognose

Die Herausbildung einer neuen formellen Sozialkontrolle beruht u.a. auf dem Entstehen eines starken Risiko- und Gefahrenbewusstseins. Risiken und Gefahren beziehen sich auf ein mögliches Eintreten bestimmter Ereignisse. Diese sind dabei meist negativ und mit Gefühlen der Angst besetzt. Diese Präsenz von Gefahren, die sich noch nicht realisiert haben, sondern in Form von Gefahrenprognosen bestehen, wird nun im Zusammenhang mit der formellen Sozialkontrolle vermehrt zur Legitimation von staatlichen Eingriffen herangezogen. Zu prüfen ist nun, ob Gefahrenprognosen im BayVersG2008 Handlungen und Eingriffe legitimieren und ob dieses eine Neuerung in Bezug zu der alten Rechtslage darstellen.

Im BayVersG2008 heißt es zu den Veranstalter_innenrechten und -pflichten von Versammlungen in geschlossenen Räumen in Art. 10 Abs. 3, S. 2:

> (3) [2]Die zuständige Behörde kann den Leiter als ungeeignet ablehnen, wenn Tatsachen die Annahme rechtfertigen, dass er die Friedlichkeit der Versammlungen gefährdet.

Dies gilt nach Abs. 4, S.1 dieses Artikels auch in Bezug auf Ordner_innen. Des Weiteren gilt diese Regelung nach Art. 13 Abs. 5, 6 BayVersG2008 ebenso für Versammlungen unter freiem Himmel. Zwar suggeriert das Gesetz durch den Ausdruck „wenn Tatsachen die Annahme rechtfertigen“, dass sich hier die Entscheidung auf Fakten und präsente Gefahren stützt, dennoch bleiben die Anforderungen an die Annahme rechtfertigende Tatsachen unklar. Ein Hinweis darauf ergibt sich aus der amtlichen Begründung zur Ablehnung von Ordner_innen (AB Drucksache 15/10181: 18). Hier heißt es, dass eine Gefährdung für die Friedlichkeit der Versammlung durch Ordner_innen dann anzunehmen ist, wenn diese Person „z.B. wegen Gewaltverbrechen oder waffenrechtlicher Delikte strafrechtlich vorbelastet ist“. Dies ist jedoch keine konkrete Gefahr, sondern eine Vermutung. Eine behördliche Einschätzung darüber, ob eine Person, die eine Versammlung (mit-)organisieren will, diese gefährdet, ist zunächst nur eine Einschätzung bzw. eine Gefahrenprognose. Diese ist dazu äußerst vage, denn der Behörde stehen zunächst nur die persönlichen Angaben zur Verfügung. Weitere Ablehnungsgründe sind nicht ausgeschlossen. Dabei gilt dies sowohl für Versammlungen in geschlossenen Räumen wie auch für solche unter freiem Himmel.

Im VersG hat die Behörde keine Befugnis, Leiter_innen oder Ordner_innen abzulehnen.

In Art. 15 Abs. 1 BayVersG2008 heißt es zur Beschränkung bzw. zum Verbot einer Versammlung:

> (1) Die zuständige Behörde kann eine Versammlung beschränken oder verbieten, wenn nach den zur Zeit des Erlasses der Verfügung erkennbaren Umständen die öffentliche Sicherheit oder Ordnung bei Durchführung der Versammlung unmittelbar gefährdet ist oder ein Fall des Art. 12 Abs. 1 vorliegt.

Hier ist eine unmittelbare Gefährdung verlangt. Diese Regelung deckt sich mit der in § 15 Abs. 1 VersG. Doch dies ist nicht die einzige Regelung im BayVersG2008, bei der eine Gefahrenprognose für die Beschränkung und das Verbot von Versammlungen eine Rolle spielt. Nach Art. 15 Abs. 2 Nr. 1 BayVersG2008 heißt es:

> (2) Die zuständige Behörde kann eine Versammlung insbesondere dann beschränken oder verbieten, wenn nach den zur Zeit des Erlasses der Verfügung erkennbaren Umständen
>
> > 1. die Versammlung an einem Tag oder Ort stattfinden soll, dem ein an die nationalsozialistische Gewalt- und Willkürherrschaft erinnernder Sinngehalt mit gewichtiger Symbolkraft zukommt, und durch die
> >
> > a) eine Beeinträchtigung der Würde der Opfer zu besorgen ist, oder
> >
> > b) die unmittelbare Gefahr einer erheblichen Verletzung grundlegender sozialer oder ethischer Anschauungen besteht oder

Hierbei kann von der Maßnahme einer Beschränkung oder eines Verbots zu einem Zeitpunkt Gebrauch gemacht werden, zu dem die Verwirklichung einer Gefahr noch nicht feststeht. Es handelt sich demnach um eine Gefahrenprognose. Nach der amtlichen Begründung betont die Gesetzgebung, dass es unterschiedliche Anforderungen seien, die an die jeweilige Gefahrenprognose zu stellen sind (AB Drucksache 15/10181: 22). Demnach müsse eine gesicherte Gefahrenprognose für das Eingreifen nach Art. 15 Abs. 2 Nr. 1b VersG vorliegen, wohingegen es bei der Würde der Opfer schon genügt, „dass ihre Beeinträchtigung bei Durchführung der Versammlung zu besorgen ist“ (AB Drucksache 15/10181: 22). Doch selbst wenn es für ein Verbot aufgrund der Gefahr einer erheblichen Verletzung von ethischer und sozialer Anschauungen oder einer unmittelbaren Gefahr bedarf, so ist dennoch zu beachten, dass diese Formulierung sehr weit gefasst ist. Es scheint schwer bestimmbar, was grundlegende soziale und ethische Anschauungen sein sollen und wie man solche verletzen kann. Somit liegt es nahe, dass auch hier eine eindeutige Gefahreneinschätzung bzw. -kalkulation schwer möglich ist. Demnach hat die Rolle der Gefahrenprognosen als Legitimationsgrundlage für Beschränkungen und Verbote im BayVersG2008 im Vergleich zum VersG beträchtlich an Bedeutung gewonnen.

Es sind jedoch nicht nur die Behörden, die Gefahren einschätzen. Nach Art. 4 Abs. 1 BayVersG2008 heißt es zu den Veranstalter_innenrechten und -pflichten:

> (1) Liegen tatsächliche Anhaltspunkte vor, dass die Versammlung einen gewalttätigen Verlauf nehmen kann, hat der Veranstalter im Vorfeld der Versammlung geeignete Maßnahmen zu ergreifen, um dies zu verhindern.

Somit werden im BayVersG2008 auch die Veranstalter_innen verpflichtet, Gefahren für den friedlichen Verlauf der Demonstration im Vorfeld zu erkennen und darauf entsprechend zu reagieren. Wie diese Gefahren erkannt werden sollen bzw. ab wann etwas als Gefahr bzw. als potentielle Gefahr zu bewerten ist, bleibt dabei offen. Gefahreneinschätzung ist hier zu einer Pflicht geworden, die jedem/er aufgebürdet werden kann, unabhängig des Vorliegens eines speziellen Wissens oder Erfahrungsschatzes zur Erstellung jeweiliger Prognosen.

Im VersG finden sich weder aufgrund von Gefahrenprognosen noch aus anderen Gründen Befugnisse zur Ablehnung von Ordner_innen und Leiter_innen. Für ein Verbot einer Versammlung in geschlossenen Räumen reicht eine Gefahrenprognose nicht aus, denn so heißt es in § 5 Nr. 3 und 4 VersG:

> Die Abhaltung einer Versammlung kann nur im Einzelfall und nur dann verboten werden, wenn
>
> > 3. Tatsachen festgestellt sind, aus denen sich ergibt, daß der Veranstalter oder sein Anhang einen gewalttätigen oder aufrührerischen Verlauf der Versammlung anstreben,

> 4. Tatsachen festgestellt sind, aus denen sich ergibt, daß der Veranstalter oder sein Anhang Ansichten vertreten oder Äußerungen dulden werden, die ein Verbrechen oder ein von Amts wegen zu verfolgendes Vergehen zum Gegenstand haben.

Somit bedarf es hier einer Tatsachenbelegung und nicht einer alleinigen Gefahreneinschätzung der Behörde.

Eine Gefahreneinschätzung spielt hingegen bei Versammlungen unter freiem Himmel eine Rolle. Hier heißt es in § 15 Abs. 1 VersG:

> (1) Die zuständige Behörde kann die Versammlung oder den Aufzug verbieten oder von bestimmten Auflagen abhängig machen, wenn nach den zur Zeit des Erlasses der Verfügung erkennbaren Umständen die öffentliche Sicherheit oder Ordnung bei Durchführung der Versammlung oder des Aufzuges unmittelbar gefährdet ist.

Bei der Legitimation zum Verbot durch eine Gefährdung für die öffentliche Sicherheit und Freiheit handelt es sich zwar um ein „(...) Wahrscheinlichkeitsurteil; dessen Grundlagen können und müssen aber ausgewiesen werden. Demgemäß bestimmt das Gesetz, daß es auf ‚erkennbaren Umständen' beruhen muß, also auf Tatsachen, Sachverhalten und sonstigen Einzelheiten; bloßer Verdacht oder Vermutungen können nicht ausreichen." (BVerfGE 69,315, 353f.) Generell gilt nach dem VersG weiter, dass die Ermöglichung von Versammlung das oberste Ziel sein müsse und auf Gefahren nicht mittels Verbot, sondern mittels Erhöhung polizeilicher Einsatzkräfte oder dergleichen zu reagieren sei (BVerfGE 69,315, 353).

Auch im Zusammenhang mit Videoaufzeichnungen bedarf es Anhaltspunkten für die Gefährdung der öffentlichen Sicherheit und Ordnung. Hier heißt es in §12a Abs. 1 S.1 VersG:

> (1) [1]Die Polizei darf Bild- und Tonaufnahmen von Teilnehmern bei oder im Zusammenhang mit öffentlichen Versammlungen nur anfertigen, wenn tatsächliche Anhaltspunkte die Annahme rechtfertigen, daß von ihnen erhebliche Gefahren für die öffentliche Sicherheit oder Ordnung ausgehen.

Insbesondere bei dieser Regelung fand bislang eine Auslegung durch die Rechtsprechung statt, bei der betont wurde, dass sich für die Rechtfertigung des Eingriffs eine Gefahr allein nicht reicht (siehe VG Münster: 1 K 1403/08). Vielmehr muss eine „gesicherte Gefahrenprognose" vorliegen (Dietel/Gintzel/Kniesel 2005: 215). Des Weiteren muss die Gefahr sich auf die öffentliche Sicherheit und Ordnung beziehen, Verhalten im Sinne einer Ordnungswidrigkeit reicht nicht aus. Festzuhalten bleibt, dass die an die Gefahr und die Einschätzung als solche im VersG an hohe Voraussetzungen geknüpft sind.

Zusammenfassend lässt sich sagen, dass Gefahrenprognosen einen wichtigen Stellenwert im BayVersG2008 einnehmen. Gefahrenprognosen werden vermehrt zur Legitimation bestimmter und meist in ihrer Auswirkung gravierender Eingriffsbefugnisse herangezogen. Des Weiteren handelt es sich bei diesen Prognosen um einfache Einschätzungen von Polizei und Behörde, die auf vagen Informationen basieren und an die keine hohen Anforderungen gestellt sind. Im bisherigen Versammlungsrecht hingegen wurde stets betont, dass Eingriffe erst erfolgen dürfen, wenn „tatsächliche Gefahren" sich verwirklicht haben und nicht nur allein eine Wahrscheinlichkeit vorliegt, sondern es tatsächliche Anhaltspunkte für eine die öffentliche Sicherheit und Ordnung gefährdende Handlung gibt. Dabei ist weiter anzumerken, dass die Kriterien für eine Gefahreneinschätzung im BayVersG2008 sehr vage formuliert sind und eine objektive Nachvollziehbarkeit sowie ein objektiver Maßstab kaum möglich sind. Einen Bedeutungszuwachs von Gefahrenprognosen spiegelt sich vor allem in der Regelung wider, dass nun auch Versammlungsveranstalter_innen selbst aufgefordert sind, solche zu erstellen und nach diesen zu handeln.

Datenerhebung

Die Erhebung und Speicherung von Personendaten ist in der Logik der neuen formellen Sozialkontrolle aus verschiedenen Gründen eine wichtige Maßnahme. Einerseits trägt dazu das Risiko- und Gefahrenbewusstsein und der damit verbundene Bedeutungszuwachs von Präventionsmaßnahmen bei. Denn nur aufgrund von Daten können Berechnungen zur Risikoverteilung erfolgen und Gefahren eingeschätzt werden. Andererseits geht die Ausweitung der Datenerhebung aber auch mit der oben beschriebenen Verwaltung des Normalen einher. Wie schon erwähnt, handelt es sich dabei um die Erfassung des Durchschnitts, von welchem diejenigen Abweichungen verhindert werden sollen, die einen bestimmten Toleranzbereich überschreiten. Wenn das Normale erstrebenswert wird und universale Werte ablöst, muss *das Normale* bestimmt werden. Was normal und durchschnittlich ist, bedarf einer Erfassung der Bevölkerung und zwar nicht nur derjenigen Gruppen, von denen abweichendes Verhalten erwartet wird oder die ein solches aufweisen, sondern der gesamten Gesellschaft. Dies beschreibt David Garland mittels des Terminus *Criminology of the Self*: jede/r ist ein/e potentielle/r Abweichler_in. Da abweichendes Handeln eine Frage der Kosten-Nutzen-Kalkulation ist, ist es nicht personen- sondern situationsspezifisch: Jede/r könnte abweichendes Verhalten aufweisen, solang es sich für ihn/sie lohnt und so gelangen alle in das Visier der Beobachtung, die sich in der Überwachung manifestiert. Hauptaufgabe des Staates im Zusammenhang mit abweichendem Verhalten wird die Erhebung von Daten und Berechnung von Wahrscheinlichkeiten und Statistiken zur Abweichung.

Zu untersuchen ist demnach, inwiefern das bisherige und die neuen Versammlungsgesetze Maßnahmen der Datenerhebung ermöglichen. Dabei lassen sich grob zwei Formen von Datensammlung unterscheiden. Zum einen die Erhebung von persönlichen Daten und zum anderen eine mediale bildliche Erfassung. Letztere Maßnahme kann entweder durch die Videoaufzeichnung, d.h. durch eine Speicherung, oder durch eine Videoaufnahme, d.i. eine Bildübertragung von der Kamera zu einem Monitor ohne Speicherung, erfolgen.

In § 2 Abs. 1 VersG wird eine Pflicht zur Namensnennung des/der Verstalters_in beim Aufruf zur Versammlung geregelt:

> (1) Wer zu einer öffentlichen Versammlung oder zu einem Aufzug öffentlich einlädt, muß als Veranstalter in der Einladung seinen Namen angeben.

Dabei meint dies bei einer natürlichen Person den Vor- und Zunamen, bei einer Vereinigung oder einem Bündnis ist der Name gefragt (Dietel/Ginsel/Kniesel 2005: 120). Hierbei geht es jedoch weniger um eine behördliche Registrierung, als darum, dass potentielle Teilnehmende wissen, wer hinter der jeweiligen Veranstaltung steht (ebd.).

Im Bayerischen Versammlungsgesetz heißt es in Art. 10 Abs. 3, S.1 BayVersG2008:

> (3) [1]Der Veranstalter hat der zuständigen Behörde auf Anforderung Familiennamen, Vornamen, Geburtsnamen, Geburtsdatum, Geburtsort und Anschrift (persönliche Daten) des Leiters mitzuteilen.

Dies gilt nach Art. 10 Abs. 4 BayVersG2008 auch für Ordner_innen. Nach Art. 13 Abs. 5, 6 S. 3 BayVersG2008 gilt dies auch für Versammlungen unter freiem Himmel. Damit sind im BayVersG2008 die Befugnisse zur Datenerhebung im Bereich der Versammlungsorganisation in Bezug zum VersG erheblich ausgeweitet worden. Vor allem die Personendatenerhebung von Leiter_in und Ordner_innen stellt gegenüber dem bisherigen Versammlungsrecht eine Neuerung dar. Unter der alten Rechtslage genügt es, mit der Behörde die angemessene Anzahl der Ordner_innen, gemessen an der erwarteten Größe der Versammlung, abzusprechen. Persönliche Daten von dem/der Leiter_in und den Ordner_innen müssen demnach nicht angegeben werden. Wie ernst nun die neue Regelung zu nehmen ist, zeigt sich durch die Aufnahme in den

Bußgeldkatalog: Teilt die Veranstaltungsperson die Daten nicht, nicht korrekt oder nicht rechtzeitig mit, kommt dies einer Ordnungswidrigkeit gleich und kann mit einer Geldbuße bis zu 3000 € belangt werden (Art. 21 Nr. 10a und Nr. 11c BayVersG2008). Bei der Datenerhebung in Art. 10 BayVersG2008 handelt es sich um eine Erfassung ohne jeglichen Anlass, die nicht durch eine Gefahrenprognose legitimiert werden muss. Einzig und allein der Wunsch eine Versammlung durchführen zu wollen führt hier zu der Erhebung. Zudem ist davon auszugehen, dass diese Daten gespeichert werden. Durch sie ist die Erstellung politischer Persönlichkeitsprofile ermöglicht. Die Vermutung liegt nahe, dass diese Profile u.a. der behördlichen Einschätzungen dienen sollen, die nach den Regelungen im gleichen Artikel des Gesetzes dazu dienen können, Leiter_innen und Ordner_innen abzulehnen, wie schon in der Kategorie „Gefahrenprognose" näher erläutert wurde.

Die bildliche Erfassung, d.h. Videoaufzeichnung und -aufnahmen, sind eine weitere Form der Datenerhebung. Von großer Bedeutung sind die Regelungen dazu vor allem deshalb, weil sie wichtige andere Grundrechte wie die der informationellen Selbstbestimmung (Art. 2 Abs. 1 i.V.m. Art. 1 Abs 1 GG), die Versammlungsfreiheit (Art. 8 GG) und, durch die mögliche hemmende Wirkung, auch das Grundrecht der Meinungsfreiheit (Art. 5 GG), tangieren.

Im bisherigen VersG sind diese Maßnahmen für Versammlungen in geschlossenen Räumen im § 12a Abs. 1 und 2 VersG geregelt, welche nach § 19a VersG ebenso für Versammlungen unter freiem Himmel gelten. § 12a Abs. 1 und 2 VersG bestimmen:

> (1) [1]Die Polizei darf Bild- und Tonaufnahmen von Teilnehmern bei oder im Zusammenhang mit öffentlichen Versammlungen nur anfertigen, wenn tatsächliche Anhaltspunkte die Annahme rechtfertige, daß von ihnen erhebliche Gefahren für die öffentliche Sicherheit oder Ordnung ausgehen. [2]Die Maßnahmen dürfen auch durchgeführt werden, wenn Dritte unvermeidbar betroffen werden.
>
> (2) [1]Die Unterlagen sind nach Beendigung der öffentlichen Versammlung oder zeitlich und sachlich damit unmittelbar im Zusammenhang stehender Ereignisse unverzüglich zu vernichten, soweit sie nicht benötigt werden
>
> > 1. für die Verfolgung von Straftaten von Teilnehmern oder
> >
> > 2. im Einzelfall zur Gefahrenabwehr, weil die betroffene Person verdächtig ist, Straftaten bei oder im Zusammenhang mit der öffentlichen Versammlung vorbereitet oder begangen zu haben, und deshalb zu besorgen ist, daß von

ihr erhebliche Gefahren für künftige öffentliche Versammlungen oder Aufzüge ausgehen.

[2]Unterlagen, die aus den in Satz 1 Nr. 2 aufgeführten Gründen nicht vernichtet wurden, sind in jedem Fall spätestens nach Ablauf von drei Jahren seit ihrer Entstehung zu vernichten, es sei denn, sie würden inzwischen zu dem in Satz 1 Nr. 1 aufgeführten Zweck benötigt.

Bild- und Tonaufnahmen unterliegen nach dem VersG somit der Anforderung, dass tatsächliche Anhaltspunkte für eine Gefahr für die öffentliche Sicherheit und Ordnung (Definition s. o.) vorliegen.[16] Wird die öffentliche Ordnung gefährdet, können Beschränkungen der Demonstration gerechtfertigt sein (Hoffmann-Riem 2002: 261), jedoch dürfte es kaum möglich sein, dass eine Demonstration die öffentliche Ordnung gefährdet.[17] Die Formulierung „tatsächliche Anhaltspunkte einer Gefahr" meint, dass bloße Vermutungen keine Maßnahmen rechtfertigen, sondern eine gesicherte Gefahrenprognose vorausgesetzt wird, wobei „die Erheblichkeit einer Gefahr von der Bedeutung und dem Gewicht der bedrohten Rechtsgüter abhängt" (Dietel/Gintzel/Kniesel 2005: 244). Dies gilt nach dem BVerfG auch für Überblicks*aufzeichnung* von Demonstrationen (Dietel/Gintzel/Kniesel 2005: 216). Damit sind klar definierte und hohe Eingriffsvoraussetzungen für Videoaufzeichnungen festgelegt. Unbeteiligte Dritte dürfen nur dann mit aufgenommen werden, wenn dies aufgrund der räumlichen Nähe unvermeidbar ist. Somit unterliegen bildliche Erfassungseingriffe nach dem VersG besonderen Anforderungen, wodurch eine Versammlung einen besonderen Schutz gegenüber anderen Großveranstaltungen, wie z.B. Fußballspielen oder Spaß- und Tanzveranstaltungen, genießt. Bei letzteren greift das jeweili-

---

16 In der Praxis des Versammlungsrechts sind die bisherigen Regeln oft nicht eingehalten worden und Videoaufzeichnungen werden nicht selten unabhängig von Gefahrensituationen angefertigt. Kameras gehören mittlerweile zur normalen Ausstattung der Polizei auf Demonstrationen und werden häufiger ohne das Vorliegen von Gefahren eingesetzt. Allerdings ist die Lage in der Praxis eine andere, wenn gesetzliche Regelungen ermöglichen, gegen solche Aufnahmen vorzugehen. So ist beispielsweise im Rahmen einer Fortsetzungsfeststellungsklage im Zusammenhang mit der Demonstration „Freiheit statt Angst" in Berlin den Klagenden Recht gegeben worden, dass das Vorgehen der Polizei bezüglich der Videoaufzeichnungen nicht gerechtfertigt war. Es ist demnach kein gutes Argument zu behaupten, Veränderungen diesbezüglich in der Gesetzeslage würden nichts ausmachen, da die Praxis diesen sowieso schon lange entspräche. Es ist durchaus als Unterschied anzusehen, ob dagegen prozessual vorgegangen werden kann oder nicht.

17 Dies zeigte schon der oben erwähnte Meinungsstreit zwischen dem OVG Münster und dem BVerfG.

ge Polizeigesetz und bietet meist geringere Hürden für Videoaufzeichnungen.

Dennoch weisen die Regelungen im VersG bezüglich des Kameraeinsatzes auch erhebliche Unklarheiten auf (Wollinger/Ullrich 2011: 141-142). Beispielsweise ist es strittig, inwiefern verdeckte Aufzeichnungen (dazu: Brenneisen/Wilksen 2007: 232-243) und solche bei Versammlungen in geschlossenen Räumen vom VersG legitimiert sind. Gerade letztere Eingriffe sind in Anbetracht des Art. 8 GG, der Gesetzesvorbehalte nur für Versammlungen unter freiem Himmel zulässt, höchst fraglich.

Ein weiteres Problem ist die fehlende Unterscheidung zwischen Videoaufzeichnungen und -aufnahmen, was wohl der technischen Möglichkeiten und Nutzung 1989, dem Zeitpunkt des Erlasses der Regelung, geschuldet war.[18] Dies führte jedoch in der Praxis zu erheblichen Streitigkeiten und auch zu Uneinigkeiten zwischen den Gerichten (Wollinger/Ullrich 2011: 141-142). Dabei geht es hauptsächlich um die Frage, ob die Maßnahme der Videoaufnahme der Eingriffsintensität der Aufzeichnung gleichkommt. Dabei vertreten einige die Position, dass die Videoaufnahme nicht aus der Intention der Personenidentifizierung herrührt, sondern diese Maßnahme zur Lenkung des Polizeieinsatzes dient und somit keine Grundrechtseinschränkung vorliege (Brenneisen/Wilksen 2007: 234ff). Gelegentlich wird dabei die Videoaufnahme mit der Fernglasbeobachtung von Polizist_innen verglichen und somit als harmlos beurteilt. Das OVG Bremen betonte jedoch in seinem Urteil vom 24.4.1990, dass auch Übersichtsaufnahmen personenbezogene Daten sind, da die technische Möglichkeit zur Identifizierung bestünde. Das Verwaltungsgericht Münster äußerte sich ebenfalls kritisch zu jeglichen Formen der Videoüberwachung:

> „Aus Sorge vor staatlicher Überwachung bei der Ausübung des Grundrechtes aus Art. 8 Abs. 1 GG könnten Bürger von der Teilnahme an der Versammlung abgeschreckt werden oder sich in dieser nicht frei bewegen. Das Bewusstsein, dass die Teilnahme an einer Versammlung festgehalten wird, kann Einschüchterungswirkungen haben, die zugleich auf die Grundlagen der demokratischen Auseinandersetzung zurückwirken. Wer damit rechnen muss, dass die Teilnahme an einer Versammlung behördlich registriert wird und dass ihm dadurch Risiken entstehen

---

18 Video*aufnahme* meint die Übertragung von Ton und Bild von der Kamera zum Monitor ohne eine Speicherung dieser Daten. Dies wird oft zur Lenkung eines Polizeieinsatzes genutzt. Video*aufzeichnung* hingegen geht mit einer Speicherung der Daten einher.

können, wird möglicherweise auf eine Ausübung seines Grundrechtes verzichten." (VG Münster AK1403/08: Rn. 15)

Dies gilt auch, wenn ohne Speicherung gefilmt werden würde, denn:

> „wer weiß, dass er als Versammlungsteilnehmer am Monitor überwacht wird, wer jederzeit ohne Kenntnis des Zeitpunktes befürchten muss, dass er ‚herangezoomt' und damit als Individuum registriert wird, wer nicht wahrnehmen kann, wann bei der aufnahmebereiten Kamera beabsichtigt oder gar versehentlich der Aufnahmeknopf betätigt wird, wird sich insbesondere gravierender beeinflusst fühlen und sich daher (...) möglicherweise anders verhalten, als derjenige, der lediglich durch Polizeibeamte ohne Einsatz technischer Hilfsmittel wahrgenommen oder mit einem Fernglas beobachtet wird" (VG Münster AK1403/08: Rn. 18).

Festzuhalten bleibt also, dass es im VersG zu Videoaufnahmen große Kontroversen gibt und sich keine einheitliche Haltung abzeichnet. Videoaufzeichnungen hingegen sind im VersG an das Vorliegen einer verwirklichten Gefahr geknüpft.

Vor diesem Hintergrund wurden nun im BayVersG2008 folgende Regelungen zum Kameraeinsatz in Art. 9 BayVersG2008 erlassen. Zunächst deckt sich Art. 9 Absatz 1 BayVersG2008 mit § 12a Abs. 1 VersG. In Absatz 2 sind jedoch Regelungen zu sogenannten Überblicksaufnahmen eingeführt:

> (2) Die Polizei darf Übersichtsaufnahmen von der Versammlung und ihrem Umfeld zur Lenkung und Leitung des Polizeieinsatzes anfertigen. Sofern es zur Auswertung des polizeitaktischen Vorgehens erforderlich ist, darf die Polizei auch Übersichtsaufzeichnungen anfertigen. Diese dürfen auch zu Zwecken der polizeilichen Aus- und Fortbildung genutzt werden. Die Identifizierung einer auf den Aufnahmen oder Aufzeichnungen abgebildeten Person ist nur zulässig, soweit die Voraussetzungen nach Abs. 1 vorliegen.

Während im VersG nur Aufzeichnungen gemacht werden dürfen, wenn eine konkrete Gefahr besteht, z.B. wenn ein/e Teilnehmer_in gewalttätig geworden ist, erlaubt das BayVersG2008 eine gefahrenunabhängige Aufzeichnung. Das jeweilige Verhalten der Teilnehmenden legitimiert demnach nicht die Maßnahme, sondern allein die Tatsache, dass sie sich überhaupt versammeln. Die Anforderung, Überblicksaufzeichnungen nur zum polizeitaktischen Vorgehen anzufertigen, ist eine sehr geringe. Zu diesem Zweck dürfte sich wohl jede Überblicksaufzeichnung in irgendeiner Weise eignen.

Des Weiteren sind die Speicherungszeiten erheblich ausgedehnt worden. Gilt nach dem VersG, dass Aufzeichnungen unverzüglich nach der Versammlung gelöscht werden müssen, solange sie nicht zur Strafverfolgung benötigt werden (§ 12a Abs. 2 VersG), so darf das Material nach dem BayVersG2008 bis zu drei Jahre aufbewahrt werden, selbst wenn die Daten nicht zu Strafverfolgungszwecken gebraucht werden. Daneben besteht durch Art. 9 Abs. 4 S.2 und S.4 BayVersG2008 die Möglichkeit einer zeitlich unbegrenzten Speicherung:

> [2]Nach Abs. 2 Satz 2 angefertigte Übersichtsaufzeichnungen dürfen darüber hinaus aufbewahrt werden, soweit sie zur Auswertung des polizeitaktischen Vorgehens benötigt werden.
>
> [4] Eine Pflicht zur Löschung oder Vernichtung besteht nicht für nach Abs. 2 Satz 2 gefertigte Übersichtsaufzeichnungen, soweit diese zu Zwecken der polizeilichen Aus- und Fortbildung verwendet werden; die Identifizierung einer auf diesen Übersichtsaufzeichnungen abgebildeten Person ist nach Ablauf von einem Jahr seit seiner Entstehung der Aufzeichnung abweichend von Abs. 2 Satz 4 nicht mehr zulässig.

Aufgrund dieses Vorbehalts Daten aufzubewahren, dürfte kaum schwierig zu begründen sein. Jede Demonstration eignet sich wohl theoretisch zur Auswertung des Vorgehens bzw. zur polizeilichen Aus- und Fortbildung. Zwar ist die Identifizierung nach einem Jahr nicht mehr zulässig, wobei es schon einen großen Eingriff darstellt, dass eine Identifizierung innerhalb des ersten Jahres überhaupt zulässig ist, die technische Möglichkeit zur Identifizierung besteht jedoch weiterhin. Die Teilnehmenden dürften selten davon wissen, dass sie aufgezeichnet wurden. Ferner erhalten sie keine Information zur Dauer der Speicherung, sodass eine Überprüfung der Einhaltung der Vorschriften des Art. 9 BayVersG2008 geradezu unmöglich scheint und die Möglichkeiten des Missbrauchs gegeben sind.

Zusammenfassend lässt sich konstatieren, dass die Befugnisse zur Datenerhebung im Vergleich zum VersG im BayVersG2008 erheblich ausgeweitet wurden. Dies gilt sowohl für die Erfassung persönlicher Daten wie auch in Bezug auf die mediale Erfassung. Zwar lassen sich auch im VersG Regelungen zur Datenerhebung finden, zumal hier eine unklare Rechtslage bezüglich Videoaufnahmen herrscht. Dabei erreichen die Regelungen des BayVersG2008 zur Datenerhebung jedoch eine neue Qualität, da sie an vielen Stellen eine Datenerhebung ohne jegliche Gefahr legitimieren, über längere Speicherzeiten verfügen und quantitativ mehr Daten erheben.

Anlassunabhängiges Eingreifen

In der Folge eines Risiko- und Gefahrenbewusstseins entsteht der Ruf nach Prävention, um durch Handeln im Vorhinein mögliche zukünftige Ereignisse abwenden zu können. Es findet demnach eine Vorverlagerung des Handelns statt. Eingriffe können zu Präventionszwecken schon dann erfolgen, wenn sich noch keine konkrete Gefahr realisiert hat, sondern zunächst nur ein Risiko bzw. eine Gefahr besteht. In diesem Sinne wäre ein solches präventives Handeln anlassunabhängig, d.h. ohne einen konkreten Anlass. Zu prüfen ist nun, ob sich eine solche Tendenz der Vorverlagerung des Handelns im BayVersG2008 im Gegensatz zu dem bisherigen Recht finden lässt.

Wie schon unter der Kategorie „Datenerhebung" näher ausgeführt, können Bild- und Tonaufnahmen sowie -aufzeichnungen nach dem VersG nur unter der Voraussetzung angefertigt werden, dass tatsächliche Anhaltspunkte für eine erhebliche Gefahr für die öffentliche Sicherheit oder Ordnung vorliegen (§ 12a Abs. 1 VersG). Eine entsprechende Maßnahme ist demnach nie anlassunabhängig legitimiert.

Im BayVersG2008 wird mittels der ausgeweiteten Videoüberwachungsbefugnisse nach Art. 9 BayVersG2008 anlassunabhängiges Handeln legitimiert. So bedarf es zu Überblicksaufzeichnungen und -aufnahmen keiner Gefahren.

Des Weiteren stellt die Erhebung der Personendaten der Versammlungsleitung und der Ordner_innen (Art. 10 Abs. 3, 4, Art. 13 Abs. 5, 6 S. 3 BayVersG2008) eine neue Maßnahme dar, die völlig anlassunabhängig vollzogen werden kann. Allein die Tatsache, dass die genannten Personen eine Versammlung durch ihre Organisation unterstützen wollen, berechtigt nach dem BayVersG2008 zu der Erhebung persönlicher Daten und deren Speicherung.

Somit sind im neuen Versammlungsrecht in Bayern die Befugnisse zu einem anlassunabhängigen Handeln und Eingreifen im Vergleich zum bisherigen Recht erheblich ausgeweitet worden. Im Zusammenhang mit dem VersG wurde hingegen immer wieder betont, dass es tatsächlich realisierter Gefahren bedarf, um einen Eingriff in eine Versammlung zu rechtfertigen. Die Tendenz zu einem Handeln ohne konkrete Gefahrenlage ist demnach im Versammlungsrecht gegeben.

Responsibilisierung

Ein wichtiges Merkmal einer neuen formellen Sozialkontrolle ist die Einbindung der Bevölkerung. In einem vielschichtigen Prozess der Responsibilisierung werden Aufgaben, die früher rein staatliche waren, vermehrt Privatpersonen auferlegt. Somit zeichnet sich die veränderte formelle Sozialkontrolle vor allem durch ein Einbeziehen und Aktivieren informeller Sozialkontrolle aus. Die Stärkung von Eigenverantwortlichkeit speist sich andererseits aber auch durch ökonomisch-neoliberale Ansichten, wie oben näher erläutert. Konstatiert wurde schon, dass Maßnahmen dieser Art in Deutschland im Vergleich zu den USA und Großbritannien in relativ geringem Maße festzustellen sind. Fraglich ist nun, ob eine solche Tendenz sich dennoch im BayVersG2008 wiederfindet, die es im VersG nicht gab.

Im VersG sind die Aufgaben der Versammlungsleitung gemäß § 8 VersG folgende:

> [1]Der Leiter bestimmt den Ablauf der Versammlung. [2]Er hat während der Versammlung für Ordnung zu sorgen. [3]Er kann die Versammlung jederzeit unterbrechen oder schließen. [4]Er bestimmt, wann eine unterbrochene Versammlung fortgesetzt wird.

Hier bekommt die Leitung vor allem Rechte zugesprochen, sie trägt aber auch die Pflicht für Ordnung zu sorgen. Hierzu gehörten der Leitung angemessene Maßnahmen wie beispielsweise ein Aufruf zur Gewaltfreiheit.

Im BayVersG2008 sind die Rechte und Pflichten der Versammlungsleitung hauptsächlich in Art. 4 Abs. 1 bis 3 BayVersG2008 näher ausgestaltet:

> (1) Liegen tatsächliche Anhaltspunkte vor, dass die Versammlung einen gewalttätigen Verlauf nehmen kann, hat der Veranstalter im Vorfeld der Versammlung geeignete Maßnahmen zu ergreifen, um dies zu verhindern.
>
> (2) Der Leiter
>
> > 1. bestimmt den Ablauf der Versammlung, insbesondere durch Erteilung und Entziehung des Worts,
> >
> > 2. hat während der Versammlung für Ordnung zu sorgen,
> >
> > 3. kann die Versammlung jederzeit schließen und
> >
> > 4. muss während der Versammlung ständig anwesend und für die zuständige Behörde erreichbar sein.
>
> (3) [1]Der Leiter hat geeignete Maßnahmen zu ergreifen, um zu verhindern, dass aus der Versammlung heraus Gewalttätigkeiten

> begangen werden. [2]Geeignete Maßnahmen können insbesondere Aufrufe zur Gewaltfreiheit und Distanzierungen gegenüber gewaltbereiten Anhängern sein. [3]Vermag der Leiter sich nicht durchzusetzen, ist er verpflichtet, die Versammlung für beendet zu erklären.

Somit sind im Bayerischen Versammlungsgesetz die Aufgaben und Verantwortlichkeiten der Versammlungsleitung in Bezug zum bisherigen bundeseinheitlichen Versammlungsgesetz erheblich erweitert worden.

Durch die Regelung in Abs. 1 beginnen die Pflichten der Versammlungsleitung schon im Voraus der Versammlung. Dabei ist festzuhalten, dass die Anforderungen, die sich hier an die Versammlungsleitung richten, äußerst unklar sind. Fraglich ist, was tatsächliche Anhaltspunkte für einen zukünftigen gewalttätigen Verlauf sein sollen und vor allem, wie dies fachfremde Personen wie Versammlungsleiter_innen einschätzen sollen. Selbst wenn im Zusammenhang mit der Versammlung Flugblätter auftauchen würden, die zeigen, dass es gewaltbereite Teilnehmende geben wird, ist damit nicht sichergestellt, dass die Versammlung an sich einen gewalttätigen Verlauf nimmt. In der bisherigen Auslegung des VersG wurde immer wieder betont, dass es die Polizei sei, die dafür zu sorgen habe, dass die Versammlung durchgeführt werden kann. Die Einschätzung, eine Versammlung werde unfriedlich verlaufen, sieht das Bundesverfassungsgericht nur dann gegeben, wenn die Veranstalter_innen selbst dementsprechend motiviert sind, d.h.,

> „wenn die Prognose mit hoher Wahrscheinlichkeit ergibt, daß der Veranstalter und sein Anhang Gewalttätigkeiten beabsichtigen oder ein solches Verhalten anderer zumindest gebilligt werden. Eine derartige Demonstration wird als unfriedlich von der Gewährleistung des Art. 8 GG überhaupt nicht erfaßt; ihre Auflösung und ihr Verbot können daher dieses Grundrecht nicht verletzen. Ähnlich klar erscheint die Rechtlage, wenn sich umgekehrt der Veranstalter und sein Anhang friedlich verhalten und Störungen lediglich von Außenstehenden (Gegendemonstrationen, Störergruppen) ausgehen. Für diesen Fall wird in der Literatur zutreffend gefordert, daß sich behördliche Maßnahmen primär gegen die Störer richten müssen und daß nur unter den besonderen Voraussetzungen des polizeilichen Notstandes gegen die Versammlung als ganze eingeschritten werden dürfe" (BVerfGE 69, 315, 360f.).

Gewalttätige Ausschreitungen Einzelner führen nach dem VersG noch nicht zu der Klassifikation einer gewalttätigen Versammlung, viel mehr hat die Polizei sicherzustellen, dass diese Abweichler_innen die Friedlichkeit der Versammlung nicht weiter gefährden (BVerfGE 69, 315, 361;

Dietel/Gintzel/Kniesel 2005: 226). Nun ist im BayVersG2008 die Aufgabe für Ordnung zu sorgen zu einem bedeutenden Teil in den Verantwortlichkeitsbereich der Leitung geschoben worden. Unklar ist hierbei nicht nur, was Anzeichen eines gewalttätigen Verlaufs sein sollen, sondern auch, was eine geeignete Maßnahme im Vorfeld einer Versammlung darstellt.

Dass es sich bei diesen neuen Veranstaler_innenpflichten um mehr als eine bloße Aufforderung zur Mithilfe handelt, wird durch Art. 4 Abs. 3 S. 3 BayVersG2008 deutlich. Führen die Versuche zur Beschwichtigung nämlich nicht zum gewünschten Ergebnis, muss die Leitung die Versammlung beenden. Neu ist in diesem Zusammenhang vor allem, dass sich der Abbruch der Versammlung im Fall der Nichtdurchsetzung der Leitung auch auf Versammlungen in geschlossenen Räumen bezieht. Im VersG lag die Pflicht der Leitung, eine Versammlung abzusetzen, falls sich diese nicht durchzusetzen vermag, ausschließlich bei Aufzügen, also sich draußen fortbewegenden Versammlungen, vor.

Die Versammlungsveranstaltung wird jedoch nicht nur in Bezug auf Gefährdungsbereiche zur Verantwortung gezogen. Gemäß Art. 14 BayVersG2008 wird eine allgemeine Bereitschaft zur Zusammenarbeit mit der zuständigen Behörde gefordert:

> (1) [1]Die zuständige Behörde soll dem Veranstalter Gelegenheit geben, mit ihr die Einzelheiten der Durchführung der Versammlung zu erörtern. [2]Der Veranstalter ist zur Mitwirkung nicht verpflichtet.
>
> (2) Die zuständige Behörde kann bei Maßnahmen nach Art. 15 berücksichtigen, inwieweit der Veranstalter oder der Leiter nach Abs. 1 mit ihr zusammenarbeiten.

Zwar heißt es in Abs. 1 S. 2, die Zusammenarbeit sei keine Pflicht, jedoch kann nach dem zweiten Absatz der Norm ein Verbot bzw. eine Beschränkung der Versammlung von dieser Mitarbeit abhängig gemacht werden.

Im Art. 4 Abs. 1 BayVersG2008 findet somit eine Verschiebung der Verantwortlichkeiten im Sinne des Responsibilisierungsprozesses statt. Sicherzustellen, dass die Versammlung friedlich durchgeführt werden kann, war vorher fast ausschließlich eine staatliche Aufgabe. Zeichnete sich die Gefahr von gewalttätigen Ausschreitungen ab, hatte die polizeiliche Einsatzleitung darauf entsprechend zu reagieren, z.B. durch eine Aufstockung der Einsatzkräfte. Somit vollzieht sich hier eine Responsibilisierung gemäß einer Verzahnung von formeller und informeller Sozialkontrolle.

Verwaltung des Normalen

Die neue Tendenz formeller Kontrolle bezieht sich weniger auf eine Ursachenbekämpfung, bzw. -vorbeugung. Abweichendes Verhalten ist nicht mehr pathologisch oder ein Indikator für ein soziales gesellschaftliches Problem, sondern an sich etwas Normales, was es nur richtig zu verwalten gilt. Die Verwaltung des Normalen zeichnet sich dadurch aus, dass es nicht mehr um die Auseinandersetzung mit sozialen Problemen und Ursachen geht, sondern unerwünschtes Verhalten aus der Sichtbarkeit verdrängt werden soll, wie es beispielsweise bei öffentlichen Plätzen und vor Supermärkten durch Videoüberwachung und (meist private) Wachtschutzdienste passiert. Fraglich ist nun, ob das neue Versammlungsgesetz im Vergleich zur bisherigen Rechtslage eine ähnliche Tendenz dazu aufweist, unerwünschtes abweichendes Verhalten aus der Sichtbarkeit zu verdrängen bzw. zu verwalten, ohne mit diesen Maßnahmen die wahren Ursachen angehen zu wollen.

Die Datenerhebungen, die durch Art. 9 und 10 BayVersG2008 legitimiert sind, stellen ein Beispiel einer Verwaltung des Normalen dar. Durch die mediale Erfassung der gesamten Versammlungen sowie die personale Datenerhebung der Versammlungsorganisatoren gelangen alle Teilnehmenden anlassunabhängig in eine Verwaltungsstruktur. Lange Speicherungszeiten zeigen das Interesse an der „Sammlung" aller Teilnehmenden. Dabei ist nicht ausgeschlossen, dass die Daten anderen Behörden zugänglich gemacht werden.

Im Zusammenhang der Verwaltung des Normalen ist des Weiteren Art. 15 Abs. 2 BayVersG2008 zu nennen.

> (2) Die zuständige Behörde kann eine Versammlung insbesondere dann beschränken oder verbieten, wenn nach den zur Zeit des Erlasses der Verfügung erkennbaren Umständen
>
> > 1. die Versammlung an einem Tag oder Ort stattfinden soll, dem ein an die nationalsozialistische Gewalt- und Willkürherrschaft erinnernder Sinngehalt mit gewichtiger Symbolkraft zukommt, und durch sie
> >
> > a) eine Beeinträchtigung der Würde der Opfer zu besorgen ist, oder
> >
> > b) die unmittelbare Gefahr einer erheblichen Verletzung grundlegender sozialer oder ethischer Anschauungen besteht oder
> >
> > 2. durch die Versammlung die nationalsozialistische Gewalt- und Willkürherrschaft gebilligt, verherrlicht, gerechtfertigt oder verharmlost wird, auch durch das Gedenken an

> führende Repräsentanten des Nationalsozialismus, und dadurch die unmittelbare Gefahr einer Beeinträchtigung der Würde der Opfer besteht.

Durch die Regelungen in Art. 15 Abs. 2 BayVersG2008 sollen rechtsextreme Versammlungen erschwert bzw. verhindert werden - die nach Außen kommunizierte Hauptintention für ein neues Gesetz. Versammlungen können demnach beschränkt oder verboten werden, wenn die Versammlung an einem bestimmten Ort stattfinden soll und dadurch die Würde der Opfer verletzt werden könnte. Dadurch werden Versammlungen aufgrund ihrer (erwarteten) Meinungsäußerungen beschränkt oder verboten.[19] Es handelt sich dabei insofern um eine Verwaltung des Normalen, als das hiermit nicht etwas gegen rechte Meinungen bezogen auf ihre Ursache getan wird. Vielmehr scheint es so, als ob etwas aus der (skandalträchtigen) Sichtbarkeit und dem öffentlichen Raum verdrängt werden soll. Eine Norminternalisierung wird dabei nicht angestrebt.

Im VersG findet sich jedoch eine ähnliche Regelung in Bezug auf Auflagen und Versammlungsverbote in § 15 Abs. 2 VersG:

> (2) [1]Eine Versammlung oder ein Aufzug kann insbesondere verboten oder von bestimmten Auflagen abhängig gemacht werden, wenn
>
> 1. die Versammlung oder der Aufzug an einem Ort stattfindet, der als Gedenkstätte von historisch herausragender, überregionaler Bedeutung an die Opfer der menschenunwürdigen Behandlung unter der nationalsozialistischen Gewalt- und Willkürherrschaft erinnert, und
> 2. nach den zur Zeit des Erlasses der Verfügung konkret feststellbaren Umständen zu besorgen ist, dass durch die Versammlung oder den Aufzug die Würde der Opfer beeinträchtigt wird.
>
> [2]Das Denkmal für die ermordeten Juden Europas in Berlin ist ein Ort nach Satz 1 Nr. 1. [3]Seine Abgrenzung ergibt sich aus der An-

---

19 Es sei hier nur kurz am Rande erwähnt, dass es fraglich ist, inwieweit dies mit der deutschen Verfassung vereinbar ist. Versammlungen sollen schließlich gerade nicht aufgrund von Meinungsäußerungen verboten werden können, weswegen eine rechtstaatliche Demokratie selbst anti-rechtstaatlichen Meinungen die Möglichkeit zur Kundgabe verschaffen sollte (Laubinger/ Repkewitz 2002: 157). So konnte das ad hoc 2010 eingeführte Versammlungsgesetz in Sachsen den alljährlich stattfindenden Aufmarsch von 10.000 Neo-Nazis am 13.2. in Dresden nicht verhindern, auch wenn es ähnliche Regelungen zu Orten beinhaltet wie das Bayerische.

> lage zu diesem Gesetz. [4]Andere Orte nach Satz 1 Nr. 1 und deren Abgrenzung werden durch Landesgesetz bestimmt.

Auch im VersG findet sich die Bemühung, durch Verbote von Demonstrationen an bestimmten vor allem symbolträchtigen Orten wie dem „Denkmal für die ermoderten Juden Europas" in Berlin, neonazistische Gruppierungen aus dem öffentlichen Erscheinungsbild zurückzudrängen. Das unerwünschte Verhalten wird damit aus der (skandalösen) Sichtbarkeit verdrängt. Somit findet sich schon im VersG eine Tendenz zur Verwaltung des Normalen. Zu beachten ist jedoch, dass diese Regelung im VersG erst seit April 2005 wirkt und somit auf einer relativ neuen Gesetzesänderung beruht. Somit würde ich diese Gesetzesänderung im VersG auch zu den neueren Bewegungen im Versammlungsrecht in Deutschland zählen.

Es sind jedoch nicht nur rechte Gesinnungen, die aus der öffentlichen Wahrnehmbarkeit verschwinden sollen. Nach Art. 7 Abs. 2 BayVersG2008 wird ein sogenanntes Militanzverbot eingeführt:

> (2) Es ist verboten, an einer öffentlichen oder nichtöffentlichen Versammlung in einer Art und Weise teilzunehmen, die dazu beiträgt, dass die Versammlung oder ein Teil hiervon nach dem äußeren Erscheinungsbild
>
> 1. paramilitärisch geprägt wird oder
> 2. sonst den Eindruck von Gewaltbereitschaft vermittelt und dadurch eine einschüchternde Wirkung entsteht.

Diese Regelung ist äußerst vage formuliert und könnte für Versammlungsteilnehmende zu einer Unklarheit darüber führen, ob ihr Erscheinungsbild darunter fällt oder nicht. In der amtlichen Begründung zum BayVersG2008 heißt es, dass das Uniformierungsverbot des § 3 VersG nicht ausreichte, denn „(...) es bezieht sich tatbestandlich nur auf das Tragen von Uniformen, Uniformteilen oder (sonstigen) gleichartigen Kleidungsstücken und erfasst damit nicht Fahnen, Fackeln, Trommeln, Abzeichen oder das Marschieren im Gleichschritt" (AB Drucksache 15/10181: 15). Der Gedanke liegt nahe, dass letztgenannte Gegenstände und Verhaltensweisen unter das Militanzverbot fallen und nicht mitgeführt werden dürfen bzw. zu unterlassen sind. Dies ist nach der amtlichen Begründung jedoch nicht der Fall, vielmehr wird hier auf einen Gesamteindruck abgestellt, auf den es ankommen solle (AB Drucksache 15/10181: 15f.). Des Weiteren wird angeführt, dass mit dem Militanzverbot nicht nur „rechts-„ sondern vor allem auch „linksextremistischen" Teilnehmenden, wie beispielsweise dem „Schwarzen Block", in ihrem Auftreten Einhalt geboten werden soll. Gerade in diesem Militanzverbot zeigt sich die Bedeutung von Sichtbarkeit. Durch eine Verwaltung von

Kleidung und Verhaltensweisen wird das unerwünschte Auftreten und Verhalten aus der Öffentlichkeit entfernt ohne dabei den Anspruch zu haben, die besagten Personen selbst zu ändern. Dieses Verhalten ist nun nicht mit Toleranz zu verwechseln. Unabhängig von einer Bewertung, ob diese Gruppen ein gesellschaftliches Problem darstellen oder nicht, werden sie von der Gesetzgebung des BayVersG2008 als solches wahrgenommen. Der Anspruch der alten formellen Sozialkontrolle war jener, gesellschaftliche Probleme in Hinblick auf gesellschaftliche Ursachen zu behandeln. Hier wird nicht eine Verhaltensweise toleriert, sie wird als Problem und unerwünscht wahrgenommen. Doch anstatt sich mit der Komplexität zu beschäftigen und das wahrgenommene Problem lösen zu wollen, wird hier auf eine Verdrängung aus dem sichtbaren Raum gesetzt. Dabei ist es allerdings nicht der öffentliche Raum allein, schließlich gilt das Militanzverbot sowohl für Versammlungen unter freiem Himmel als auch für solche in geschlossenen Räumen.

Im VersG gibt es in Bezug auf das Erscheinungsbild eine Regelung in § 3 VersG, das sogenannte Uniformierungsverbot:

> (1) Es ist verboten, öffentlich oder in einer Versammlung Uniformen, Uniformteile oder gleichartige Kleidungsstücke als Ausdruck einer gemeinsamen politischen Gesinnung zu tragen.
>
> (2) [1]Jugendverbänden, die sich vorwiegend der Jugendpflege widmen, ist auf Antrag für ihre Mitglieder eine Ausnahmegenehmigung von dem Verbot des Absatzes 1 zu erteilen. [2]Zuständig ist bei Jugendverbänden, deren erkennbare Organisation oder Tätigkeit sich über das Gebiet eines Landes hinaus erstreckt, der Bundesminister des Innern, sonst die oberste Landesbehörde. [3]Die Entscheidung des Bundesministers des Innern ist im Bundesanzeiger und im Gemeinsamen Ministerialblatt, die der obersten Landesbehörden in ihren amtlichen Mitteilungsblättern bekanntzumachen.

Verhindert werden soll damit „(...) suggestiv-militante Effekte auszulösen und einschüchternde Militanz auszudrücken" (Dietel/Gintzel/Kniesel 2005: 138). Hierunter kann unter Umständen ein bestimmtes Auftreten auch vom sogenannten Schwarzen Block fallen. Dennoch bezieht sich die Regelung hauptsächlich auf militärisches Auftreten.

Somit lässt sich eine Verwaltung des Normalen im BayVersG2008 feststellen. Zum Teil zeigen sich solche Tendenzen auch im VersG, wobei festzuhalten ist, dass die Regelungen zu bestimmten Orten, die ein Verbot oder eine Beschränkung einer Versammlung rechtfertigen können, auf einer neueren Gesetzesinitiative basieren.

Aufwertung staatlicher Eingriffsbefugnisse

Im Zuge einer veränderten formellen Sozialkontrolle erfährt die polizeiliche Tätigkeit in ihrer Intensität, d.h. ihrer Befugnisse, und ihrer Häufigkeit eine enorme Aufwertung. Dies geht einher mit einer gleichzeitigen Abwertung und dem Rückgang von wohlfahrtsstaatlichen Maßnahmen. Die Aufwertung der Polizei hat dabei sehr verschiedene Ausformungen, wie z.B. die Zusammenarbeit mit Bürger_innen im *community policing* oder aber auch die verstärkte Durchführung anlassunabhängiger Kontrollen zu bestimmten Uhrzeiten oder an bestimmten Orten. Fraglich ist, ob staatliche Institution, hier die Polizei und die jeweilige Versammlungsbehörde, im Zusammenhang mit der Änderung der Versammlungsrechtslage eine Aufwertung erfahren.

Im BayVersG2008 müssen sich Polizeibeamt_innen oder die polizeiliche Einsatzleitung der Versammlungsleitung zu erkennen geben, Art. 4 Abs. 5 BayVersG2008:

> (5) [1]Werden Polizeibeamte in eine Versammlung entsandt, haben sie oder hat sich die polizeiliche Einsatzleitung vor Ort dem Leiter zu erkennen zu geben. [2]Ihnen muss ein angemessener Platz eingeräumt werden.

Die Alternative, dass sich auch wahlweise die polizeiliche Einssatzleitung zu erkennen geben kann, bedeutet die Möglichkeit einer verdeckten Entsendung von Polizeibeamt_innen. Wie viele Polizeibeamt_innen sich in oder bezüglich der Versammlung überhaupt aufhalten, kann der Versammlungsleitung unbekannt sein.

Dies ist im bisherigen VersG nicht der Fall. Nach § 12 VersG müssen sich alle Polizist_innen zu erkennen geben:

> [1]Werden Polizeibeamte in eine Versammlung entsandt, so haben sie sich dem Leiter zu erkennen zu geben. [2]Es muß ihnen ein angemessener Platz eingeräumt werden.

Dies ist vor allem eine Maßnahme zu Gunsten der Versammlungsleitung, denn so wissen diese, wie viele Polizeibeamt_innen zur Verfügung stehen und wo sich diese befinden, falls sie gebraucht wurden (Dietel/Gintzel/Kniesel 2005: 210). Bei Großveranstaltungen wird dies aus Praktikabilitätsgründen zwar nicht explizit vollzogen, dennoch ist der Sinn und Zweck der Norm gewahrt, indem die Veranstaltungsperson ein Recht auf die Informationen über die Anzahl und Position der Polizeibeamt_innen besitzen (Dietel/Gintzel/Kniesel 2005: 209).

Innerhalb der Regelungen zu Bild- und Tonaufnahmen in Art. 9 BayVersG2008 erhält die Polizei mehr Befugnisse. Wie oben schon erwähnt, ist sie befugt, ohne das Vorliegen einer konkreten gefährlichen Situation,

Videoaufzeichnungen und -aufnahmen zu machen. Des Weiteren ist auch die Speicherzeit des Aufzeichnungsmaterials erheblich erweitert worden. Die Polizei hat damit Zugang zu sehr viel Videomaterial von Demonstrationen, bei dem die technische Möglichkeit der Identifizierung der einzelnen Teilnehmer_innen besteht.

Die zuständige Behörde bekommt im BayVersG2008 Entscheidungsbefugnisse zugesprochen, die sie unter dem VersG noch nicht hatte. Hierzu gehört die Ablehnung von Versammlungsveranstalter_innen und Ordner_innen und das sowohl für Versammlungen draußen wie auch drinnen (Art. 10 Abs. 3 und 4; Art. 13 Abs. 5 und 6 BayVersG2008). So heißt es in Art. 10 Abs. 3 und 4:

> (3) [1]Der Veranstalter hat der zuständigen Behörde auf Anforderung Familiennamen, Vornamen, Geburtsnamen, Geburtsdatum, Geburtsort und Anschrift (persönliche Daten) des Leiters mitzuteilen. [2]Die zuständige Behörde kann den Leiter als ungeeignet ablehnen, wenn Tatsachen die Annahme rechtfertigen, dass er die Friedlichkeit der Versammlung gefährdet.
>
> (4) [1]Der Veranstalter hat der zuständigen Behörde auf Anforderung die Anzahl der Ordner sowie deren persönliche Daten im Sinn des Abs. 3 Satz 1 mitzuteilen. [2]Die zuständige Behörde kann Ordner als ungeeignet ablehnen, wenn Tatsachen die Annahme rechtfertigen, dass sie die Friedlichkeit der Versammlung gefährden. [3]Die zuständige Behörde kann die Anzahl der Ordner beschränken oder dem Veranstalter aufgeben, die Anzahl zu erhöhen.

Dabei lässt das Gesetz konkrete Anforderungen an die Ablehnungsgründe offen, bzw. sind diese sehr vage. Woran sich eine Ungeeignetheit festmachen lässt, ist nicht näher spezifiziert, sodass der Behörde hier eine große Definitionsmacht zugesprochen wird.

Des Weiteren kann die Behörde Versammlungen „(...) beschränken oder verbieten, wenn nach den zur Zeit des Erlasses der Verfügung erkennbaren Umständen die öffentliche Sicherheit oder Ordnung bei Durchführung der Versammlung unmittelbar ist (...)" (Art. 15 Abs. 1 BayVersG2008). Hierbei kommt der Behörde wiederum auch eine große Definitionsmacht zu, die enorme Auswirkungen auf die Möglichkeit oder den Verlauf der Versammlungen haben kann.

Es kann hiernach festgestellt werden, dass die neuen staatlichen Eingriffsbefugnisse eine deutliche Ausweitung staatlicher Befugnisse im Vergleich mit dem bisherigen Versammlungsrecht aufweisen.

Expressive Bestrafung

Mit Formierung einer neuen formellen Sozialkontrolle ist eine Ausweitung und Erhöhung von Strafmaßen verbunden. Dies geht mit den ökonomischen Kriminalitätserklärungen einher, die Strafe als ein Mittel dafür sehen, die Kosten von abweichendem Handeln zu erhöhen und so von einem solchen abzuschrecken. Im Aufbau der Versammlungsgesetze befinden sich am Ende der Straf- und der Bußgeldkatalog, die sich auf die Zuwiderhandlung der einzelnen Regelungen beziehen. Dabei liegt eine Unterscheidung zwischen Strafvorschriften und Ordnungswidrigkeiten vor. Während Ordnungswidrigkeiten lediglich mit Geldbuße belegt sind und als Taten, die zwar gegen die Rechtsordnung verstoßen, jedoch „(...) ohne kriminellen Gehalt" (Duden Recht A-Z 2010: 388) angesehen werden, ist dies bei den Strafvorschriften anders. Sie sehen für Gesetzesverstöße neben einer Geldstrafe auch eine Freiheitsstrafe vor und schreiben der Tat somit einen kriminellen Gehalt zu. Dabei handelt es sich im vorliegenden Fall allerdings um Vergehen, da keine Strafe mit mindestens einem Jahr Freiheitsentzug geahndet wird, wie es bei Verbrechen der Fall ist.

Zu prüfen ist, inwiefern sich die Straf- und Bußgeldvorschriften im BayVersG2008 gegenüber dem VersG verändert haben.

Zunächst ist festzustellen, dass viele Gesetzesübertritte in beiden Gesetzen als Vergehen mit dem ungefähr gleichen Strafmaß belegt werden. Dennoch gibt es einige Unterschiede im Strafmaß. Nach Art. 20 Abs. 2 Nr. 7 BayVersG2008 wird

> (2) mit Freiheitsstrafe bis zu zwei Jahren oder mit Geldstrafe bestraft, wer
>
> > 7. als Leiter die Versammlung wesentlich anders durchführt, als der Veranstalter bei der Anzeige nach Art. 13 Abs. 2 Nr. 2 oder 6, angegeben hat,

Nach dem VersG wurde in diesem Fall der abweichenden Durchführung nicht ganz so hoch bestraft. In § 25 VersG heißt es:

> Wer als Leiter einer öffentlichen Versammlung unter freiem Himmel oder eines Aufzuges
>
> > 1. die Versammlung oder den Aufzug wesentlich anders durchführt, als die Veranstalter bei der Anmeldung angegeben haben, oder
> >
> > 2. Auflagen nach § 15 Abs. 1 oder 2 nicht nachkommt, wird mit Freiheitsstrafe bis zu sechs Monaten oder mit Geldstrafe bis zu einhundertachtzig Tagessätzen bestraft.

Im BayVersG2008 findet demnach eine deutliche Erhöhung des Strafmaßes in Bezug auf Abweichungen bei der Durchführung statt.

Weitere Erhöhungen des Strafmaßes sind vor allem auch dort zu finden, wo Verstöße im VersG eine Ordnungswidrigkeit, im BayVersG2008 jedoch ein Vergehen darstellen. Hierbei fällt auf, dass eine Verschiebung einiger Regelungen im Vergleich der beiden Gesetze stattgefunden hat. Nach dem BayVersG2008 wird das willentliche Verhindern der eigenen Erkennbarkeit und somit die Identitätsfeststellung mit einem Strafmaß von einer Freiheitsstrafe bis zu einem Jahr oder mit Geldstrafe geahndet (Art. 20 Abs. 2 Nr. 9 BayVersG2008). Dabei geht es um den Verstoß gegen Art. 16 Abs. 2 Nr.1 BayVersG2008:

> (2) Es ist auch verboten,
>
> 1. an derartigen Veranstaltungen in einer Aufmachung teilzunehmen, die geeignet und den Umständen nach darauf gerichtet ist, die Feststellung der Identität zu verhindern, oder den Weg zu derartigen Veranstaltungen in einer solchen Aufmachung zurückzulegen,

Im VersG wurde die Verhinderung der Identitätsfeststellung noch als Ordnungswidrigkeit mit bis zu 500€ Bußgeld geahndet (§ 29 Abs. 1 Nr. 1a VersG).

Dagegen ist das Strafmaß in Bezug auf Handlungen gegen die Versammlung gelockert worden. Im VersG heißt es zu Störungen von Versammlungen und Aufzügen in § 21 VersG:

> Wer in der Absicht, nichtverbotene Versammlungen oder Aufzüge zu verhindern oder zu sprengen oder sonst ihre Durchführung zu vereiteln, Gewalttätigkeiten vornimmt oder androht oder grobe Störungen verursacht, wird mit Freiheitsstrafe bis zu drei Jahren oder mit Geldstrafe bestraft.

Nach dem BayVersG2008 wurde hier ein Strafmaß bis zu zwei Jahren oder eine Geldbuße vorgesehen (Art. 20 Abs. 1 Nr. 2 BayVersG2008). Allerdings ist dies wohl als eine geringfügige Änderung zu verstehen, die auf keinen Richtungswechsel der Intention schließen lässt. Vielmehr ist dies darauf zurückzuführen, dass mehrere Delikte in einer Vorschrift zusammengefasst wurden. Das lässt den Schluss zu, dass wahrscheinlich eher redaktionelle Gründe hierzu führten. Dies kann jedoch nicht abschließend bzw. eindeutig geklärt werden.

Des Weiteren ist im VersG eine Bestrafung der Beeinträchtigung und Bedrohung der Versammlungsleitung und der Ordner_innen in § 22 VersG vorgesehen:

> Wer bei einer öffentlichen Versammlung oder einem Aufzug dem Leiter oder einem Ordner in der rechtmäßigen Ausübung seiner Ordnungsbefugnisse mit Gewalt oder Drohung mit Gewalt Widerstand leistet oder ihn während der rechtmäßigen Ausübung seiner Ordnungsbefugnisse tätlich angreift, wird mit Freiheitsstrafe bis zu einem Jahr oder mit Geldstrafe bestraft.

Dieser Gedanke wird auch im Bußgeldkatalog in § 29 Abs. 1 Nr. 4 aufgenommen, wo es heißt, dass:

> (1) Ordnungswidrig handelt, wer
>
> > 4. trotz wiederholter Zurechtweisung durch den Leiter oder einen Ordner fortfährt, den Ablauf einer öffentlichen Versammlung oder eines Aufzuges zu stören,

Die Sanktion solcher Handlungen, die sich gegen die Autorität der Leiter_innen und Ordner_innen wenden, ist im BayVersG2008 nicht vorgesehen. Diese Regelungen im VersG stellten eine Stärkung der Stellung der Leiter_innen und Ordner_innen und deren Gestaltungsrecht dar.

Im BayVersG2008 hingegen befinden sich im Verhältnis zum VersG viele Bußgeldvorschriften speziell für Versammlungsveranstalter_innen. Diese sind in Art. 21 Nr. 10, 11 und 13-15 BayVersG2008 aufgeführt und beziehen sich auf ein Bußgeld von bis zu 3000€:

> 10. als Veranstalter
>
> a) entgegen Art. 10 Abs. 3 Satz 1 persönliche Daten nicht, nicht richtig oder nicht rechtzeitig mitteilt oder
>
> b) Personen als Leiter der Versammlung einsetzt, die von der zuständigen Behörde nach Art. 10 Abs. 3 Satz 2 oder Art. 13 Abs. 5 abgelehnt wurden,
>
> 11. als Veranstalter
>
> a) Ordner einsetzt, die von der zuständigen Behörde nach Art. 10 Abs. 4 Satz 1 oder nach Art. 13 Abs. 6 Satz 1 abgelehnt wurden,
>
> b) einer vollziehbaren Anordnung nach Art. 10 Abs. 4 Satz 2 oder Art. 13 Abs. 6 Satz 2 zuwiderhandelt, oder
>
> c) entgegen Art. 10 Abs. 4 Satz 3 oder Art. 13 Abs. 6 Satz 3 persönliche Daten nicht, nicht richtig oder nicht rechtzeitig mitteilt,
>
> 13. entgegen Art. 13 Abs. 1 Satz 1 eine Anzeige nicht richtig, nicht vollständig oder nicht rechtzeitig erstattet,
>
> 14. entgegen Art. 13 Abs. 2 Satz 3 eine Mitteilung nicht, nicht richtig, nicht vollständig oder nicht rechtzeitig macht,

15. als Veranstalter oder als Leiter eine Versammlung unter freiem Himmel ohne Anzeige nach Art. 13 Abs. 3 durchführt,

Bußgeldvorschriften für Versammlungsveranstalter_innen und Leiter_innen finden sich im VersG in § 29 Abs. 1 Nr. 6-8 und beziehen sich auf ein Bußgeld in Höhe von bis zu 2500€:

(1) Ordnungswidrig handelt, wer

6. der Aufforderung der Polizei, die Zahl der von ihm bestellten Ordner mitzuteilen, nicht nachkommt oder eine unrichtige Zahl mitteilt (§ 9 Abs. 2),

7. als Leiter oder Veranstalter einer öffentlichen Versammlung oder eines Aufzuges eine größere Zahl von Ordnern verwendet, als die Polizei zugelassen oder genehmigt hat (§ 9 Abs. 2, § 18 Abs. 2), oder Ordner verwendet, die anders gekennzeichnet sind, als es nach § 9 Abs. 1 zulässig ist, oder

8. als Leiter den in eine öffentliche Versammlung entsandten Polizeibeamten die Anwesenheit verweigert oder ihnen keinen angemessenen Platz einräumt.

Bei der Bewertung der Unterschiede bezüglich der möglichen Ordnungswidrigkeiten, die Versammlungsleiter_innen und Ordner_innen begehen können, ist die alleinige Betrachtung eines quantitativen Mehr im BayVersG2008 gegenüber dem VersG sicher aussagekräftig genug. Es könnte argumentiert werden, dass die Zunahme von Anforderungen an die Versammlungsorganisation im BayVersG2008 sich quasi auf natürlichem Weg auch im Bußgeldkatalog niederschlägt. Dennoch besteht keine zwingende Notwendigkeit, diese Vielzahl an Aufgaben und ein Abweichen davon mit Bußgeldvorschriften von bis zu 3000€ zu belegen. Vergleicht man die Qualität der Gesetzesüberschritte im VersG und BayVersG2008, die hier im Bußgeldkatalog aufgenommen wurden, so besteht ein deutlicher Unterschied. So ist die Verweigerung Polizei zuzulassen wohl eine andere Handlung als die persönlichen Daten nicht richtig zu übermitteln. Das VersG möchte im Rahmen der Ordnungswidrigkeitsregelungen die Verweigerung der Zusammenarbeit sanktionieren. Im BayVersG2008 werden jedoch auch Handlungen bestraft, die noch nicht notwendigerweise eine verweigernde Intention beinhalten.

Zusammenfassend muss darauf hingewiesen werden, dass ein erhöhtes Strafmaß im BayVersG2008 nicht einfach bejaht werden kann. Vielmehr sind die vorliegenden Bestrafungsregelungen in ihrer Komplexität zu begreifen und danach zu beurteilen. Das Strafmaß ist nicht generell erhöht worden. Dennoch lässt sich eine stärkere Bestrafung in der Verschiebung der Ordnungswidrigkeiten zu Vergehen feststellen. Des Weiteren werden Abweichungen der Versammlungsleitung und -veranstaltung sowie der Ordner_innen im BayVersG2008 als Ordnungswidrigkeiten klassifiziert. Die hinzutretende Bußgeldhöhe von bis zu 3000€ stellt eine weitere wesentliche Verschärfung dar. Auf der anderen Seite findet sich in den Straf- und Bußgeldvorschriften des BayVersG2008 keine Stärkung der Autorität der Versammlungsorganisation, wie dies im VersG gegeben ist. In der Zusammenschau dieser Neuerungen lässt sich ein abschreckender Charakter erkennen. Mit der Tendenz einer expressiven Bestrafung meint Garland die Funktion der Strafe als Abschreckung bzw. „Kostenerhöhung" einer Handlung, die vermehrt hervorgehoben wird. Diese Funktion der Bestrafung kann hier nach dem Ausgeführten auch beobachtet werden, sodass das Vorliegen einer expressiveren Bestrafung bejaht werden kann.

Öffentliche Sicherheit als oberstes Schutzgut

In der neuen formellen Sozialkontrolle vollzieht sich nicht nur ein Wandel in der Art und Weise der Sozialkontrolle, auch das Ziel bzw. der Gegenstand verändert sich. Ging es im *penal welfarism* vorwiegend darum, Normeinhaltung und Norminternierung sicherzustellen, so ist nun das oberste Ziel, Öffentlichkeit, d.h. vor allem öffentliche Räume und Plätze, in einem bestimmten Zustand zu halten, nämlich einem sicheren. Öffentliche Sicherheit erfährt in der öffentlichen Diskussion höchste Aufmerksamkeit und ist zum unhinterfragten erstrebenswerten Gut geworden, was auf der anderen Seite zahlreiche staatliche Eingriffe legitimiert und somit zu Lasten bestimmter Bürger_innen- bzw. Grundrechte, wie beispielsweise dem Recht auf informationelle Selbstbestimmung (Art. 2 Abs. 1 i.V.m. Art. 1 Abs. 1 GG), geht. Öffentliche Sicherheit zu schaffen gelingt immer nur über eine verstärkte Reglementierung und Kontrolle des öffentlichen Bereichs und geht damit mit der Einschränkung bestimmter bürgerlicher Freiheiten einher.

Fraglich ist nun, ob die Veränderung im Versammlungsrecht auch einen solchen Schutzgutwechsel mit sich bringt. Zu untersuchen ist demnach, was die Gesetze vorwiegend bezwecken, schützen und sicherstellen wollen. Speziell ist zu untersuchen, ob das Schutzgut das Grundrecht auf Versammlungsfreiheit darstellt oder die Sicherheit bietet, dass mögliches abweichendes Verhalten nicht auftritt.

Nach dem BayVersG2008 bekommt der/die Versammlungsveranstalter_in im Gegensatz zum bisherigen Versammlungsrecht erheblich mehr Verantwortung übertragen. Wie schon in der Kategorie „Responsibilisierung" gezeigt, ist die Veranstaltungsperson nun im Vorfeld und während einer Versammlung in erhöhtem Maße verantwortlich für einen friedlichen Verlauf (Art. 4 Abs. 1 und 3 BayVersG2008). Im bisherigen Versammlungsrecht liegt der Schwerpunkt noch auf der Annahme, dass es vor allem der Staat in Form der Polizei sei, der einen friedlichen Verlauf von Versammlungen mit allen zur Verfügung stehenden Mitteln zu ermöglichen habe. Weiter ist zwar der/die Veranstalter_in nicht zur Zusammenarbeit mit der jeweiligen Behörde verpflichtet (Art. 14 Abs. 1 S. 2), dennoch kann die Behörde von dieser Zusammenarbeit ein Verbot oder eine Einschränkung der Versammlung abhängig machen (Art. 14 Abs. 2). Diese Maßnahmen sind im VersG nicht enthalten. Die Aufgaben der Versammlungsleitung waren im VersG in § 8 geregelt:

> [1]Der Leiter bestimmt den Ablauf der Versammlung. [2]Er hat während der Versammlung für Ordnung zu sorgen. [3]Er kann die Versammlung jederzeit unterbrechen oder schließen. [4]Er bestimmt, wann eine unterbrochene Versammlung fortgesetzt wird.

Im VersG zeichnen sich die Aufgaben des Versammlungsleiters vor allem durch die Zusprechung bestimmter Rechte aus, als durch einen Pflichtenkatalog. Des Weiteren wird die Autorität des/der Leiter_in und der Ordner_innen auch durch die Sanktionierung bei Nichtbefolgung ihrer Anweisungen gestärkt, §§ 22, 29 Abs. 1 Nr. 4. § 10 VersG schreibt eine Folgepflicht der Versammlungsteilnehmenden:

> Alle Versammlungsteilnehmer sind verpflichtet, die zur Aufrechterhaltung der Ordnung getroffenen Anweisungen des Leiters oder der von ihm bestellten Ordner zu befolgen.

Wie vermehrt angesprochen, wird im VersG zwischen Versammlungen unter freiem Himmel und solchen in geschlossenen Räumen in dem Sinne unterschieden, dass bestimmte Eingriffe nur bei Versammlungen, die draußen stattfinden, legitimiert sein können. Dies hat wie gesagt u.a. damit zu tun, dass draußen eher eine Gefahr für fremde Rechtsgüter besteht. Im Bayerischen Gesetz sind nun viele Befugnisse auch für Versammlungen, die drinnen stattfinden, gegeben. Dies wurde an entsprechender Stelle in dieser Arbeit gezeigt. Ein Beispiel ist das Durchführen von anlassunabhängigen Überblicksaufzeichnungen.

Im VersG lässt sich somit die Versammlungsfreiheit als Schutzgut klar erkennen.

Im BayVersG2008 haben die Identifizierungsmöglichkeiten der Versammlungs-teilnehmenden erheblich an Bedeutung gewonnen. So wird nach Art. 16 Abs. 2 BayVersG2008 ein sogenanntes Vermummungs- bzw. Militanzverbot eingeführt, das eine Bekleidung, die die Identitätsfeststellung erschwert, verbietet. Die Befugnisse zur Speicherung von Personendaten sind erheblich ausgeweitet worden. Wie oben schon näher erläutert, sind Maßnahmen wie Überblicksaufnahmen und -

aufzeichnungen, d.h. verdachts- und anlassunabhängige bildliche Erfassungen der Teilnehmenden, inklusive langer Speicherungszeiten, durch Art. 9 BayVersG2008 ermöglicht worden. Die Personendatenerhebung von Versammlungsleiter_innen in Art. 10 Abs. 3 BayVersG2008 stellt eine Erweiterung der Datenerhebung im Gegensatz zum bisherigen VersG dar.

Die zuständigen Behörden erhalten nach dem BayVersG2008 eine Erweiterung ihrer Befugnisse. So können sie wie eben erwähnt umfangreichere Daten erheben sowie aus eigenem Ermessen Versammlungen einschränken bzw. verbieten. Des Weiteren können sie Leitungspersonen und Ordner_innen sowohl bei Versammlungen in geschlossenen Räumen als auch bei solchen unter freiem Himmel als ungeeignet ablehnen, ohne das an diese Entscheidung bestimmte Anforderungen geknüpft sind (Art. 10 Abs. 3 und 4; Art. 13 Abs. 5 und 6 BayVersG2008). Die zuständige Behörde erlangt erweiterte Befugnisse im Zusammenhang mit der Beschränkung und dem Verbot sowie der Auflösung von Versammlungen (Art. 15 BayVersG2008). Sie hat dabei eine große Definitionsmacht, denn sie entscheidet, ob Anzeichen vorliegen, die auf eine Gefahr beim Verlauf der Demonstration hindeuten. Im bisherigen VersG musste sich eine Gefahr erst realisiert haben bzw. die Gefahrenprognose gesichert sein. Die Versammlung aufrecht zu erhalten war das oberste Gebot für staatliche Institutionen.

Die Mitteilungsfrist für eine geplante öffentliche Versammlung unter freiem Himmel ist ausgeweitet worden. Waren es im VersG noch 48 Stunden vor der Versammlung (§ 14 Abs. 1 VersG), sind es nun 72 Stunden (Art. 13 Abs. 1 BayVersG2008). Des Weiteren sind bei der Anmeldung erheblich mehr Angaben und Einschätzungen zu machen (Art. 13 Abs. 2 BayVersG2008) als im VersG, wo die Nennung der Leitung ausreichte (§ 14 Abs. 2 VersG).

Mit der Einführung der Regelung des BayVersG2008 zur Entsendung von Polizeibeamt_innen in Versammlungen (Art. 4 Abs. 5 BayVersG2008) wurde der Polizei die Möglichkeit gegeben, sich in Versammlungen aufzuhalten, ohne die Versammlungsleitung davon in Kenntnis zu setzen, Der leitende Gedanke des Zur-Verfügung-Stehens der Polizei für die Versammlungsleitung, der noch in Art. 12 VersG enthalten war, ist hier nicht mehr zu finden.

Im VersG findet sich noch die explizite Zusprechung von Rechten an die Versammlungsleitung.

Zusammenfassend lässt sich sagen, dass die Hürden für eine Versammlungsorganisation im Gegensatz zum VersG ernorm erhöht wurden. Ein/e Versammlungsveranstalter_in trägt nach dem BayVersG2008 um einiges mehr Verantwortung und hat mehr Pflichten übertragen bekommen. Des Weiteren müssen sie nun eine behördliche Registrierung fürchten, die zu einer politischen Profilerstellung geeignet ist. Es sind jedoch nicht nur die Veranstalter_innen und Mitorganisator_innen, die in den Fokus der Kontrolle geraten, auch die Teilnehmenden werden nach dem BayVersG2008 unabhängig von dem eigenen Verhalten verstärkt kontrolliert und überwacht. Auch hier ist die Erstellung von politischen Profilen möglich. Somit schafft das BayVersG2008 eine Überwachung und Speicherung von Personen, die sich weder strafbar gemacht noch eine Ordnungswidrigkeit begangen haben, sondern im Gegenteil durch das Wahrnehmen eines Grundrechts und die Teilhabe am öffentlichen Meinungsbildungsprozesses einen demokratischen Beitrag leisten. Auf der anderen Seite haben Demonstrierende nicht mehr Rechte erhalten. Insgesamt betrachtet liest sich das BayVersG2008 wie ein Regelkatalog für Versammlungen und nicht wie ein Gesetz zur näheren Ausgestaltung eines Grundrechts, was es ja eigentlich sein sollte. Die behördlichen und polizeilichen Befugnisse werden dabei meist mit „kann“ und „darf“ formuliert, während die Handlungsgrenzen der Teilnehmenden und der Versammlungsorganisation eindeutig mit „hat“ festgelegt sind. Somit ist ein deutlicher Anstieg von Kontrollmechanismen zu verzeichnen, die darauf hindeuten, dass das Schutzgut hier nicht mehr ein Grundrecht der Bürger_innen gegenüber dem Staat ist, sondern vielmehr eine Reglementierung und Überwachung der Öffentlichkeit.

Ergebnisübersicht VersG und BayVersG2008

Gesetz / Kategorie	VersG	BayVersG2008
Gefahren-prognose	- Keine Ablehnung von Ordner_innen und Leiter_innen aufgrund einer Gefahrenprognose - Versammlung drinnen nur verbieten, wenn Tatsachen die Unfriedlichkeit belegen (§ 5 Nr. 3,4); Versammlungen draußen beschränken oder verbieten, wenn Gefährdung für öffentliche Sicherheit und Ordnung (§ 15 Abs. 1) besteht. - Veranstalter_in muss keine Gefahrenprognosen aufstellen.	- Ablehnung von Ordner_innen und Leiter_innen aufgrund einer Gefahrenprognose (Art. 10 Abs. 3, 4, Art. 13 Abs. 5, 6) - Versammlung beschränken oder verbieten, wenn Gefährdung für öffentliche Sicherheit und Ordnung, für die Würde der Opfer des Nationalsozialismus und sozialer und ethischer Anschauungen besteht (Art. 15 Abs. 1 und 2). - Veranstalter_in muss selbst Gefahrenprognosen aufstellen (Art. 4 Abs. 1).
Datenerhebung	- Pflicht zur Namensnennung des/der Veranstalter_in (§ 2 Abs. 1). - Videoaufzeichnungen nur beim Vorliegen einer Gefahr; wenn nicht vermeidbar, können unbeteiligte Dritte mit aufgezeichnet werden (§ 12a).	- Pflicht zur Angabe persönlicher Daten von Leiter_in und Ordner_innen (Art. 10 Abs. 3, S.1, Abs. 4; Art. 13 Abs. 5, 6 S. 3). - Gefahrenunabhängige Überblicksaufzeichnungen und –aufnahmen zur Leitung des Polizeieinsatzes; sehr lange Speicherungszeiten (Art. 9).
Anlassunab-hängiges Eingreifen	- Bild- und Tonaufnahmen können nur aufgrund einer Gefahr vorgenommen werden (§ 12a). - Generelle Erhebung des Namens des/der Veranstalter_in (§ 2).	- Bild- und Tonaufnahmen können ohne einen konkreten Anlass erhoben werden (Art. 9). - Datenerhebung von Leitung und Ordner_innen (Art. 10 Abs. 3, S.1, Abs. 4; Art. 13 Abs. 5, 6 S. 3).

Responsibilisie-rung	- Die Versammlungsleitung hat während der Versammlung für Ordnung zu sorgen (§ 8). - Zusammenarbeit nicht im starken Maß gefordert.	- Erhöhtes Maß an Verantwortung im Vorfeld und während der Versammlung für Leitung (Art. 4 Abs. 1-3). - Zusammenarbeit mit der Behörde im starken Maß gefordert (Art. 14).
Verwaltung des Normalen	- Keine anlassunabhängige Erhebung von persönlichen und bildlichen Daten. - Verbot oder Beschränkung aufgrund historischer Orte (§15 Abs. 2). (Allerdings neue Regelung) - Uniformierungsverbot (§ 3).	- Anlassunabhängige Erhebung von persönlichen bildlichen Daten (Art. 9 und 10). - Verbot oder Beschränkung aufgrund historischer Orte und Zeitpunkte (Art. 15 Abs. 2). - Uniformierungs- und Militanzverbot (Art. 7).
Aufwertung staatlicher Eingriffs-Befugnisse	- Polizei muss sich der Versammlungsleitung zu erkennen geben (§ 12). - Polizei darf nur beim Vorliegen einer Gefahr mediale Daten erheben (§ 12a). - Behörde hat keine Befugnis zur Ablehnung der/des Leiter_in und Ordner_innen.	- Polizei darf verdeckt in die Versammlung (Art. 4 Abs. 5). - Polizei hat große Eingriffsbefugnisse in Bezug auf mediale Datenerhebung (Art. 9). - Behörde hat Befugnis zur Ablehnung der/des Leiter_in und Ordner_innen (Art. 10 Abs. 3, 4; Art. 13 Abs. 5, 6).
Expressive Bestrafung	- Abweichung bei der Durchführung wird mit bis zu sechs Monaten Freiheitsentzug oder Geldstrafe bestraft (§25). - Sogenannte Vermummung als Ordnungswidrigkeit mit bis zu 500€ (§ 29 Abs. 1 Nr. 1a).	- Abweichung bei der Durchführung wird mit bis zu zwei Jahren Freiheitsentzug oder Geldstrafe bestraft (Art. 20 Abs. 2 Nr. 7). - Sogenannte Vermummung als Vergehen mit bis zu einem Jahr oder Geldstrafe (Art. 20 Abs. 2 Nr. 9).

	- Bestrafung von Handlungen, die Versammlungsleiter_innen und Ordner_innen beeinträchtigen oder bedrohen (§ 22) oder ihnen zuwider handeln (§ 29 Abs. 1 Nr. 4). - Ordnungswidrigkeiten für Veranstalter_innen und Leiter_innen bei Verweigerung der Zusammenarbeit (§ 29 Abs. 1 Nr. 6-8).	- Keine Sanktion gegen Personen, die Versammlungs-leiter_innen und Ordner_innen beeinträchtigen oder bedrohen. - Vielzahl an Ordnungswidrigkeiten für Veranstalter_innen mit Bußgeld bis zu 3000€ (Art. 21 Nr. 10, 11 und 13-15).
Öffentliche Sicherheit als oberstes Schutzgut	- Versammlungsleiter_in bekommt überwiegend Rechte und Autorität zugesprochen (§§ 8, 10, 22, 29 Abs. 1 Nr. 4). - Identifizierung an unmittelbare Gefahr geknüpft, z.B. in Bezug auf bildliche Erfassung (§ 12a); keine Identifizierung von Versammlungsorganisator_innen. - Behörde kann nicht Leiter_innen und Ordner_innen ablehnen, hohe Anforderungen an Verbot und Beschränkung von Versammlungen. - Anmeldefrist für Versammlungen 48 Stunden vorher (§ 14 Abs. 1). - Polizei muss sich der Versammlungsleitung zu erkennen geben (§ 12). - Weniger Eingriffsbefugnisse für Versammlungen in geschlossenen Räumen.	- Versamlungsleiter_in bekommt mehr Verantwortung und Pflichten übertragen (Art. 4 Abs. 1 und 3). - Bedeutung der Identifizierung in Militanzverbot (Art. 16 Abs. 2) und Datenspeicherung (Art. 10 Abs. 3, S.1, Abs. 4; Art. 13 Abs. 5, 6 S. 3; Art. 9). - Behörde hat Befugnisse Leiter_innen und Ordner_innen abzulehnen (Art. 10 Abs. 3, 4; Art. 13 Abs. 5, 6) und Versammlungen zu beschränken, zu verbieten und aufzulösen (Art. 15). - Anmeldefrist für Versammlungen 72 Stunden vorher (Art. 13 Abs. 1). - Polizei kann unerkannt in Versammlung sein (Art. 4 Abs. 5). - Viele Eingriffe auch bei Versammlungen in geschlossenen Räumen möglich.

4.2 BayVersG2010

Wie schon mehrfach angesprochen, hat das Bayerische Versammlungsgesetz von 2008 einige Änderungen erfahren. Ein Grund hierfür liegt wohl hauptsächlich an der früh eingeleiteten Verfassungsbeschwerde, an die ein Antrag auf einstweilige Anordnung geknüpft war, welcher teilweise erfolgreich war. Somit wurden einige Regelungen im Rahmen der einstweiligen Anordnung des BVerfG aufgehoben. Dabei handelte es sich vorwiegend um Bußgeldvorschriften und bestimmte Maßnahmen der Videoüberwachung. Mit dem Urteil der Verfassungsbeschwerde ist noch in diesem Jahr zu rechnen, dennoch sind schon in der Entscheidung des BVerfG zur einstweiligen Anordnung zentrale Kritikpunkte deutlich geworden. Der Bayerische Landtag hat daraufhin, selbst noch einige Gesetzesänderungen vorgenommen. Nachdem im letzten Abschnitt das ursprüngliche Bayerische Versammlungsgesetz analysiert wurde, soll nun eine Darstellung des gegenwärtigen Gesetzes folgen. Hierbei soll insbesondere geprüft werden, inwiefern sich die Tendenzen des BayVersG2008 auch im BayVersG2010 wiederfinden lassen. Dabei werde ich die Änderungen darstellen und in den Kontext der Entwicklung stellen.

Änderungen haben sich vor allem im Zusammenhang mit der Versammlungsorganisation ergeben. Die Versammlungsleitung muss nicht mehr eine natürliche Person sein (Art. 3 Abs. S. 2 BayVersG2010) und die Anmeldezeit für eine Versammlung unter freiem Himmel wurde von 72 auf 48 Stunden herabgesetzt. Bei der Anmeldung entfällt die Pflicht, die erwartete Teilnehmer_innenzahl, die Anzahl der Ordner_innen sowie die technischen Hilfsmittel anzugeben. Des Weiteren wurde Abs. 1 des Art. 4 BayVersG2008 gestrichen: Die Leitung muss nicht mehr im Vorfeld feststellen, ob die Versammlung gewalttätig verlaufen könnte, und daraufhin Maßnahmen zur Verhinderung ergreifen. Sie muss auch nicht mehr die Versammlung abbrechen, wenn sie sich nicht durchzusetzen vermag und somit nicht selbst die Friedlichkeit der Veranstaltung gewährleisten kann. Die zuständige Behörde kann die leitende Person auch nicht mehr ablehnen, wenn sie den/die Leiter_in als unzuverlässig oder ungeeignet zur Aufrechterhaltung der Ordnung einschätzt, wie noch in Art. 13 Abs. 5 BayVersG2008. Damit sind einige Aspekte der **Responsibilisierung**, nämlich die Versammlungsorganisation selbst verstärkt zuständig und verantwortlich für einen sicheren Verlauf der Demonstration zu machen, weggefallen. Dazu gehört auch, dass die Leitung nicht mehr ständig für die zuständige Behörde erreichbar sein muss (Art. 4 Abs. 1 Nr. 4 BayVersG2010).

Ebenso wurde die Verpflichtung der Mitteilung persönlicher Daten von Leitung und Ordner_innen eingeschränkt. Für Versammlungen in geschlossenen Räumen soll nach Art. 10 Abs. 3, 4 BayVersG2010 die Angabe persönlicher Daten von der Versammlungsleitung und den Ordner_innen nur noch dann legitim sein, wenn „Tatsachen die Annahme rechtfertigen, dass dieser die Friedlichkeit der Versammlung gefährdet". Fraglich ist dabei jedoch, wie eine solche Gefahrenprognose überhaupt sinnvoll vorgenommen werden kann, wenn die Person noch gar nicht bekannt ist, denn die Bekanntgabe der Angaben ist ja gerade an eine Gefahrenprognose geknüpft. Für Versammlungen unter freiem Himmel ist die Datenangabe von Ordner_innen ebenso an eine solche Gefährlichkeitsvermutung geknüpft (Art. 13 Abs. 6 BayVersG2010); die persönlichen Angaben von Veranstalter_in und Leiter_in sind bei der Anmeldung der Versammlung mit anzugeben (Art. 13 Abs. 2 S.1 Nr. 4 BayVersG). Festzuhalten bleibt, dass hiermit die Sammlung von persönlichen Daten von Personen, die bei einer Versammlungsorganisation beteiligt sind, immer noch erleichtert bzw. ermöglicht wird, was im VersG nicht der Fall war.

Neu ist ferner der Abs. 3 in Art. 15 BayVersG2010. Hiernach sind Beschränkungen und Verbote von Versammlungen nach Art. 15 Abs. 1, 2 BayVersG2010 rechtzeitig vor Versammlungsbeginn zu treffen. Was rechtzeitig vor der Versammlung sein soll, wird nicht näher bestimmt, könnte jedoch der Versammlungsorganisation helfen, auf entsprechende Maßnahmen noch zu reagieren und diese gegebenenfalls abzuwehren.

Eine kleine Änderung zeigt sich im Militanzverbot. Hier wurde Art. 7 Abs. 2 Nr. 2 BayVersG2008 gestrichen, welcher verbot, in einer Art und Weise an Versammlungen teilzunehmen, dass ein „Eindruck von Gewaltbereitschaft" entstehen könnte. Dennoch ist es weiterhin verboten, gleichartige Kleidungsstücke zu tragen, die „als Ausdruck einer gemeinsamen politischen Gesinnung" gedeutet werden können (Art. 7 Nr. 1 BayVersG2008). Auch dieser Passus erscheint sehr unbestimmt. Häufig herrschen in bestimmten (politischen) Milieus ähnliche Kleidungsstile vor. Nach dem Wortlaut des Gesetzes, könnten hierin sicher auch oft „Ausdrücke einer politischen Gesinnung" gesehen werden. Wir erinnern uns, dass das Uniformierungsgebot im VersG sich zwar nicht ausdrücklich, jedoch in seiner Anwendung lediglich auf militärische Uniformierung beschränkte. Ein Clownskostüm wurde davon nicht erfasst auch wenn dies eine gemeinsame politische Gesinnung zum Ausdruck brächte.

Gravierende Änderungen ergeben sich in Bezug auf Videoaufzeichnungen und -aufnahmen. Erlaubte das BayVersG2008 noch anlasslose Übersichtsaufnahmen und -aufzeichnungen, so dürfen erstere nur noch angefertigt werden, wenn dies wegen der Größe und Unübersichtlichkeit der Veranstaltung nötig ist (Art. 9 Abs. 2 S. 1, 2 BayVersG2010). Weiter müssen die Daten unverzüglich ausgewertet werden. Aufzeichnungen, die für die Aus- und Fortbildung genutzt werden, müssen nunmehr irreversibel anonymisiert werden, sodass keine technische Möglichkeit zur Identifikation mehr besteht. All diese Neuerungen sind als Reaktion auf die Entscheidung der einstweiligen Anordnung des BVerfG zu verstehen. Weiter finden Aufnahmen und Aufzeichnungen im BayVersG2010 nur noch offen statt, der Verweis aufs Polizeiaufgabengesetz (PAG) (Art. 9 Abs. 3 BayVersG2008) wurde gestrichen. Die Aufzeichnungen, die nicht mehr zur Verfolgung von Straftaten oder zur Gefahrenabwehr gebraucht werden, sind nun nach sechs Monaten zu löschen, Art. 9 Abs. 3 S. 3 BayVersG2010. Des Weiteren wurde ein neuer Absatz 5 in Art. 9 eingefügt:

> (5) [1]Die Gründe für die Anfertigung von Bild-, Ton- und Übersichtsaufzeichnungen nach Abs. 1 und 2 und für ihre Verwendung nach Abs. 3 Satz 1 Nrn. 1 und 2 sind zu dokumentieren. [2]Werden von Übersichtsaufzeichnungen eigene Fassungen nach Abs. 4 Satz 1 hergestellt, sind die Notwendigkeit für die polizeiliche Aus- und Fortbildung, die Anzahl der hergestellten Fassungen sowie der Ort der Aufbewahrung zu dokumentieren.

Hiermit wird erstmals die Aufbewahrung durch die Polizei transparent, indem Gründe für die Anfertigung und die weitere Verwendung und Aufbewahrung dokumentiert werden müssen. Durch die Dokumentation zur Aufbewahrung zwecks polizeilicher Weiterbildung wird Nachvollziehbarkeit geschaffen. Zusammenfassend lässt sich sagen, dass die Regelungen zu Bild- und Tonaufnahmen sowie -aufzeichnungen des BayVersG2010 im Vergleich zum VersG eindeutiger sind und die Regelungslücken des VersG schließen. Des Weiteren stellen sie keine Verschärfungen im Gegensatz zum § 12a VersG dar (zumindest wenn man § 12a VersG mit der herrschenden Rechtsprechung liest[20]); die Speicherungszeiten sind sogar kürzer als im VersG.

Mit den neuen Regelungen zur Videoaufzeichnung und -aufnahme des Art. 9 BayVersG2010 und den Einschränkungen

---

20 Siehe beispielsweise VG Münster: 1 K 1403/08; Dietel/Gintzel/Kniesel 2005: 215.

der Personendatenerhebung von Leiter_innen und Ordner_innen, sind die **anlassunabhängigen Eingriffe,** wie sie noch im BayVersG2008 vorlagen, nicht mehr gegeben. Diese Maßnahmen sind nun an das Vorliegen einer Gefahr gebunden. Wie oben jedoch schon erwähnt, ist in Bezug auf die Datenerhebung der Leitung und der Ordner_innen fraglich, wie es einen „Anlass" zum Erfragen der Daten geben kann, wenn die Person gar nicht bekannt ist. Deshalb ist davon auszugehen, dass hier die Neuerung vor allem den Anschein von anlassunabhängigem Eingreifen unterbinden wollte.

Änderungen haben sich auch innerhalb der Straf- und Bußgeldvorschriften ergeben. Aus dem Katalog der Freiheitsstrafen bis zu einem Jahr oder Geldstrafe fallen im BayVersG2010 Abweichungen der Leitung von der angegebenen Durchführung des/der Veranstalter_in heraus. Eine Versammlung ohne Anmeldung, das Mitführen von Schutzwaffen oder ähnlichen Gegenständen, Verstoß gegen das Uniformierungsverbot sowie das Verhindern der Identitätsfeststellung durch Vermummung sind im BayVersG2010 nicht mehr unter den Straftaten geführt, sondern stellen Ordnungswidrigkeiten mit Bußgeldern dar.

Waren die Bußgeldvorschriften im BayVersG2008 alle noch mit einer Geldbuße von bis zu 3000 € belegt, wurde im BayVersG2010 eine Unterscheidung eingeführt zwischen Ordnungswidrigkeiten, die mit einer Geldbuße von 3000 € und solchen, die mit einer Geldbuße von 500 € belegt werden. Falsche Kennzeichnung der Ordner_innen, falsche Übermittlung persönlicher Daten, nicht den Anweisungen der Leitung und Ordner_innen folgen sowie nicht den Zeitrahmen der Versammlung übermitteln und Verstöße gegen das Vermummungsgebot werden nun mit einer Geldbuße von bis zu 500 € geahndet. Dennoch sind die meisten Ordnungswidrigkeiten mit einer Geldbuße von bis zu 3000 € belegt. Darunter u.a. Verstöße gegen das Uniformierungsverbot, das Einsetzen von abgelehnten Ordner_innen und Leiter_innen oder das Zuwiderhandeln gegen eine Anordnung nach Art. 12 Abs. 1 oder 2 Satz 1, Art. 15 Abs. 1., 2 oder 4 oder gegen eine gerichtliche Beschränkung.

Zusammenfassend lässt sich sagen, dass die größten Änderungen im Kontext der Videoaufzeichnungen und -aufnahmen vorzufinden sind. Die Anforderungen an diese Maßnahmen und an den Umgang mit den Daten wurden erheblich gesteigert. Dies sollte jedoch vor allem als Konsequenz der Entscheidung des BVerfG gesehen werden. Die Hürden wurden auch bei der Datensammlung von Leiter_innen und Ordner_innen erhöht. Dennoch können hier im Gegensatz zum VersG persönliche Daten erhoben werden, welche sich zur Bildung von Persönlichkeitsprofilen eignen. Das BayVersG2010 hat im Verhältnis zum BayVersG2008 einige Milderungen und Abstufungen zu verzeichnen. Diese können als Reaktion auf die Entscheidung des BVerfG gesehen werden, immerhin handelt es sich bei den Änderungen um Punkte, die vom BVerfG kritisch in der Entscheidung zur einstweiligen Anordnung angesprochen wurden und somit eine Haltung des Gerichts suggerieren, die auch im Zusammenhang mit der Entscheidung über die Verfassungsbeschwerde 2011 entscheidend sein wird. Allerdings hat sich der Grundtenor, auch wenn dieser als Reaktion auf das BVErfG abgemildert auftritt, im BayVersG2010 nicht geändert. Es handelt sich lediglich um einige Abwandlungen, der Aufbau und die Intention der einzelnen Paragraphen bestehen weiterhin. Das BayVersG2010 stellt immer noch höhere Anforderungen an die Versammlungsorganisation und immer noch wird das Verhalten von Teilnehmenden stärker reglementiert als im VersG. Darüber hinaus wird die Rolle der jeweiligen Behörde aufgewertet.

5. Diskussion der Ergebnisse

Im Folgenden sollen nun die einzelnen Ergebnisse noch einmal kurz zusammengefasst werden, um darauffolgend den Blick auf die Analyse etwas weiter zu fassen und vor dem theoretischen Hintergrund zu diskutieren.

Die leitende Frage dieser Arbeit war, inwieweit die aktuellen Vorgänge im Versammlungsrecht in Deutschland durch den theoretisch beschriebenen Wandel formeller Sozialkontrolle verstanden werden können. Dabei habe ich das bisherige bundesweite Versammlungsgesetz und das Bayerische Versammlungsgesetz vom 22. Juli 2008 auf das Vorliegen der Elemente einer neuen formellen Sozialkontrolle analysiert und anschließend das aktuelle Bayerische Gesetz im Kontext einer solchen Entwicklung einbezogen. Aus der Frage nach einem Wandel der formellen Sozialkontrolle habe ich Teilfragen abstrahiert, um das Versammlungsrecht auf diesen Wandel hin zu prüfen. Diese Teilfragen bilden die untersuchten acht Kategorien: a) Gefahrenprognose, b) Datenerhebung, c) Anlassunabhängiges Eingreifen, d) Responsibilisierung, e) Verwaltung des Normalen, f) Aufwertung staatlicher Eingriffsbefugnisse, g) Expressive Bestrafung und h) Öffentliche Sicherheit als oberstes Schutzgut.

Hierbei ließ sich in der Analyse feststellen, dass wesentliche Aspekte des Wandels formeller Sozialkontrolle im BayVersG2008 wiederzufinden sind, die in Bezug zum VersG eine Neuerung darstellen. Im BayVersG2008 dienen Gefahrenprognosen (a) als Legitimation weitreichender staatlicher Eingriffe. Die Anforderungen an solche sind vage formuliert bzw. beruhen unter Umständen auf fragwürdigen Informationen, sodass der zuständigen Behörde und der Polizei eine große Definitionsmacht zugesprochen wird. Zudem sind nach dem BayVersG2008 auch Veranstalter_innen verpflichtet, Gefahrenprognosen aufzustellen.

Die Datenerhebung (b), sowohl Personendaten wie auch eine mediale Erfassung, ist im BayVersG2008 im Vergleich zum VersG erheblich ausgeweitet worden und stellt u.a. ebenso die Herabsetzung der Hürde für anlassunabhängiges Eingreifen (c) dar. So scheint die staatliche Registrierung von Versammlungsorganisation und Teilnehmenden im BayVersG2008 zur gängigen Praxis zu gehören und dies sogar unabhängig von einer Gefahrenvermutung.

Weiter zeichnet sich die neue formelle Sozialkontrolle durch eine Verschränkung mit einer informellen Sozialkontrolle in Form einer Responsibilisierung (d) aus. Dabei wird eine solche informelle Sozialkontrolle für Bereiche, die vorher als rein staatliche Aufgabengebiete verstanden wurden, zunächst einmal aufgebaut. In einem Prozess der Responsibilisierung wird der/die Einzelne auf seine/ihre Verantwortung hingewiesen bzw. wird ein solches Verantwortungsbewusstsein geschaffen. So auch im BayVersG2008, nach welchem die Versammlungsleitung nicht nur während der Versammlung für Ordnung sorgen, sondern auch schon im Vorfeld Gefahren erkennen und auf diese reagieren soll. Zwar hat auch im VersG die Leitung die Aufgabe, während der Veranstaltung für Ordnung zu sorgen. Dennoch ist im VersG stärker die Verantwortung der formellen Kontrollinstanzen betont.

Ferner ließ sich zeigen, dass beide Gesetze Elemente der Verwaltung des Normalen (e) aufweisen. Die Einführung von Bannmeilen und historischen Orten, an denen unter bestimmten Umständen keine Versammlung abgehalten werden darf, ist schließlich nicht nur im BayVersG2008 sondern auch im VersG zu finden. Zieht man jedoch in Betracht, dass die Regelung im VersG auch auf eine relativ neue Gesetzesänderung zurückgeht, so lässt sich konstatieren, dass hier eine neue Entwicklung im Versammlungsrecht in Deutschland stattfindet. Die Reglementierung von Kleidung und Auftreten (Militanzverbot) ist im BayVersG2008 weitreichender als im VersG.

Die neue formelle Sozialkontrolle zeichnet sich weiter vor allem durch eine Aufwertung der staatlichen Kontrolle und Eingriffsbefugnisse (f) aus. Dies zeigt sich auch im BayVersG2008, bei welchem die Polizei sich verdeckt in die Versammlung mischen darf. Insgesamt kommt der Polizei und der jeweiligen Behörde eine große Definitions- und Entscheidungsmacht zu, denn sie befinden über mögliche Gefahren, Datenerhebung und die Annahme von Leiter_innen und Ordner_innen. Durch die neue Regelung im BayVersG2008 wird der polizeilichen Tätigkeit und der zuständigen Behörde, d.h. der staatlichen Instanzen, eine größere Selbständigkeit unter weniger Kontrollmechanismen zugesprochen.

Zudem konnte gezeigt werden, dass der Straf- und Bußgeldkatalog durch eine expressive Bestrafung (g) mit Abschreckungsfunktion charakterisiert ist. Festgestellt wurde, dass einerseits die Sanktionierung von Handlungen zugenommen hat und andererseits die Strafmaße bzw. die Bußgelder höher wurden.

Fraglich ist zuletzt, ob die Aufwertung der öffentlichen Sicherheit (h) sich auch im Versammlungsrecht zeigt. Dabei wäre ein Schutzgutwechsel des Gesetzes möglich, bei dem es nicht mehr in erster Linie um das Recht der Bürger_innen sich zu versammeln geht, sondern die Hauptaufgabe des Gesetzes die öffentliche Sicherheit wird. Im VersG bekam die Versammlungsleitung noch Rechte zugesprochen. Im BayVersG2008 dominiert jedoch eindeutig der Pflichtenkatalog. Dazu kommen die schon dargelegten größeren Eingriffsbefugnisse von Polizei und Behörde bei geringeren Legitimationsanforderungen in Form von vagen Gefahrenprognosen. Die Anmeldefrist wurde von 48 auf 72 Stunden verlängert. Des Weiteren gelten viele Maßnahmen, die nach dem VersG nur für Versammlungen draußen zutrafen, nun im BayVersG2008 auch für solche in geschlossenen Räumen. Im BayVersG2008 scheint die Intention vorwiegend die Stärkung der öffentlichen Sicherheit zu sein als die Gewährleistung des Grundrechts auf Versammlungsfreiheit. Das Gesetz zeigt in erster Linie den Versuch, die Möglichkeit für abweichendes Verhalten zu unterbinden und Versammlungen stark zu reglementieren.

Das Bayerische Versammlungsgesetz von 2010 stellt keine Abkehr von dieser Tendenz dar, sondern ist lediglich eine leichte Milderung. Mutmaßlich um verfassungsrechtlichen Entscheidungstendenzen des BVerfG zu genügen, ohne Grundtenor und -intention verschwinden zu lassen. Die Modifikationen lassen nicht ein Versammlungsrecht entstehen, welches vor allem die Ausgestaltung im Sinne eines Grundrechts auf Versammlung zum Ziel hat. Noch immer handelt es sich im BayVersG2010 um die Stärkung von staatlichen Befugnissen, Responsibilisierungs- und Vorverlagerungsprozessen und um eine Erschwerung für die Versammlungsorganisation.

Zusammenfassend lässt sich zeigen, dass wesentliche Aspekte des theoretisch beschriebenen Wandels auch in den Veränderungen im Versammlungsrecht vorliegen. Allerdings hat auch schon das VersG einige Elemente, die der neuen Sozialkontrolle zugerechnet werden können oder die zumindest eine Tendenz dahin aufweisen. Beispiele hierfür können in der ungeklärten Rechtslage zur Video*überwachung* oder auch im Uniformierungsverbot, welches nicht nur zum Verbot von militärischem Auftreten genutzt wurde, gesehen werden. Allerdings ist dies stark von dem jeweiligen Gericht abhängig und nicht eindeutig im Gesetz geregelt. Die Elemente einer neuen formellen Sozialkontrolle manifestieren sich sowohl quantitativ als auch qualitativ deutlich in der Entwicklung des Versammlungsgesetzes in Bayern.

Somit scheinen die theoretischen Ausführungen geeignet, um die Tendenzen im Versammlungsrecht zu verstehen. Dennoch sehe ich zwei Schwierigkeiten in der Erklärungskraft, welche ich kurz erläutern möchte.

Die Idee des *Criminology of the Self* von David Garland wurde auch im Bayerischen Gesetz wiedergefunden. Hierbei handelte es sich hauptsächlich um die anlassunabhängigen Regelungen. Da abweichendes Verhalten potentiell jede/r aufweisen würde, allein abhängig von der Kosten-Nutzen-Situation, wird auch jede/r verdächtig. Die Schlussfolgerung hieraus ist, jede/n im Fokus der Kontrolle und Überwachung zu haben, um so die Kosten und die Gefahr der Entdeckung zu erhöhen und letztendlich ein eventuell abweichendes Verhalten zu verhindern. Dies scheint auch im Versammlungsrecht zu passieren, denn alle Teilnehmenden rücken in den Fokus der staatlichen Erfassung. Charakteristisch für das Element des *Criminology of the Self* ist jedoch weiter, dass es sich dabei um Maßnahmen handelt, die nicht abhängig von personenspezifischen, sondern von situationsspezifischen Merkmalen sind.

Dies ist aber meiner Meinung nach in den Veränderungen des Versammlungsrechts fraglich. Zunächst scheint es bei den Regelungen des BayVersG2008/BayVersG2010 zwar so, als ob in das Visier der Erfassung nicht bestimmte Personen, sondern alle geraten, wie es die Maßnahme der Überblicksaufzeichnung nahelegt. Somit wäre es die Situation „Versammlung“, die die Maßnahme rechtfertigt, nicht die Fokussierung auf eine bestimmte Personengruppe. Dies scheint auch in Anbetracht dessen eingängig, dass es überhaupt Versammlungsgesetze gibt, denn dies allein suggeriert schon den Bedarf zur Reglementierung der Versammlungssituationen. Zudem stellen Versammlungen und hierunter vor allem Demonstrationen aufgrund der Personenanzahl und der den Demonstrationen eigenen emotionalen Aufladung oft unübersichtliche Situationen dar. Einzelne Abweichler_innen fallen hier zum einen nicht stark auf und zum anderen sind sie schwerer polizeilich fassbar. Dem Gedanken der ökonomischen Kriminalitätserklärungen folgend, könnten durch Kontrolle und Überwachung das Entdeckungsrisiko und somit die Kosten eines abweichenden Verhaltens erhöht werden. Demnach würde hier die Tendenz zum situationsspezifischen Vorgehen zutreffen.

Allerdings ist fraglich, inwieweit ein situationsspezifisches Vorgehen innerhalb des Versammlungsrechts nicht auch ein personenspezifisches darstellt bzw. ob diese beiden Vorgehensweisen wirklich eindeutig auseinander zu halten sind. Es sind nämlich nicht alle Teile der Bevölkerung, die sich ab und an zu einer Demonstration zusammenfinden und ihre Meinung kundtun.

Vielmehr handelt es sich um bestimmte politisch aktive Gruppen, die z.B. die Demonstration als Ausdrucksmöglichkeit wählen. Dies mag verschiedene Ursachen haben. Zum einen werden Demonstrationen vor allem von jenen genutzt, die sich anderswo nicht entsprechendes Gehör verschaffen können, beispielsweise weil sie ihre Interessen in der Politik oder auch von einflussreichen wirtschaftlichen Seiten her nicht ausreichend repräsentiert sehen. Dies ist einer der Grundgedanken hinter dem Versammlungsrecht: der Versuch, einen Machtausgleich zu schaffen und Minderheiten eine Plattform zu bieten, bei der sie ihre Interessen zur Sprache bringen können. Des Weiteren herrscht gerade bei Versammlungen unter freiem Himmel oft eine eigene Demonstrationskultur, was Sprechchöre, Musik und Krach anbelangt und sicher je nach Thema unterschiedlich stark ausfällt. Für viele Menschen dürfte dies wohl befremdlich oder auch beängstigend wirken.[21] Diese Überlegungen legen den Schluss nahe, dass Demonstrationen vorwiegend von bestimmten Milieus genutzt werden und ihre Teilnehmer_innen keine Repräsentation der Gesamtbevölkerung darstellen. Sollten diese Vermutungen stimmen, so stellt das Situationsspezifikum, nämlich Demonstration, auch ein Personenspezifikum dar. Der Gedanke liegt demnach nicht fern, dass die leitende Idee bei der neu entstehenden formellen Sozialkontrolle nicht nur die ist, bestimmte Situationen zu kontrollieren, sondern damit auch bestimmte Personengruppen.

Dennoch ist der Gedankengang des *Criminology of the Self* nicht völlig zu verwerfen. Selbst wenn nach dem eben Gesagten nicht nur von einem situationsspezifischen Eingreifen gesprochen werden kann, so ist es doch nicht dasjenige personenspezifische Verhalten, welches zu Zeiten der strafenden Wohlfahrt herrschte. Dieses war nämlich dadurch geprägt, dass aufgrund des Aufweisens von abweichendem Verhalten gehandelt wurde. Im Bay-

---

21 Dies lässt sich vor allem da nachvollziehen, wo es neben den herkömmlichen Demonstrationen alternative Protestmöglichkeiten gibt, die meist eher einen repräsentativen Charakter haben und meiner Wahrnehmung nach in der letzten Zeit zunehmen. Paradebeispiel für diese alternativen Protestmöglichkeiten, wobei diese selbstverständlich nach dem Versammlungsrecht auch eine Versammlung darstellen, sind wohl sogenannte Menschenketten. Beispielsweise haben sich bei den Protesten in Dresden am 13.2.2010 viele Menschen mit Kindern der symbolischen Menschenkette in der Altstadt angeschlossen, die im Gegensatz zu den lauten und teilweise auch mit Ausschreitungen und einer starken Nähe zu den rechtsextremen Demonstrierenden verbundenen Kundgebungsorten in der Dresdener Neustadt, als sehr sicher galt.

VersG2008/BayVersG2010 würde es sich jedoch um eine personenspezifische Reglementierung aufgrund einer Gruppenzugehörigkeit, welche als solche wiederum konstruiert und mit bestimmten Eigenschaften belegt ist bzw. um einen Eingriff vor einer abweichenden Handlung handeln. Somit plädiere ich in dieser Hinsicht für eine leichte Modifizierung von Garlands Unterscheidung zwischen personen- und situationsspezifischem Handeln in dem Sinne, dass bestimmte Situationen vor allem durch bestimmte Personengruppen geprägt sind und deshalb eine strikte Unterscheidung zwischen personen- und situationsspezifisch nicht immer möglich ist. Vielmehr sollte darauf geachtet werden, ob sich hinter situationsspezifischen Regelungen ein bestimmter Umgang mit einer Personengruppe verbergen könnte, d.h. eine Verzahnung von Situation und Person vorliegt.

Die zweite Schwierigkeit die ich sehe, besteht in der Erfassung der Bedeutung von Öffentlichkeit, also darin, ob die Einführung der Regelungen bezüglich der Bannmeilen und historischen Orte mit den theoretischen Ausführungen in einen kohärenten Erklärungszusammenhang gebracht werden können. Zwar zeigt sich hier eine allgemeine Kontrolle und Überwachung, die bestimmte Folgen aus der Sichtbarkeit verdrängen will und sich weniger darum kümmert, ob dies in Bezug auf die Ursachen angemessen ist. Dennoch vermute ich, dass sich hinter diesen neuen Regelungen zu den Orten noch mehr verbirgt. Es ist ein neues Verständnis von territorialer bzw. physischer Öffentlichkeit. Der öffentliche Raum wird hier als einer wahrgenommen, der nicht in erster Linie den Bürger_innen gehört und von diesen gestaltet werden darf und als Raum des Diskurses eingenommen wird, in dem es auch einmal dreckig und laut ist bzw. (ein wenig pathetisch ausgedrückt): der öffentliche Raum als einen Raum, in dem Gesellschaft stattfindet. Vielmehr zeigen die neueren Tendenzen auch im Versammlungsrecht eine Reglementierung des öffentlichen Raumes, welcher frei von sozialer Auseinandersetzung und sozialen Missständen sein soll und letztendlich nur noch dem Nachgehen von Konsumbestrebungen dienen soll.

Dies können an dieser Stelle allerdings nur Vermutungen sein. Letztendlich zielen meine Bestrebungen darauf hinzuweisen, dass es noch weitergehender theoretischer Auseinandersetzung bedarf, um diesen Teil der neueren Tendenzen im Versammlungsrecht angemessen zu dekodieren und somit verstehbar zu machen.

Sicherlich widerspricht dies nicht den theoretischen Überlegungen und könnte auch mit Garlands „Kultur der Kontrolle" vereinbar sein. Dennoch bedürfte es zum Verstehen der Bedeutung des öffentlichen Raumes im Versammlungsrecht in Deutschland noch weiterer theoretischer Grundlagen.

6. Fazit und Ausblick

Die anfängliche Motivation dieser Arbeit war die Veränderung im Versammlungsrecht in Deutschland nicht allein juristisch zu begreifen, sondern mittels einer soziologischen Perspektive zu verstehen. Gezeigt werden konnte, dass sich der theoretisch beschriebene Wandel der formellen Sozialkontrolle weitestgehend zur Beschreibung der Veränderungen zwischen dem VersG und dem BayVersG2008/BayVersG2010 eignet. Die Analyse hat jedoch auch gezeigt, dass es ratsam wäre, weiter zu der Trennschärfe zwischen situations- und personenspezifischen Maßnahmen sowie zu der Bedeutung des öffentlichen Raums zu forschen.

Zudem stellt sich ausgehend von den erzielten Ergebnissen die Frage, inwiefern sich diese neue formelle Sozialkontrolle auf das Handeln von Menschen auswirken könnte. Die höheren bürokratischen Hürden zur Organisation einer Versammlung, die gesteigerte Verantwortung und die persönliche Erfassung auch von Teilnehmenden legen die Vermutung nahe, dass sich Personen, welche ihr Grundrecht auf Versammlungsfreiheit ausüben wollen, kriminalisiert fühlen und abgeschreckt werden. Hierzu gibt es bislang allerdings keine empirische Forschung.

Ferner könnte auch die Frage gestellt werden, inwieweit Tendenzen der neuen formellen Sozialkontrolle in Deutschland die Möglichkeit haben sich durchzusetzen. Schließlich wurden viele Regelungen des hier analysierten BayVersG2008 vorerst vom Bundesverfassungsgericht außer Kraft gesetzt. Auch wenn die Verfassungsbeschwerde noch nicht entschieden ist, kann wohl unter Bezugnahme auf das BayVErsG2010 vermutet werden, dass die deutsche Verfassung per se kein Hindernis für Tendenzen neuer formeller Sozialkontrolle darstellt. Dabei halte ich es für sehr gewagt, im Grundgesetz einen wirklichen Schutzschirm vor übermäßigen staatlichen Eingriffen zu sehen. Erstens liegen in der Rechtsprechung große Bewertungs- und Auslegungsspielräume vor.[22] Zweitens weist das Bundesverfassungsgericht selten Gesetze als Ganzes, sondern nur einzelne Regelungen von Gesetzen zurück, sodass mildere Elemente durchaus bestehen bleiben können, wie im BayVersG2010 geschehen. Des Weiteren wird in den Urteilen erläutert, wie das Gesetz ausgestaltet sein müsste, um

---

22 Der Spielraum des BVerfG ging schließlich sogar schon einmal zur „Erfindung" eines weiteren Grundrechts, nämlich das Recht auf informationelle Selbstbestimmung, konstruiert aus Art. 2 Abs. 1 i.V.m. Art. 1 Abs.1.

mit der Verfassung konform zu sein. Dies führt dazu, dass die jeweilige Intention der Gesetzgebung doch noch verwirklicht werden kann, wenn vielleicht auch in einer etwas schwächeren Form.

Letztendlich können jedoch auch solche Gesetze, die keine lange Rechtskraft hatten, von sozialwissenschaftlichem Interesse sein. Schließlich stellen sie einen Indikator dafür dar, welche Intentionen, Interessen und Vorstellungen über staatliche Sozialkontrolle vorherrschen. Diese existieren unabhängig von der jeweiligen Rechtsfolge und werden nicht durch ein Urteil des Bundesverfassungsgerichts abgeschafft.

Zusammenfassend zeigt sich somit, dass sich ausgehend von den Ergebnissen dieser Arbeit weitere interessante Fragen ergeben, die zu erforschen es sich sicher lohnen würde. Die vorliegende Analyse hat dabei zu zeigen versucht, inwiefern eine bestimmte Gesetzesänderung durch einen Wandel der Sozialkontrolle verstanden werden kann und wie diese dabei eine Idee von einem Ordnen von Gesellschaft preisgibt.

Abkürzungsverzeichnis

Abs.	Absatz
Art.	Artikel
a. F.	alte Fassung
BayVersG2008	Bayerisches Versammlungsgesetz, Stand: 22.7.2008
BayVersG2010	Bayerisches Versammlungsgesetz, Stand: 22.4.2010
BVerfG	Bundesverfassungsgericht
BVerfGE	Bundesverfassungsgerichtsentscheidung
GG	Grundgesetz
n. F.	neue Fassung
OVG	Oberverwaltungsgericht
S.	Satz
SächsVersG	Sächsisches Versammlungsgesetz
StGB	Strafgesetzbuch
VersG	Bundesweites Versammlungsgesetz

Literaturverzeichnis

Becker, Gary S. (1993): Ökonomische Erklärung menschlichen Verhaltens. Tübingen.

Becker, Gary S.; **Becker**, Guity Nashat (1998): Die Ökonomik des Alltags. Tübingen.

Becker, Howard Soul (1981): Außenseiter. Zur Soziologie abweichenden Verhaltens. Frankfurt am Main.

Brenneisen, Hartmut; **Wilksen**, Michael (2007): Versammlungsrecht. Das hoheitliche Eingriffshandeln im Versammlungsgeschehen. Hilden.

Bröckling, Ulrich (2008): Vorbeugen ist besser... Zur Soziologie der Prävention. In: Behemoth. A Journal on Civilisation (1): 38-48.

Butterwegge, Christoph (2006): Krise und Zukunft des Sozialstaates. Wiesbaden.

Castel, Robert (1983): Von der Gefährlichkeit zum Risiko. In: Manfred M. Wambach: Mensch als Risiko. Frankfurt am Main: 51-75.

Cohen, Stanley (1988): Dezentralisierung ernst genommen: Werte, Visionen und Strategien. In: Kriminologisches Journal (1): 10-31.

Cohen, Stanley (1993): Soziale Kontrolle und die Politik der Rekonstruktion. In: Maihofer, Werner; Schelsky, Helmut (Hrsg.): Strafrecht, soziale Kontrolle, soziale Disziplinierung, Jahrbuch für Rechtssoziologie und Rechtstheorie (15): 209-237.

Denninger, Erhard (2008): Prävention und Freiheit. In: Huster, Stefan; Rudolph, Karsten (Hrsg.): Vom Rechtsstaat zum Präventionsstaat. Frankfurt am Main: 85-106.

Dietel, Alfred; **Gintzel**, Kurt; **Kniesel**, Michael (2005): Demonstrations- und Versammlungsfreiheit -Kommentar zum Gesetz über Versammlungen und Aufzüge. Köln, Berlin, München.

Duden (2010): Recht A-Z -Fachlexikon für Studium, Ausbildung und Beruf. Mannheim, Leipzig, Wien, Zürich.

Finkel, Roland (1995): Kriminalitätsverhütung als gesamtgesellschaftliche Aufgabe. In: Rolf Gössner (Hrsg.): Mythos Sicherheit: Der hilflose Schrei nach dem starken Staat. Baden-Baden: 415-429.

Foucault, Michel (1976): Überwachen und Strafen. Frankfurt am Main.

Foucault, Michel (2000): Die Gouvernementalität. In: Bröckling, Ulrich; Krasmann, Susanne; Lemke, Thomas (Hrsg.): Gouvernementalität der Gegenwart. Frankfurt am Main: 41-67.

Funk, Albrecht; **Werkentin**, Falco (1977): Die siebziger Jahre: Das Jahrzehnt innerer Sicherheit? In: Wolf-Dieter Narr (Hrsg.): Wir Bürger als Sicherheitsrisiko -Berufsverbot und Lauschangriff - Beiträge zur Verfassung unserer Republik. Hamburg: 189-209.

Garland, David (2003): Die Kultur der „High Crime Societies". Voraussetzungen einer neuen Politik von „Law and Order". In: KZfSS (43): 36-68.

Garland, David (2008): Kultur der Kontrolle. Frankfurt, New York.

Gintzel, Kurt (2010): Beabsichtigte Länderversammlungsgesetze - Ein vermeidbares Ärgernis. In: Die Polizei 101(1): 1-32.

Göppinger, Hans (2008): (Hrsg. M. Bock) Kriminologie. München.

Hirsch, Joachim; **Roth**, Roland (1986): Das neue Gesicht des Kapitalismus - Vom Fordismus zum Post-Fordismus. Hamburg.

Hoffmann-Riem, Wolfgang (2002): Neuere Rechtsprechung des BVerfG zur Versammlungsfreiheit. In: Neue Zeitschrift für Verwaltungsrecht (21): 257-265.

Homans, George Caspar (1970): Theorie der sozialen Gruppe. Köln.

Janowitz, Morris (1973): Wissenstheoretischer Überblick zur Entwicklung des Grundbegriffs „Soziale Kontrolle". In: KZfSS (23): 499-514.

Kaiser, Günther (1997): Kriminologie. Heidelberg.

Kaiser, Günther (2005): „Moderne und Postmoderne Kriminalpolitik als Probleme des Strukturvergleichs". In: Arnold, Jörg (u.a. Hrg.): Menschengerechtes Strafrecht. Festschrift für Albin Eser zum 70. Geburtstag. München.

Karstedt, Susanne; **Oberwittler**, Dietrich (2003): Neue Perspektiven der Kriminalsoziologie. In: KZfSS (43): 7-35.

Kern, Horst; **Schumann**, Michael (1990): Das Ende der Arbeitsteilung? Rationalisierung in der industriellen Produktion. München.

Kreissl, Reinhard (1981): Die präventive Polizei - Auf dem Weg zur gläsernen Gesellschaft? In: Kritische Justiz (14) 2: 128-138.

Lamnek, Siegfried (1990): Kriminalitätsberichterstattung in den Massenmedien als Problem. In: Monatsschrift für Kriminologie und Strafrechtsreform (73): 163-176.

Lamnek, Siegfried (1997): Neue Theorien abweichenden Verhaltens. München.

Larenz, Karl (1992): Methodenlehre der Rechtswissenschaft. Berlin, Heidelberg, New York, London, Paris, Tokyo, Hong Kong, Barcelona, Budapest.

Laubinger, Hans-Werner; **Repkewitz**, Ulrich (2002): Die Versammlung in verfassungs- und verwaltungsgerichtlichen Rechtsprechung -2. Teil-. In: Verwaltungsarchiv - Zeitschrift für Verwaltungslehre, Verwaltungsrecht und Verwaltungspolitik (93): 149-185.

Leyendecker, Natalie Andrea (2002): (Re-)Sozialisierung und Verfassungsrecht. Berlin.

Link, Jürgen (2009): Versuch über den Normalismus. Göttingen.

Luhmann, Niklas (2003): Soziologie des Risikos. Berlin, New York.

Narr, Wolf-Dieter (1977): Wir Bürger als Sicherheitsrisiko - Berufsverbot und Lauschangriff - Beiträge zur Verfassung unserer Republik. Hamburg.

Naucke, Wolfgang (1999): Konturen eines nach-präventiven Strafrechts. In: Kritische Vierteljahresschrift für Gesetzgebung und Rechtswissenschaft 82 (3): 336-354.

Mayring, Philipp (2008): Qualitative Inhaltsanalyse. Weinheim, Basel.

MacIver, Robert Morrison (1953): Macht und Autorität. Frankfurt.

Mühler, Kurt (2000): Strafverlangen - Bedingungen für die Variation von Erwartungen an die Strafpraxis des Staates. In: Metze, R.; Mühler, K.; Opp, K.D. (Hrsg.): Normen und Institutionen: Entstehung und Wirkungen. Leipzig: 205-234.

Przyborski, Aglaja; **Wohlrab-Sahr**, Monika (2009): Qualitative Sozialforschung. München.

Rose, Nikolas (2000): Tod des Sozialen? Eine Neubestimmung der Grenzen des Regierens. In: Bröckling, U.; Krasmann, S.; Lemke, T (Hrsg.): Gouvernementalität der Gegenwart - Studien zur Ökonomisierung des Sozialen. Frankfurt am Main: 72-109.

Sack, Fritz (1993): Strafrechtliche Kontrolle und Sozialdisziplinierung. In: Maihofer, Werner; Schelsky, Helmut (Hrsg.): Strafrecht, soziale Kontrolle, soziale Disziplinierung, Jahrbuch für Rechtssoziologie und Rechtstheorie (15): 16-45.

Sack, Fritz (1995): Prävention - ein alter Gedanke in neuem Gewand. In: Rolf Gössner (Hrsg.): Mythos Sicherheit: Der hilflose Schrei nach dem starken Staat. Baden-Baden: 429-456.

Singelnstein, Tobias; **Stolle**, Peer (2008): Die Sicherheitsgesellschaft. Wiesbaden.

Scheidler, Alfred (2008): Bayerisches Versammlungsgesetz - Textausgabe mit Einführung. Stuttgart.

Schneider, Hans Joachim (1987): Kriminologie. Berlin, New York.

Schülein, Johann A. (1983): Gesellschaftliche Entwicklung und Prävention. In: Manfred M. Wambach (Hrsg.): Mensch als Risiko. Frankfurt am Main: 13-28.

Ullrich, Peter (2009): Überwachung und Prävention. Oder: Das Ende der Kritik. In: Leipziger Kamera. Initiative gegen Überwachung (Hrsg.): Kontrollverluste -Interventionen gegen Überwachung. Münster: 57-67.

Vobruba, Georg (1983a): Politik mit dem Wohlfahrtsstaat. Frankfurt am Main.

Vobruba, Georg (1983b): Prävention durch Selbstkontrolle. In: Manfred M. Wambach (Hrsg.): Der Mensch als Risiko. Frankfurt am Main: 29-47.

von Liszt, Franz (2002): Der Zweckgedanke im Strafrecht. Baden-Baden.

Wambach, Manfred M. (1983): Der Mensch als Risiko. Frankfurt am Main.

Winkler, Jürgen R. (2000): Rechtsextremismus - Gegenstand - Erklärungsansätze - Grundprobleme. In: Schubarth, Wilfried; Stöss, Richard (Hrsg.): Rechtsextremismus in der Bundesrepublik Deutschland - Eine Bilanz. Bonn: 38-68.

Wollinger, Gina R.; **Ullrich**, Peter (2011): Videoüberwachung von Versammlungen und Demonstrationen. Blick auf ein verwaistes Forschungsfeld. In: Nils Zurawski (Hrsg.): Überwachungspraxen. Opladen: 138-156.

Anhang

Bisheriges bundesweites Versammlungsgesetz (VersG)

Abschnitt I Allgemeines

§ 1 [Versammlungsrecht]

(1) Jedermann hat das Recht, öffentliche Versammlungen und Aufzüge zu veranstalten und an solchen Veranstaltungen teilzunehmen.
(2) Dieses Recht hat nicht,

1. wer das Grundrecht der Versammlungsfreiheit gemäß Artikel 18 des Grundgesetzes verwirkt hat,
2. wer mit der Durchführung oder Teilnahme an einer solchen Veranstaltung die Ziele einer nach Artikel 21 Abs. 2 des Grundgesetzes durch das Bundesverfassungsgericht für verfassungswidrig erklärten Partei oder Teil- oder Ersatzorganisation einer Partei fördern will,
3. eine Partei, die nach Artikel 21 Abs. 2 des Grundgesetzes durch das Bundesverfassungsgericht für verfassungswidrig erklärt worden ist, oder
4. eine Vereinigung, die nach Artikel 9 Abs. 2 des Grundgesetzes verboten ist.

§ 2 [Namensangabe des Veranstalters, Störungs- und Waffentragungsverbot]

(1) Wer zu einer öffentlichen Versammlung oder zu einem Aufzug öffentlich einlädt, muß als Veranstalter in der Einladung seinen Namen angeben.
(2) Bei öffentlichen Versammlungen und Aufzügen hat jedermann Störungen zu unterlassen, die bezwecken, die ordnungsmäßige Durchführung zu verhindern.
(3) [1]Niemand darf bei öffentlichen Versammlungen oder Aufzügen Waffen oder sonstige Gegenstände, die ihrer Art nach zur Verletzung von Personen oder zur Beschädigung von Sachen geeignet und bestimmt sind, mit sich führen, ohne dazu behördlich ermächtigt zu sein.

[2]Ebenso ist es verboten, ohne behördliche Ermächtigung Waffen oder die in Satz 1 genannten Gegenstände auf dem Weg zu öffentlichen Versammlungen oder Aufzügen mit sich zu führen, zu derartigen Veranstaltungen hinzuschaffen oder sie zur Verwendung bei derartigen Veranstaltungen bereitzuhalten oder zu verteilen.

§ 3 [Uniformverbot]
(1) Es ist verboten, öffentlich oder in einer Versammlung Uniformen, Uniformteile oder gleichartige Kleidungsstücke als Ausdruck einer gemeinsamen politischen Gesinnung zu tragen.
(2) [1]Jugendverbänden, die sich vorwiegend der Jugendpflege widmen, ist auf Antrag für ihre Mitglieder eine Ausnahmegenehmigung von dem Verbot des Absatzes 1 zu erteilen. [2]Zuständig ist bei Jugendverbänden, deren erkennbare Organisation oder Tätigkeit sich über das Gebiet eines Landes hinaus erstreckt, der Bundesminister des Innern, sonst die oberste Landesbehörde. [3]Die Entscheidung des Bundesministers des Innern ist im Bundesanzeiger und im Gemeinsamen Ministerialblatt, die der obersten Landesbehörden in ihren amtlichen Mitteilungsblättern bekanntzumachen.

§ 4 (weggefallen)

Abschnitt II Öffentliche Versammlungen in geschlossenen Räumen

§ 5 [Verbot von Versammlungen in geschlossenen Räumen]
Die Abhaltung einer Versammlung kann nur im Einzelfall und nur dann verboten werden, wenn

1. der Veranstalter unter die Vorschriften des § 1 Abs. 2 Nr. 1 bis 4 fällt, und im Falle der Nummer 4 das Verbot durch die zuständige Verwaltungsbehörde festgestellt worden ist,

2. der Veranstalter oder Leiter der Versammlung Teilnehmern Zutritt gewährt, die Waffen oder sonstige Gegenstände im Sinne von § 2 Abs. 3 mit sich führen,
3. Tatsachen festgestellt sind, aus denen sich ergibt, daß der Veranstalter oder sein Anhang einen gewalttätigen oder aufrührerischen Verlauf der Versammlung anstreben,
4. Tatsachen festgestellt sind, aus denen sich ergibt, daß der Veranstalter oder sein Anhang Ansichten vertreten oder Äußerungen dulden werden, die ein Verbrechen oder ein von Amts wegen zu verfolgendes Vergehen zum Gegenstand haben.

§ 6 [Ausschlussrecht bestimmter Personen]

(1) Bestimmte Personen oder Personenkreise können in der Einladung von der Teilnahme an einer Versammlung ausgeschlossen werden.
(2) Pressevertreter können nicht ausgeschlossen werden; sie haben sich dem Leiter der Versammlung gegenüber durch ihren Presseausweis ordnungsgemäß auszuweisen.

§ 7 [Versammlungsleiter]

(1) Jede öffentliche Versammlung muß einen Leiter haben.
(2) [1]Leiter der Versammlung ist der Veranstalter. [2]Wird die Versammlung von einer Vereinigung veranstaltet, so ist ihr Vorsitzender der Leiter.
(3) Der Veranstalter kann die Leitung einer anderen Person übertragen.
(4) Der Leiter übt das Hausrecht aus.

§ 8 [Aufgaben des Versammlungsleiters]

[1]Der Leiter bestimmt den Ablauf der Versammlung. [2]Er hat während der Versammlung für Ordnung zu sorgen. [3]Er kann die Versammlung jederzeit unterbrechen oder schließen. [4]Er bestimmt, wann eine unterbrochene Versammlung fortgesetzt wird.

§ 9 [Ordner]

(1) [1]Der Leiter kann sich bei der Durchführung seiner Rechte aus § 8 der Hilfe einer angemessenen Zahl ehrenamtlicher Ordner bedienen. [2]Diese dürfen keine Waffen oder sonstigen Gegenstände im Sinne von § 2 Abs. 3 mit sich führen, müssen volljährig und ausschließlich durch weiße Armbinden, die nur die Bezeichnung „Ordner" tragen dürfen, kenntlich sein.

(2) [1]Der Leiter ist verpflichtet, die Zahl der von ihm bestellten Ordner der Polizei auf Anfordern mitzuteilen. [2]Die Polizei kann die Zahl der Ordner angemessen beschränken.

§ 10 [Folgepflicht der Versammlungsteilnehmer]
Alle Versammlungsteilnehmer sind verpflichtet, die zur Aufrechterhaltung der Ordnung getroffenen Anweisungen des Leiters oder der von ihm bestellten Ordner zu befolgen.

§ 11 [Ausschluss von Störern]
(1) Der Leiter kann Teilnehmer, welche die Ordnung gröblich stören, von der Versammlung ausschließen.
(2) Wer aus der Versammlung ausgeschlossen wird, hat sie sofort zu verlassen.

§ 12 [Polizeibeamte]
[1]Werden Polizeibeamte in eine öffentliche Versammlung entsandt, so haben sie sich dem Leiter zu erkennen zu geben. [2]Es muß ihnen ein angemessener Platz eingeräumt werden.

§ 12a [1] [Bild- und Tonaufnahmen durch die Polizei]
(1) [1]Die Polizei darf Bild- und Tonaufnahmen von Teilnehmern bei oder im Zusammenhang mit öffentlichen Versammlungen nur anfertigen, wenn tatsächliche Anhaltspunkte die Annahme rechtfertigen, daß von ihnen erhebliche Gefahren für die öffentliche Sicherheit oder Ordnung ausgehen. [2]Die Maßnahmen dürfen auch durchgeführt werden, wenn Dritte unvermeidbar betroffen werden.
(2) [1]Die Unterlagen sind nach Beendigung der öffentlichen Versammlung oder zeitlich und sachlich damit unmittelbar im Zusammenhang stehender Ereignisse unverzüglich zu vernichten, soweit sie nicht benötigt werden

1. für die Verfolgung von Straftaten von Teilnehmern oder
2. im Einzelfall zur Gefahrenabwehr, weil die betroffene Person verdächtig ist, Straftaten bei oder im Zusammenhang mit der öffentlichen Versammlung vorbereitet oder begangen zu haben, und deshalb zu besorgen ist, daß von ihr erhebliche Gefahren für künftige öffentliche Versammlungen oder Aufzüge ausgehen.

[2]Unterlagen, die aus den in Satz 1 Nr. 2 aufgeführten Gründen nicht vernichtet wurden, sind in jedem Fall spätestens nach Ablauf von drei

---

[1] § 12a eingef. durch G v. 9. 6. 1989 (BGBl. I S. 1059).

Jahren seit ihrer Entstehung zu vernichten, es sei denn, sie würden inzwischen zu dem in Satz 1 Nr. 1 aufgeführten Zweck benötigt.
(3) Die Befugnisse zur Erhebung personenbezogener Informationen nach Maßgabe der Strafprozeßordnung und des Gesetzes über Ordnungswidrigkeiten bleiben unberührt.

§ 13 [Polizeiliche Auflösung von Versammlungen]
(1) [1]Die Polizei (§ 12) kann die Versammlung nur dann und unter Angabe des Grundes auflösen, wenn

1. der Veranstalter unter die Vorschriften des § 1 Abs. 2 Nr. 1 bis 4 fällt, und im Falle der Nummer 4 das Verbot durch die zuständige Verwaltungsbehörde festgestellt worden ist,
2. die Versammlung einen gewalttätigen oder aufrührerischen Verlauf nimmt oder unmittelbare Gefahr für Leben und Gesundheit der Teilnehmer besteht,
3. der Leiter Personen, die Waffen oder sonstige Gegenstände im Sinne von § 2 Abs. 3 mit sich führen, nicht sofort ausschließt und für die Durchführung des Ausschlusses sorgt,
4. durch den Verlauf der Versammlung gegen Strafgesetze verstoßen wird, die ein Verbrechen oder von Amts wegen zu verfolgendes Vergehen zum Gegenstand haben, oder wenn in der Versammlung zu solchen Straftaten aufgefordert oder angereizt wird und der Leiter dies nicht unverzüglich unterbindet.

[2]In den Fällen der Nummern 2 bis 4 ist die Auflösung nur zulässig, wenn andere polizeiliche Maßnahmen, insbesondere eine Unterbrechung, nicht ausreichen.
(2) Sobald eine Versammlung für aufgelöst erklärt ist, haben alle Teilnehmer sich sofort zu entfernen.

Abschnitt III Öffentliche Versammlungen unter freiem Himmel und Aufzüge

§ 14 [Anmeldungspflicht]

(1) Wer die Absicht hat, eine öffentliche Versammlung unter freiem Himmel oder einen Aufzug zu veranstalten, hat dies spätestens 48 Stunden vor der Bekanntgabe der zuständigen Behörde unter Angabe des Gegenstandes der Versammlung oder des Aufzuges anzumelden.
(2) In der Anmeldung ist anzugeben, welche Person für die Leitung der Versammlung oder des Aufzuges verantwortlich sein soll.

§ 15 [Verbot von Versammlungen im Freien, Auflagen, Auflösung][23]

(1) Die zuständige Behörde kann die Versammlung oder den Aufzug verbieten oder von bestimmten Auflagen abhängig machen, wenn nach den zur Zeit des Erlasses der Verfügung erkennbaren Umständen die öffentliche Sicherheit oder Ordnung bei Durchführung der Versammlung oder des Aufzuges unmittelbar gefährdet ist.
(2) [1]Eine Versammlung oder ein Aufzug kann insbesondere verboten oder von bestimmten Auflagen abhängig gemacht werden, wenn

1. die Versammlung oder der Aufzug an einem Ort stattfindet, der als Gedenkstätte von historisch herausragender, überregionaler Bedeutung an die Opfer der menschenunwürdigen Behandlung unter der nationalsozialistischen Gewalt- und Willkürherrschaft erinnert, und
2. nach den zur Zeit des Erlasses der Verfügung konkret feststellbaren Umständen zu besorgen ist, dass durch die Versammlung oder den Aufzug die Würde der Opfer beeinträchtigt wird.

[2]Das Denkmal für die ermordeten Juden Europas in Berlin ist ein Ort nach Satz 1 Nr. 1. [3]Seine Abgrenzung ergibt sich aus der Anlage zu diesem Gesetz. 4Andere Orte nach Satz 1 Nr. 1 und deren Abgrenzung werden durch Landesgesetz bestimmt.
(3) Sie kann eine Versammlung oder einen Aufzug auflösen, wenn sie nicht angemeldet sind, wenn von den Angaben der Anmeldung abgewichen oder den Auflagen zuwidergehandelt wird oder wenn die Voraussetzungen zu einem Verbot nach Absatz 1 oder 2 gegeben sind.
(4) Eine verbotene Veranstaltung ist aufzulösen.

---

23 § 15 Abs. 2 eingef., bish. Abs. 2 und 3 werden Abs. 3 und 4 und Abs. 3 geänd. mWv 1. 4. 2005 durch G v. 24. 3. 2005 (BGBl. I S. 969).

§ 16 [Bannkreise][24]

(1) [1]Öffentliche Versammlungen unter freiem Himmel und Aufzüge sind innerhalb des befriedeten Bannkreises der Gesetzgebungsorgane der Länder verboten. [2]Ebenso ist es verboten, zu öffentlichen Versammlungen unter freiem Himmel oder Aufzügen nach Satz 1 aufzufordern.

(2) Die befriedeten Bannkreise für die Gesetzgebungsorgane der Länder werden durch Landesgesetze bestimmt.

(3) Das Weitere regeln die Bannmeilengesetze der Länder.

§ 17 [Ausnahme für religiöse Feiern usw., Volksfeste]

Die §§ 14 bis 16 gelten nicht für Gottesdienste unter freiem Himmel, kirchliche Prozessionen, Bittgänge und Wallfahrten, gewöhnliche Leichenbegängnisse, Züge von Hochzeitsgesellschaften und hergebrachte Volksfeste.

§ 17a [Schutzwaffenverbot, Vermummungsverbot][25]

(1) Es ist verboten, bei öffentlichen Versammlungen unter freiem Himmel, Aufzügen oder sonstigen öffentlichen Veranstaltungen unter freiem Himmel oder auf dem Weg dorthin Schutzwaffen oder Gegenstände, die als Schutzwaffen geeignet und den Umständen nach dazu bestimmt sind, Vollstreckungsmaßnahmen eines Trägers von Hoheitsbefugnissen abzuwehren, mit sich zu führen.

(2) Es ist auch verboten,

1. an derartigen Veranstaltungen in einer Aufmachung, die geeignet und den Umständen nach darauf gerichtet ist, die Feststellung der Identität zu verhindern, teilzunehmen oder den Weg zu derartigen Veranstaltungen in einer solchen Aufmachung zurückzulegen,
2. bei derartigen Veranstaltungen oder auf dem Weg dorthin Gegenstände mit sich zu führen, die geeignet und den Umständen nach dazu bestimmt sind, die Feststellung der Identität zu verhindern.

(3) [1]Die Absätze 1 und 2 gelten nicht, wenn es sich um Veranstaltungen im Sinne des § 17 handelt. [2]Die zuständige Behörde kann weitere

---

24 § 16 Abs. 1 Satz 2 angef., bish. Wortlaut wird Satz 1 und Abs. 3 geänd. durch G v. 11. 8. 1999 (BGBl. I S. 1818); Abs. 1 Satz 1, Abs. 2 und Abs. 3 geänd. mWv 11. 12. 2008 durch G v. 8. 12. 2008 (BGBl. I S. 2366).

25 § 17a eingef. durch G v. 18. 7. 1985 (BGBl. I S. 1511); neu gef. durch G v. 9. 6. 1989 (BGBl. I S. 1059).

Ausnahmen von den Verboten der Absätze 1 und 2 zulassen, wenn eine Gefährdung der öffentlichen Sicherheit oder Ordnung nicht zu besorgen ist.
(4) [1]Die zuständige Behörde kann zur Durchsetzung der Verbote der Absätze 1 und 2 Anordnungen treffen. [2]Sie kann insbesondere Personen, die diesen Verboten zuwiderhandeln, von der Veranstaltung ausschließen.

§ 18 [Besondere Vorschriften für Versammlungen unter freiem Himmel]
(1) Für Versammlungen unter freiem Himmel sind § 7 Abs. 1, §§ 8, 9 Abs. 1, §§ 10, 11 Abs. 2, §§ 12 und 13 Abs. 2 entsprechend anzuwenden.
(2) [1]Die Verwendung von Ordnern bedarf polizeilicher Genehmigung. [2]Sie ist bei der Anmeldung zu beantragen.
(3) Die Polizei kann Teilnehmer, welche die Ordnung gröblich stören, von der Versammlung ausschließen.

§ 19 [Besondere Vorschriften für Aufzüge]
(1) [1]Der Leiter des Aufzuges hat für den ordnungsmäßigen Ablauf zu sorgen. [2]Er kann sich der Hilfe ehrenamtlicher Ordner bedienen, für welche § 9 Abs. 1 und § 18 gelten.
(2) Die Teilnehmer sind verpflichtet, die zur Aufrechterhaltung der Ordnung getroffenen Anordnungen des Leiters oder der von ihm bestellten Ordner zu befolgen.
(3) Vermag der Leiter sich nicht durchzusetzen, so ist er verpflichtet, den Aufzug für beendet zu erklären.
(4) Die Polizei kann Teilnehmer, welche die Ordnung gröblich stören, von dem Aufzug ausschließen.

§ 19a [Bild- und Tonaufnahmen durch die Polizei][26]
Für Bild- und Tonaufnahmen durch die Polizei bei Versammlungen unter freiem Himmel und Aufzügen gilt § 12a.

§ 20 [Einschränkung des Grundrechts der Versammlungsfreiheit]
Das Grundrecht des Artikels 8 des Grundgesetzes wird durch die Bestimmungen dieses Abschnitts eingeschränkt.

---

[26] § 19a eingef. durch G v. 9. 6. 1989 (BGBl. I S. 1059).

Abschnitt IV Straf- und Bußgeldvorschriften

§ 21 [Störung von Versammlungen und Aufzügen]

Wer in der Absicht, nichtverbotene Versammlungen oder Aufzüge zu verhindern oder zu sprengen oder sonst ihre Durchführung zu vereiteln, Gewalttätigkeiten vornimmt oder androht oder grobe Störungen verursacht, wird mit Freiheitsstrafe bis zu drei Jahren oder mit Geldstrafe bestraft.

§ 22 [Beeinträchtigung und Bedrohung der Versammlungsleitung und Ordner]

Wer bei einer öffentlichen Versammlung oder einem Aufzug dem Leiter oder einem Ordner in der rechtmäßigen Ausübung seiner Ordnungsbefugnisse mit Gewalt oder Drohung mit Gewalt Widerstand leistet oder ihn während der rechtmäßigen Ausübung seiner Ordnungsbefugnisse tätlich angreift, wird mit Freiheitsstrafe bis zu einem Jahr oder mit Geldstrafe bestraft.

§ 23 [Öffentliche Aufforderung zur Teilnahme an verbotener Versammlung][27]

Wer öffentlich in einer Versammlung oder durch Verbreiten von Schriften, Ton- oder Bildträgern, Abbildungen oder anderen Darstellungen zur Teilnahme an einer öffentlichen Versammlung oder einem Aufzug auffordert, nachdem die Durchführung durch ein vollziehba-

---

27 § 23 eingef. durch G v. 9. 6. 1989 (BGBl. I S. 1059).

res Verbot untersagt oder die Auflösung angeordnet worden ist, wird mit Freiheitsstrafe bis zu einem Jahr oder mit Geldstrafe bestraft.

§ 24 [Verwendung bewaffneter Ordner]
Wer als Leiter einer öffentlichen Versammlung oder eines Aufzuges Ordner verwendet, die Waffen oder sonstige Gegenstände, die ihrer Art nach zur Verletzung von Personen oder Beschädigung von Sachen geeignet und bestimmt sind, mit sich führen, wird mit Freiheitsstrafe bis zu einem Jahr oder mit Geldstrafe bestraft.

§ 25 [Abweichende Durchführung von Versammlungen und Aufzügen][28]
Wer als Leiter einer öffentlichen Versammlung unter freiem Himmel oder eines Aufzuges

1. die Versammlung oder den Aufzug wesentlich anders durchführt, als die Veranstalter bei der Anmeldung angegeben haben, oder
2. Auflagen nach § 15 Abs. 1 oder 2 nicht nachkommt,

wird mit Freiheitsstrafe bis zu sechs Monaten oder mit Geldstrafe bis zu einhundertachtzig Tagessätzen bestraft.

§ 26 [Abhaltung verbotener oder nicht angemeldeter Versammlungen und Aufzüge]
Wer als Veranstalter oder Leiter

1. eine öffentliche Versammlung oder einen Aufzug trotz vollziehbaren Verbots durchführt oder trotz Auflösung oder Unterbrechung durch die Polizei fortsetzt oder
2. eine öffentliche Versammlung unter freiem Himmel oder einen Aufzug ohne Anmeldung (§ 14) durchführt, wird mit Freiheitsstrafe bis zu einem Jahr oder mit Geldstrafe bestraft.

§ 27 [Führung von Waffen][29]
(1) [1]Wer bei öffentlichen Versammlungen oder Aufzügen Waffen oder sonstige Gegenstände, die ihrer Art nach zur Verletzung von Personen oder Beschädigung von Sachen geeignet und bestimmt sind, mit sich führt, ohne dazu behördlich ermächtigt zu sein, wird mit Freiheitsstrafe bis zu einem Jahr oder mit Geldstrafe bestraft. [2]Ebenso wird be-

---

[28] § 25 Nr. 2 geänd. mWv 1. 4. 2005 durch G v. 24. 3. 2005 (BGBl. I S. 969).

[29] § 27 Abs. 2 angef., bish. Wortlaut wird Abs. 1 durch G v. 9. 6. 1989 (BGBl. I S. 1059).

straft, wer ohne behördliche Ermächtigung Waffen oder sonstige Gegenstände im Sinne des Satzes 1 auf dem Weg zu öffentlichen Versammlungen oder Aufzügen mit sich führt, zu derartigen Veranstaltungen hinschafft oder sie zur Verwendung bei derartigen Veranstaltungen bereithält oder verteilt.

(2) Wer

1. entgegen § 17a Abs. 1 bei öffentlichen Versammlungen unter freiem Himmel, Aufzügen oder sonstigen öffentlichen Veranstaltungen unter freiem Himmel oder auf dem Weg dorthin Schutzwaffen oder Gegenstände, die als Schutzwaffen geeignet und den Umständen nach dazu bestimmt sind, Vollstreckungsmaßnahmen eines Trägers von Hoheitsbefugnissen abzuwehren, mit sich führt,

2. entgegen § 17a Abs. 2 Nr. 1 an derartigen Veranstaltungen in einer Aufmachung, die geeignet und den Umständen nach darauf gerichtet ist, die Feststellung der Identität zu verhindern, teilnimmt oder den Weg zu derartigen Veranstaltungen in einer solchen Aufmachung zurücklegt oder

3. sich im Anschluß an oder sonst im Zusammenhang mit derartigen Veranstaltungen mit anderen zusammenrottet und dabei

   a) Waffen oder sonstige Gegenstände, die ihrer Art nach zur Verletzung von Personen oder Beschädigung von Sachen geeignet und bestimmt sind, mit sich führt,

   b) Schutzwaffen oder sonstige in Nummer 1 bezeichnete Gegenstände mit sich führt oder

   c) in der in Nummer 2 bezeichneten Weise aufgemacht ist,

wird mit Freiheitsstrafe bis zu einem Jahr oder mit Geldstrafe bestraft.

§ 28 [Verstöße gegen Uniform- und politisches Kennzeichenverbot]

Wer der Vorschrift des § 3 zuwiderhandelt, wird mit Freiheitsstrafe bis zu zwei Jahren oder mit Geldstrafe bestraft.

§ 29 [Ordnungswidrigkeiten][30]

(1) Ordnungswidrig handelt, wer

1. an einer öffentlichen Versammlung oder einem Aufzug teilnimmt, deren Durchführung durch vollziehbares Verbot untersagt ist,

---

30 § 29 Abs. 1 Nr. 1a neu gef. und Nr. 1b aufgeh. durch G v. 9. 6. 1989 (BGBl. I S. 1059); Abs. 1 Nr. 3 geänd. mWv 1. 4. 2005 durch G v. 24. 3. 2005 (BGBl. I S. 969).

1a. entgegen § 17a Abs. 2 Nr. 2 bei einer öffentlichen Versammlung unter freiem Himmel, einen Aufzug oder einer sonstigen öffentlichen Veranstaltung unter freiem Himmel oder auf dem Weg dorthin Gegenstände, die geeignet und den Umständen nach dazu bestimmt sind, die Feststellung der Identität zu verhindern, mit sich führt,
1b. *[aufgehoben]*
2. sich trotz Auflösung einer öffentlichen Versammlung oder eines Aufzuges durch die zuständige Behörde nicht unverzüglich entfernt,
3. als Teilnehmer einer öffentlichen Versammlung unter freiem Himmel oder eines Aufzuges einer vollziehbaren Auflage nach § 15 Abs. 1 oder 2 nicht nachkommt,
4. trotz wiederholter Zurechtweisung durch den Leiter oder einen Ordner fortfährt, den Ablauf einer öffentlichen Versammlung oder eines Aufzuges zu stören,
5. sich nicht unverzüglich nach seiner Ausschließung aus einer öffentlichen Versammlung oder einem Aufzug entfernt,
6. der Aufforderung der Polizei, die Zahl der von ihm bestellten Ordner mitzuteilen, nicht nachkommt oder eine unrichtige Zahl mitteilt (§ 9 Abs. 2),
7. als Leiter oder Veranstalter einer öffentlichen Versammlung oder eines Aufzuges eine größere Zahl von Ordnern verwendet, als die Polizei zugelassen oder genehmigt hat (§ 9 Abs. 2, § 18 Abs. 2), oder Ordner verwendet, die anders gekennzeichnet sind, als es nach § 9 Abs. 1 zulässig ist, oder
8. als Leiter den in eine öffentliche Versammlung entsandten Polizeibeamten die Anwesenheit verweigert oder ihnen keinen angemessenen Platz einräumt.

(2) Die Ordnungswidrigkeit kann in den Fällen des Absatzes 1 Nr. 1 bis 5 mit einer Geldbuße bis *tausend Deutsche Mark*[31] und in den Fällen des Absatzes 1 Nr. 6 bis 8 mit einer Geldbuße bis zu *fünftausend Deutsche Mark*[32] geahndet werden.

---

31 Der Betrag wurde amtlich noch nicht auf Euro umgestellt; 1 Euro = 1,95583 DM.

32 Der Betrag wurde amtlich noch nicht auf Euro umgestellt; 1 Euro = 1,95583 DM.

§ 29a [Ordnungswidrigkeiten][33]

(1) Ordnungswidrig handelt, wer entgegen § 16 Abs. 1 an einer öffentlichen Versammlung unter freiem Himmel oder an einem Aufzug teilnimmt oder zu einer öffentlichen Versammlung unter freiem Himmel oder zu einem Aufzug auffordert.
(2) Die Ordnungswidrigkeit kann mit einer Geldbuße bis zu *dreißigtausend Deutsche Mark*[34] geahndet werden.

§ 30 [Einziehung][35]

[1]Gegenstände, auf die sich eine Straftat nach § 27 oder § 28 oder eine Ordnungswidrigkeit nach § 29 Abs. 1 Nr. 1a oder 3 bezieht, können eingezogen werden. [2]§ 74a des Strafgesetzbuches und § 23 des Gesetzes über Ordnungswidrigkeiten sind anzuwenden.

Abschnitt V Schlußbestimmungen

§ 31 (Aufhebungsvorschriften)
§ 32 [gegenstandslos]
§ 33 (Inkrafttreten)

§ 31 (Aufhebungsvorschriften)
§ 32 [gegenstandslos]
§ 33 (Inkrafttreten)

Anlage[36]

(zu § 15 Abs. 2)
Anlage
Die Abgrenzung des Ortes nach § 15 Abs. 2 Satz 2 (Denkmal für die ermordeten Juden Europas) umfasst das Gebiet der Bundeshauptstadt Berlin, das umgrenzt wird durch die Ebertstraße, zwischen der Straße In den Ministergärten bzw. Lennéstraße und der Umfahrung Platz des 18. März, einschließlich des unbefestigten Grünflächenbereichs Ebertpromenade und des Bereichs der unbefestigten Grünfläche im Bereich des J.-W.-von-Goethe-Denkmals, die Behrenstraße, zwischen Ebertstraße und Wilhelmstraße, die Cora-Berliner-Straße, die Gertrud-Kolmar-Straße, nördlich der Einmündung der Straße In den Minister-

---

33 § 29a eingef. durch G v. 11. 8. 1999 (BGBl. I S. 1818).

34 Der Betrag wurde amtlich noch nicht auf Euro umgestellt; 1 Euro = 1,95583 DM.

35 § 30 neu gef. durch G v. 9. 6. 1989 (BGBl. I S. 1059).

36 Anl. angef. mWv 1. 4. 2005 durch G v. 24. 3. 2005 (BGBl. I S. 969).

gärten, die Hannah-Arendt-Straße, einschließlich der Verlängerung zur Wilhelmstraße. Die genannten Umgrenzungslinien sind einschließlich der Fahrbahnen, Gehwege und aller sonstigen zum Betreten oder Befahren bestimmten öffentlichen Flächen Bestandteil des Gebiets.

Bayerisches Versammlungsgesetz vom 22. Juli 2008 (BayVersG2008)

Erster Teil Allgemeine Bestimmungen

Art. 1 Grundsatz
(1) Jedermann hat das Recht, sich friedlich und ohne Waffen öffentlich mit anderen zu versammeln.
(2) Dieses Recht hat nicht, 1. wer das Grundrecht der Versammlungsfreiheit gemäß Art. 18 des Grundgesetzes verwirkt hat, 2. wer mit der Durchführung oder Teilnahme an einer Versammlung die Ziele einer nach Art. 21 Abs. 2 des Grundgesetzes für verfassungswidrig erklärten Partei oder Teil- oder Ersatzorganisation einer Partei fördern will, 3. eine Partei, die nach Art. 21 Abs. 2 des Grundgesetzes für verfassungswidrig erklärt worden ist, oder 4. eine Vereinigung, die nach Art. 9 Abs. 2 des Grundgesetzes oder nach dem Vereinsgesetz verboten ist.

Art. 2 Begriffsbestimmungen, Anwendungsbereich
(1) Eine Versammlung ist eine Zusammenkunft von mindestens zwei Personen zur gemeinschaftlichen, überwiegend auf die Teilhabe an der öffentlichen Meinungsbildung gerichteten Erörterung oder Kundgebung.
(2) Eine Versammlung ist öffentlich, wenn die Teilnahme nicht auf einen individuell feststehenden Personenkreis beschränkt ist.
(3) Soweit nichts anderes bestimmt ist, gilt dieses Gesetz nur für öffentliche Versammlungen.

Art. 3 Versammlungsleitung und Einladung
(1) [1]Jede Versammlung muss eine natürliche Person als Leiter haben. [2]Dies gilt nicht für Spontanversammlungen nach Art. 13 Abs. 4.
(2) [1]Der Veranstalter leitet die Versammlung. [2]Veranstaltet eine Vereinigung die Versammlung, ist Leiter die Person, die den Vorsitz der Vereinigung führt. [3]Der Veranstalter kann die Leitung einer anderen Person übertragen.

(3) Die Bekanntgabe oder Einladung zu einer Versammlung muss Ort, Zeit, Thema sowie den Namen des Veranstalters enthalten.

Art. 4 Veranstalterpflichten, Leitungsrechte und -pflichten

(1) Liegen tatsächliche Anhaltspunkte vor, dass die Versammlung einen gewalttätigen Verlauf nehmen kann, hat der Veranstalter im Vorfeld der Versammlung geeignete Maßnahmen zu ergreifen, um dies zu verhindern.

(2) Der Leiter

1. bestimmt den Ablauf der Versammlung, insbesondere durch Erteilung und Entziehung des Worts,
2. hat während der Versammlung für Ordnung zu sorgen,
3. kann die Versammlung jederzeit schließen und
4. muss während der Versammlung ständig anwesend und für die zuständige Behörde erreichbar sein.

(3) [1]Der Leiter hat geeignete Maßnahmen zu ergreifen, um zu verhindern, dass aus der Versammlung heraus Gewalttätigkeiten begangen werden. [2]Geeignete Maßnahmen können insbesondere Aufrufe zur Gewaltfreiheit und Distanzierungen gegenüber gewaltbereiten Anhängern sein. [3]Vermag der Leiter sich nicht durchzusetzen, ist er verpflichtet, die Versammlung für beendet zu erklären.

(4) [1]Der Leiter kann sich zur Erfüllung seiner Aufgaben der Hilfe einer angemessenen Anzahl volljähriger Ordner bedienen. [2]Die Ordner müssen weiße Armbinden mit der Aufschrift „Ordner" oder „Ordnerin" tragen; zusätzliche Kennzeichnungen sind nicht zulässig. [3]Der Leiter darf keine Ordner einsetzen, die Waffen oder sonstige Gegenstände mit sich führen, die ihrer Art nach geeignet und den Umständen nach dazu bestimmt sind, Personen zu verletzen oder Sachen zu beschädigen.

(5) [1]Werden Polizeibeamte in eine Versammlung entsandt, haben sie oder hat sich die polizeiliche Einsatzleitung vor Ort dem Leiter zu erkennen zu geben. [2]Ihnen muss ein angemessener Platz eingeräumt werden.

Art. 5 Pflichten der teilnehmenden Personen

(1) Personen, die an der Versammlung teilnehmen, haben die zur Aufrechterhaltung der Ordnung getroffenen Anweisungen des Leiters oder der Ordner zu befolgen.

(2) Wer aus der Versammlung ausgeschlossen wird, hat sie unverzüglich zu verlassen.

(3) Wird eine Versammlung aufgelöst, haben sich alle teilnehmenden Personen unverzüglich zu entfernen.

Art. 6 Waffenverbot

Es ist verboten, Waffen oder sonstige Gegenstände, die ihrer Art nach zur Verletzung von Personen oder zur Beschädigung von Sachen geeignet und den Umständen nach dazu bestimmt sind, ohne Erlaubnis der zuständigen Behörde

1. bei Versammlungen mit sich zu führen oder
2. auf dem Weg zu Versammlungen mit sich zu führen, zu Versammlungen hinzuschaffen oder sie zur Verwendung bei Versammlungen bereitzuhalten oder zu verteilen.

Art. 7 Uniformierungsverbot, Militanzverbot

(1) Es ist verboten, in einer öffentlichen oder nichtöffentlichen Versammlung Uniformen, Uniformteile oder gleichartige Kleidungsstücke als Ausdruck einer gemeinsamen politischen Gesinnung zu tragen, sofern damit eine einschüchternde Wirkung verbunden ist.

(2) Es ist verboten, an einer öffentlichen oder nichtöffentlichen Versammlung in einer Art und Weise teilzunehmen, die dazu beiträgt, dass die Versammlung oder ein Teil hiervon nach dem äußeren Erscheinungsbild

1. paramilitärisch geprägt wird oder
2. sonst den Eindruck von Gewaltbereitschaft vermittelt

und dadurch eine einschüchternde Wirkung entsteht.

Art. 8 Störungsverbot, Aufrufverbot

(1) Bei oder im Zusammenhang mit öffentlichen oder nichtöffentlichen Versammlungen sind Störungen verboten, die bezwecken, die ordnungsgemäße Durchführung der Versammlung zu verhindern.

(2) Es ist insbesondere verboten,

1. in der Absicht, nicht verbotene öffentliche oder nichtöffentliche Versammlungen zu verhindern oder zu sprengen oder sonst ihre Durchführung zu vereiteln, Gewalttätigkeiten vorzunehmen oder anzudrohen oder erhebliche Störungen zu verursachen oder
2. bei einer öffentlichen Versammlung dem Leiter oder den Ordnern in der rechtmäßigen Erfüllung ihrer Ordnungsaufgaben mit Gewalt oder Drohung mit Gewalt Widerstand zu leisten oder sie während der Ausübung ihrer Ordnungsaufgaben tätlich anzugreifen.

(3) Es ist verboten, öffentlich, in einer öffentlichen oder nichtöffentlichen Versammlung, im Internet oder durch Verbreiten von Schriften, Ton- oder Bildträgern, Datenspeichern, Abbildungen oder anderen Darstellungen zur Teilnahme an einer Versammlung aufzufordern, deren Durchführung durch ein vollziehbares Verbot untersagt oder deren vollziehbare Auflösung angeordnet worden ist.

Art. 9 Datenerhebung, Bild- und Tonaufzeichnungen, Übersichtsaufnahmen und -aufzeichnungen

(1) [1]Die Polizei darf bei oder im Zusammenhang mit Versammlungen personenbezogene Daten von Teilnehmern erheben und Bild- und Tonaufzeichnungen anfertigen, wenn tatsächliche Anhaltspunkte die Annahme rechtfertigen, dass von ihnen erhebliche Gefahren für die öffentliche Sicherheit oder Ordnung ausgehen. [2]Die Maßnahmen dürfen auch durchgeführt werden, wenn Dritte unvermeidbar betroffen werden.

(2) [1]Die Polizei darf Übersichtsaufnahmen von der Versammlung und ihrem Umfeld zur Lenkung und Leitung des Polizeieinsatzes anfertigen. [2]Sofern es zur Auswertung des polizeitaktischen Vorgehens erforderlich ist, darf die Polizei auch Übersichtsaufzeichnungen anfertigen. [3]Diese dürfen auch zu Zwecken der polizeilichen Aus- und Fortbildung genutzt werden. [4]Die Identifizierung einer auf den Aufnahmen oder Aufzeichnungen abgebildeten Person ist nur zulässig, soweit die Voraussetzungen nach Abs. 1 vorliegen.

(3) Für Maßnahmen nach Abs. 1 und 2 gilt Art. 30 Abs. 3 des Polizeiaufgabengesetzes (PAG) entsprechend.

(4) [1]Die nach Abs. 1 oder 2 erhobenen Daten und Bild-, Ton- und Übersichtsaufzeichnungen sind nach Beendigung der Versammlung oder zeitlich und sachlich damit unmittelbar im Zusammenhang stehender Ereignisse unverzüglich zu löschen oder zu vernichten, soweit sie nicht benötigt werden

1. zur Verfolgung von Straftaten oder
2. im Einzelfall zur Gefahrenabwehr, weil die betroffene Person verdächtig ist, Straftaten bei oder im Zusammenhang mit der Versammlung vorbereitet oder begangen zu haben, und deshalb zu besorgen ist, dass von dieser Person erhebliche Gefahren für künftige Versammlungen ausgehen.

[2]Nach Abs. 2 Satz 2 angefertigte Übersichtsaufzeichnungen dürfen darüber hinaus aufbewahrt werden, soweit sie zur Auswertung des polizeitaktischen Vorgehens benötigt werden. [3]Erhobene Daten sowie Bild-, Ton- und Übersichtsaufzeichnungen, die aus den in Satz 1 Nr. 2

oder in Satz 2 genannten Gründen nicht gelöscht oder vernichtet wurden, sind spätestens nach Ablauf von einem Jahr seit ihrer Entstehung zu löschen oder zu vernichten, es sei denn, sie werden inzwischen zur Verfolgung von Straftaten benötigt. [4]Eine Pflicht zur Löschung oder Vernichtung besteht nicht für nach Abs. 2 Satz 2 gefertigte Übersichtsaufzeichnungen, soweit diese zu Zwecken der polizeilichen Aus- und Fortbildung verwendet werden; die Identifizierung einer auf diesen Übersichtsaufzeichnungen abgebildeten Person ist nach Ablauf von einem Jahr seit Entstehung der Aufzeichnungen abweichend von Abs. 2 Satz 4 nicht mehr zulässig.
(5) Die Befugnisse zur Erhebung personenbezogener Daten nach Maßgabe der Strafprozessordnung und des Gesetzes über Ordnungswidrigkeiten bleiben unberührt.

Zweiter Teil Versammlungen in geschlossenen Räumen

Art. 10 Veranstalterrechte und -pflichten

(1) Bestimmte Personen oder Personenkreise können in der Einladung von der Teilnahme an der Versammlung ausgeschlossen werden.
(2) [1]Pressevertreter können nicht ausgeschlossen werden. [2]Sie haben sich gegenüber dem Leiter oder gegenüber den Ordnern als Pressevertreter auszuweisen.
(3) [1]Der Veranstalter hat der zuständigen Behörde auf Anforderung Familiennamen, Vornamen, Geburtsnamen, Geburtsdatum, Geburtsort und Anschrift (persönliche Daten) des Leiters mitzuteilen. [2]Die zuständige Behörde kann den Leiter als ungeeignet ablehnen, wenn Tatsachen die Annahme rechtfertigen, dass er die Friedlichkeit der Versammlung gefährdet.
(4) [1]Die zuständige Behörde kann Ordner als ungeeignet ablehnen, wenn Tatsachen die Annahme rechtfertigen, dass sie die Friedlichkeit der Versammlung gefährden. [2]Die zuständige Behörde kann die Anzahl der Ordner beschränken oder dem Veranstalter aufgeben, die Anzahl der Ordner zu erhöhen. [3]Die zuständige Behörde kann im Rahmen ihrer Befugnisse nach Sätzen 1 und 2 verlangen, dass der Veranstalter ihr die Zahl der Ordner und deren persönliche Daten im Sinn des Abs. 3 Satz 1 mitteilt.

Art. 11 Ausschluss von Störern, Hausrecht

(1) Der Leiter kann teilnehmende Personen, die die Ordnung erheblich stören, von der Versammlung ausschließen.
(2) Der Leiter übt das Hausrecht aus.

Art. 12 Beschränkungen, Verbote, Auflösung
(1) Die zuständige Behörde kann die Durchführung einer Versammlung in geschlossenen Räumen beschränken oder verbieten, wenn

1. der Veranstalter eine der Voraussetzungen des Art. 1 Abs. 2 erfüllt,
2. Tatsachen festgestellt sind, aus denen sich ergibt, dass der Veranstalter oder der Leiter Personen Zutritt gewähren wird, die Waffen oder sonstige Gegenstände im Sinn des Art. 6 mit sich führen,
3. Tatsachen festgestellt sind, aus denen sich ergibt, dass der Veranstalter oder sein Anhang einen gewalttätigen Verlauf der Versammlung anstrebt, oder
4. Tatsachen festgestellt sind, aus denen sich ergibt, dass der Veranstalter oder sein Anhang Ansichten vertreten oder Äußerungen dulden wird, die ein Verbrechen oder ein von Amts wegen zu verfolgendes Vergehen zum Gegenstand haben.

(2) [1]Nach Versammlungsbeginn kann die zuständige Behörde die Versammlung unter Angabe des Grundes beschränken oder auflösen, wenn

1. der Veranstalter eine der Voraussetzungen des Art. 1 Abs. 2 erfüllt,
2. die Versammlung einen gewalttätigen Verlauf nimmt oder eine unmittelbare Gefahr für Leben oder Gesundheit der teilnehmenden Personen besteht,
3. der Leiter Personen, die Waffen oder sonstige Gegenstände im Sinn des Art. 6 mit sich führen, nicht sofort ausschließt und nicht für die Durchführung des Ausschlusses sorgt, oder
4. durch den Verlauf der Versammlung gegen Strafgesetze verstoßen wird, die ein Verbrechen oder ein von Amts wegen zu verfolgendes Vergehen zum Gegenstand haben, oder wenn in der Versammlung zu solchen Straftaten aufgefordert oder angereizt wird und der Leiter dies nicht unverzüglich unterbindet.

[2]In den Fällen von Satz 1 Nrn. 2 bis 4 ist die Auflösung nur zulässig, wenn andere Maßnahmen der zuständigen Behörde, insbesondere eine Unterbrechung, nicht ausreichen.

Dritter Teil Versammlungen unter freiem Himmel

Art. 13 Anzeige- und Mitteilungspflicht
(1) [1]Wer eine Versammlung unter freiem Himmel veranstalten will, hat dies der zuständigen Behörde spätestens 72 Stunden, bei überörtli-

chen Versammlungen im Sinn des Art. 24 Abs. 3 Satz 1 spätestens 96 Stunden vor ihrer Bekanntgabe anzuzeigen. [2]Eine wirksame Anzeige kann nur schriftlich, elektronisch oder zur Niederschrift erfolgen; sie ist frühestens zwei Jahre vor dem beabsichtigten Versammlungsbeginn möglich. [3]Entspricht die Anzeige nicht den Anforderungen nach Abs. 2, weist die zuständige Behörde den Veranstalter darauf hin und fordert ihn auf, die Anzeige unverzüglich zu ergänzen oder zu berichtigen. [4]Bekanntgabe einer Versammlung ist die Mitteilung des Veranstalters von Ort, Zeit und Thema der Versammlung an einen bestimmten oder unbestimmten Personenkreis.

(2) [1]In der Anzeige sind anzugeben

1. der Ort der Versammlung,
2. der Zeitpunkt des Beginns und des Endes der Versammlung,
3. das Versammlungsthema,
4. der Veranstalter und der Leiter mit ihren persönlichen Daten im Sinn des Art. 10 Abs. 3 Satz 1 und telefonischer Erreichbarkeit,
5. die erwartete Anzahl der teilnehmenden Personen,
6. der beabsichtigte Ablauf der Versammlung,
7. die zur Durchführung der Versammlung mitgeführten Gegenstände oder die verwendeten technischen Hilfsmittel und
8. die vorgesehene Anzahl von Ordnern.

[2]Bei sich fortbewegenden Versammlungen ist auch der beabsichtigte Streckenverlauf mitzuteilen. [3]Der Veranstalter hat Änderungen der Angaben nach den Sätzen 1 und 2 der zuständigen Behörde unverzüglich mitzuteilen.

(3) Entsteht der Anlass für eine geplante Versammlung kurzfristig (Eilversammlung), ist die Versammlung spätestens mit der Bekanntgabe fernmündlich, schriftlich, elektronisch oder zur Niederschrift bei der zuständigen Behörde oder bei der Polizei anzuzeigen.

(4) Die Anzeigepflicht entfällt, wenn sich die Versammlung aus einem unmittelbaren Anlass ungeplant und ohne Veranstalter entwickelt (Spontanversammlung).

(5) Die zuständige Behörde kann den Leiter ablehnen, wenn er unzuverlässig ist oder ungeeignet ist, während der Versammlung für Ordnung zu sorgen, oder tatsächliche Anhaltspunkte die Annahme rechtfertigen, dass durch seinen Einsatz Störungen der Versammlung oder Gefahren für die öffentliche Sicherheit entstehen können.

(6) [1]Die zuständige Behörde kann Ordner ablehnen, wenn

1. sie ungeeignet sind, den Leiter darin zu unterstützen, während der Versammlung für Ordnung zu sorgen, oder

2. tatsächliche Anhaltspunkte die Annahme rechtfertigen, dass durch den Einsatz dieser Personen als Ordner Störungen der Versammlung oder Gefahren für die öffentliche Sicherheit entstehen können.

[2]Die zuständige Behörde kann die Anzahl der Ordner beschränken oder dem Veranstalter aufgeben, die Anzahl der Ordner zu erhöhen. [3]Die zuständige Behörde kann im Rahmen ihrer Befugnisse nach Sätzen 1 und 2 verlangen, dass der Veranstalter ihr die Zahl der Ordner und deren persönliche Daten im Sinn des Art. 10 Abs. 3 Satz 1 mitteilt.

Art. 14 Zusammenarbeit

(1) [1]Die zuständige Behörde soll dem Veranstalter Gelegenheit geben, mit ihr die Einzelheiten der Durchführung der Versammlung zu erörtern. [2]Der Veranstalter ist zur Mitwirkung nicht verpflichtet.

(2) Die zuständige Behörde kann bei Maßnahmen nach Art. 15 berücksichtigen, inwieweit der Veranstalter oder der Leiter nach Abs. 1 mit ihr zusammenarbeiten.

Art. 15 Beschränkungen, Verbote, Auflösung

(1) Die zuständige Behörde kann eine Versammlung beschränken oder verbieten, wenn nach den zur Zeit des Erlasses der Verfügung erkennbaren Umständen die öffentliche Sicherheit oder Ordnung bei Durchführung der Versammlung unmittelbar gefährdet ist oder ein Fall des Art. 12 Abs. 1 vorliegt.

(2) Die zuständige Behörde kann eine Versammlung insbesondere dann beschränken oder verbieten, wenn nach den zur Zeit des Erlasses der Verfügung erkennbaren Umständen

1. die Versammlung an einem Tag oder Ort stattfinden soll, dem ein an die nationalsozialistische Gewalt- und Willkürherrschaft erinnernder Sinngehalt mit gewichtiger Symbolkraft zukommt, und durch sie
   a) eine Beeinträchtigung der Würde der Opfer zu besorgen ist, oder
   b) die unmittelbare Gefahr einer erheblichen Verletzung grundlegender sozialer oder ethischer Anschauungen besteht oder
2. durch die Versammlung die nationalsozialistische Gewalt- und Willkürherrschaft gebilligt, verherrlicht, gerechtfertigt oder verharmlost wird, auch durch das Gedenken an führende Repräsentanten des Nationalsozialismus, und dadurch die unmittelbare Gefahr einer Beeinträchtigung der Würde der Opfer besteht.

(3) Nach Versammlungsbeginn kann die zuständige Behörde eine Versammlung beschränken oder auflösen, wenn die Voraussetzungen für eine Beschränkung oder ein Verbot nach Abs. 1 oder 2 vorliegen oder gerichtlichen Beschränkungen zuwidergehandelt wird.
(4) Die zuständige Behörde kann teilnehmende Personen, die die Ordnung erheblich stören, von der Versammlung ausschließen.
(5) Eine verbotene Versammlung ist aufzulösen.

Art. 16 Schutzwaffen- und Vermummungsverbot
(1) Es ist verboten, bei oder im Zusammenhang mit Versammlungen oder sonstigen öffentlichen Veranstaltungen unter freiem Himmel Schutzwaffen oder Gegenstände mit sich zu führen, die als Schutzwaffen geeignet und den Umständen nach dazu bestimmt sind, Vollstreckungsmaßnahmen eines Trägers von Hoheitsbefugnissen abzuwehren.
(2) Es ist auch verboten,

1. an derartigen Veranstaltungen in einer Aufmachung teilzunehmen, die geeignet und den Umständen nach darauf gerichtet ist, die Feststellung der Identität zu verhindern, oder den Weg zu derartigen Veranstaltungen in einer solchen Aufmachung zurückzulegen,
2. bei oder im Zusammenhang mit derartigen Veranstaltungen Gegenstände mit sich zu führen, die geeignet und den Umständen nach dazu bestimmt sind, die Feststellung der Identität zu verhindern, oder
3. sich im Anschluss an oder sonst im Zusammenhang mit derartigen Veranstaltungen mit anderen zu einem gemeinschaftlichen friedensstörenden Handeln zusammenzuschließen und dabei
a) Waffen oder sonstige Gegenstände, die ihrer Art nach zur Verletzung von Personen oder Beschädigung von Sachen geeignet und den Umständen nach dazu bestimmt sind, mit sich zu führen,
b) Schutzwaffen oder sonstige in Nr. 2 bezeichnete Gegenstände mit sich zu führen oder
c) in einer in Nr. 1 bezeichneten Aufmachung aufzutreten.

(3) Die zuständige Behörde kann Ausnahmen von den Verboten nach Abs. 1 und 2 zulassen, wenn eine Gefährdung der öffentlichen Sicherheit oder Ordnung nicht zu besorgen ist.
(4) Abs. 1 und 2 gelten nicht für Gottesdienste unter freiem Himmel, kirchliche Prozessionen, Bittgänge und Wallfahrten, gewöhnliche Leichenbegängnisse, Züge von Hochzeitsgesellschaften und hergebrachte Volksfeste.

(5) Die zuständige Behörde kann Personen, die den Verboten nach Abs. 1 und 2 zuwiderhandeln, von der Versammlung ausschließen.

Vierter Teil Befriedeter Bezirk

Art. 17 Befriedeter Bezirk

[1]Für den Landtag des Freistaates Bayern wird ein befriedeter Bezirk gebildet.

[2]Der befriedete Bezirk um das Landtagsgebäude umfasst das nachfolgend umgrenzte Gebiet der Landeshauptstadt München: Max-Weber-Platz, Innere Wiener Straße, Wiener Platz, Innere Wiener Straße, Am Gasteig, Ludwigsbrücke, Westufer der Isar, Prinzregenten-brücke, südliches Rondell am Friedensengel, Prinzregentenstraße, Ismaninger Straße, Max-Weber-Platz. [3]Die angeführten Straßen und Plätze sind nicht Teil des befriedeten Bezirks.

Art. 18 Schutz des Landtags

[1]Versammlungen unter freiem Himmel sind innerhalb des befriedeten Bezirks verboten. [2]Ebenso ist es verboten, zu Versammlungen nach Satz 1 aufzufordern.

Art. 19 Zulassung von Versammlungen

(1) Nicht verbotene Versammlungen unter freiem Himmel können innerhalb des befriedeten Bezirks zugelassen werden.

(2) [1]Anträge auf Zulassung von Versammlungen nach Abs. 1 sind spätestens sieben Tage vor der Bekanntgabe schriftlich, elektronisch oder zur Niederschrift beim Staatsministerium des Innern einzureichen. [2]Art. 13 Abs. 2 und 3 gelten entsprechend.

(3) Über Anträge auf Zulassung entscheidet das Staatsministerium des Innern im Einvernehmen mit dem Präsidenten des Landtags.

(4) Durch die Zulassung werden die übrigen Vorschriften dieses Gesetzes, insbesondere Art. 13 bis 15, nicht berührt.

Fünfter Teil Straf- und Bußgeldvorschriften

Art. 20 Strafvorschriften

(1) Mit Freiheitsstrafe bis zu zwei Jahren oder mit Geldstrafe wird bestraft, wer

1. entgegen Art. 6 eine Waffe oder einen sonstigen Gegenstand der dort bezeichneten Art mit sich führt, zu einer Versammlung hinschafft, bereithält oder verteilt,

2. entgegen Art. 8 Abs. 2 Nr. 1 Gewalttätigkeiten vornimmt oder androht oder eine erhebliche Störung verursacht oder
3. entgegen Art. 16 Abs. 2 Nr. 3 Buchst. a sich mit anderen zu einem gemeinschaftlichen friedensstörenden Handeln zusammenschließt und dabei Waffen oder sonstige Gegenstände der dort bezeichneten Art mit sich führt.

(2) Mit Freiheitsstrafe bis zu einem Jahr oder mit Geldstrafe wird bestraft, wer

1. entgegen Art. 4 Abs. 4 Satz 3 Ordner verwendet,
2. entgegen Art. 7 Abs. 1 eine Uniform, ein Uniformteil oder ein gleichartiges Kleidungsstück trägt,
3. entgegen Art. 8 Abs. 2 Nr. 2 einer dort genannten Person Widerstand leistet oder sie tätlich angreift,
4. entgegen Art. 8 Abs. 3 oder Art. 18 Satz 2 zur Teilnahme an einer Versammlung auffordert,
5. als Veranstalter oder als Leiter einer vollziehbaren Anordnung nach Art. 12 Abs. 1 oder 2 Satz 1, Art. 15 Abs. 1 Satz 1, Abs. 2 oder einer gerichtlichen Beschränkung zuwiderhandelt,
6. als Veranstalter oder als Leiter eine Versammlung unter freiem Himmel ohne Anzeige nach Art. 13 Abs. 1 durchführt,
7. als Leiter die Versammlung wesentlich anders durchführt, als der Veranstalter bei der Anzeige nach Art. 13 Abs. 2 Nr. 2 oder 6, angegeben hat,
8. entgegen Art. 16 Abs. 1 eine Schutzwaffe oder einen Gegenstand mit sich führt, 9. entgegen Art. 16 Abs. 2 Nr. 1 an einer Veranstaltung teilnimmt oder den Weg zu einer Veranstaltung zurücklegt oder
10. entgegen Art. 16 Abs. 2 Nr. 3 sich mit anderen zu einem gemeinschaftlichen friedensstörenden Handeln zusammenschließt und dabei den in Art. 16 Abs. 2 Nr. 3 Buchst. b oder c bezeichneten Verboten zuwiderhandelt.

Art. 21 Bußgeldvorschriften

Mit Geldbuße bis zu dreitausend Euro kann belegt werden, wer

1. entgegen Art. 3 Abs. 3 Ort, Zeit, Thema oder den Namen des Veranstalters einer Versammlung nicht angibt,
2. entgegen Art. 4 Abs. 3 Satz 1 oder 3 keine geeigneten Maßnahmen ergreift oder die Versammlung nicht oder nicht rechtzeitig für beendet erklärt,
3. als Leiter Ordner einsetzt, die anders gekennzeichnet sind, als es nach Art. 4 Abs. 4 Satz 2 zulässig ist,

4. als Leiter entgegen Art. 4 Abs. 5 Satz 2 Polizeibeamten keinen oder keinen angemessenen Platz einräumt,
5. entgegen Art. 5 Abs. 2 die Versammlung nicht unverzüglich verlässt,
6. entgegen Art. 5 Abs. 3 sich nicht unverzüglich entfernt,
7. entgegen Art. 7 Abs. 2 an einer Versammlung teilnimmt,
8. entgegen Art. 8 Abs. 1 eine Versammlung stört,
9. entgegen Art. 10 Abs. 2 Satz 1 Pressevertreter ausschließt,
10. als Veranstalter
a) entgegen Art. 10 Abs. 3 Satz 1 persönliche Daten nicht, nicht richtig oder nicht rechtzeitig mitteilt oder
b) Personen als Leiter der Versammlung einsetzt, die von der zuständigen Behörde nach Art. 10 Abs. 3 Satz 2 oder Art. 13 Abs. 5 abgelehnt wurden,
11. als Veranstalter
a) Ordner einsetzt, die von der zuständigen Behörde nach Art. 10 Abs. 4 Satz 1 oder nach Art. 13 Abs. 6 Satz 1 abgelehnt wurden,
b) einer vollziehbaren Anordnung nach Art. 10 Abs. 4 Satz 2 oder Art. 13 Abs. 6 Satz 2 zuwiderhandelt, oder
c) entgegen Art. 10 Abs. 4 Satz 3 oder Art. 13 Abs. 6 Satz 3 persönliche Daten nicht, nicht richtig oder nicht rechtzeitig mitteilt,
12. einer vollziehbaren Anordnung nach Art. 12 Abs. 1 oder 2 Satz 1, Art. 15 Abs. 1 bis 3 oder einer gerichtlichen Beschränkung zuwiderhandelt,
13. entgegen Art. 13 Abs. 1 Satz 1 eine Anzeige nicht richtig, nicht vollständig oder nicht rechtzeitig erstattet,
14. entgegen Art. 13 Abs. 2 Satz 3 eine Mitteilung nicht, nicht richtig, nicht vollständig oder nicht rechtzeitig macht,
15. als Veranstalter oder als Leiter eine Versammlung unter freiem Himmel ohne Anzeige nach Art. 13 Abs. 3 durchführt,
16. entgegen Art. 16 Abs. 2 Nr. 2 einen Gegenstand mit sich führt oder
17. entgegen Art. 18 Satz 1 an einer dort genannten Versammlung teilnimmt.

Art. 22 Einziehung

[1]Gegenstände, auf die sich eine Straftat nach Art. 20 oder eine Ordnungswidrigkeit nach Art. 21 Abs. 1 Nr. 6, 10 oder 13 oder nach Art. 21 Abs. 2 bezieht, können eingezogen werden. [2]§ 74a des Strafgesetzbuchs und § 23 des Gesetzes über Ordnungswidrigkeiten sind anzuwenden.

Sechster Teil Schlussbestimmungen

Art. 23 Einschränkung von Grundrechten

Die Grundrechte der Versammlungsfreiheit (Art. 8 Abs. 1 des Grundgesetzes, Art. 113 der Verfassung) und der Meinungsfreiheit (Art. 5 Abs. 1 Satz 1 des Grundgesetzes, Art. 110 Abs. 1 Satz 1 der Verfassung) werden nach Maßgabe dieses Gesetzes eingeschränkt.

Art. 24 Zuständigkeiten

(1) Polizei im Sinn dieses Gesetzes ist die Polizei im Sinn des Art. 1 PAG.

(2) [1]Zuständige Behörden im Sinn dieses Gesetzes sind die Kreisverwaltungsbehörden, ab Beginn der Versammlung die Polizei. [2]In unaufschiebbaren Fällen kann die Polizei auch an Stelle der Kreisverwaltungsbehörde Maßnahmen treffen.

(3) [1]Bei Versammlungen unter freiem Himmel, die über das Gebiet einer Kreisverwaltungsbehörde hinaus gehen (überörtliche Versammlungen), genügt der Veranstalter seiner Anzeigepflicht, wenn er die Versammlung gegenüber einer zuständigen Kreisverwaltungsbehörde anzeigt. [2]Dies gilt nicht bei Eilversammlungen nach Art. 13 Abs. 3. [3]Die Kreisverwaltungsbehörde unterrichtet unverzüglich die übrigen betroffenen Kreisverwaltungsbehörden und die Regierung; berührt die Versammlung mehrere Regierungsbezirke, unterrichtet sie das Staatsministerium des Innern.

(4) [1]Bei überörtlichen Versammlungen kann die Regierung bestimmen, dass eine der nach Abs. 2 Satz 1 zuständigen Kreisverwaltungsbehörden im Benehmen mit den übrigen über Verfügungen nach Art. 6, 13 Abs. 1 Satz 3, Abs. 5, Abs. 6 Sätze 2 und 3, Art. 15 und 16 Abs. 3 entscheidet. [2]Bei überörtlichen Versammlungen, die mehrere Regierungsbezirke berühren, kann das Staatsministerium des Innern diese Bestimmung treffen.

Art. 25 Keine aufschiebende Wirkung der Klage

Klagen gegen Entscheidungen nach diesem Gesetz haben keine aufschiebende Wirkung.

Art. 26 Kosten

Mit Ausnahme von Entscheidungen über Erlaubnisse nach Art. 6 sind Amtshandlungen nach diesem Gesetz kostenfrei.

Art. 27 Folgeänderungen anderer Rechtsvorschriften

(1) Das Gesetz über die Aufgaben und Befugnisse der Bayerischen Staatlichen Polizei (Polizeiaufgabengesetz – PAG) in der Fassung der Bekanntmachung vom 14. September 1990 (GVBl S. 397, BayRS 2012-1-1-I), zuletzt geändert durch Gesetz vom 8. Juli 2008 (GVBl S. 365), wird wie folgt geändert:

1. In Art. 13 Abs. 1 Nr. 4 werden die Worte „§ 27 des Versammlungsgesetzes" durch die Worte „Art. 20 Abs. 1 Nrn. 1 und 3, Abs. 2 Nrn. 10 bis 12 des Bayerischen Versammlungsgesetzes (BayVersG)" ersetzt.

2. In Art. 32 Abs. 5 werden die Worte „gelten die §§ 12a und 19a des Versammlungsgesetzes" durch die Worte „gilt Art. 9 BayVersG" ersetzt.

3. Art. 74 wird wie folgt geändert:

a) Nach dem Wort „Person" werden ein Komma und das Wort „Versammlungsfreiheit" eingefügt.

b) Nach den Worten „Art. 2 Abs. 2 Sätze 1 und 2," werden die Worte „Art. 8 Abs. 1" und ein Komma eingefügt.

c) Nach den Worten „Art. 112 Abs. 1" werden ein Komma und die Worte „Art. 113" eingefügt.

(2) Das Gesetz über das Landesstrafrecht und das Verordnungsrecht auf dem Gebiet der öffentlichen Sicherheit und Ordnung – Landesstraf- und Verordnungsgesetz - LStVG – (BayRS 2011-2-I), zuletzt geändert durch Gesetz vom 8. Juli 2008 (GVBl S. 364), wird wie folgt geändert:

1. In das Inhaltsverzeichnis wird folgender Art. 23a eingefügt: „Art. 23a Uniform- und politisches Kennzeichenverbot"

2. In Art. 23 Abs. 1 Satz 2 wird vor dem Wort „Versammlungsgesetzes" das Wort „Bayerischen" eingefügt.

3. Es wird folgender Artikel 23 a eingefügt:

„Art. 23a Uniform- und politisches Kennzeichenverbot

Mit Geldbuße bis zu dreitausend Euro kann belegt werden, wer außerhalb von Versammlungen öffentlich Uniformen, Uniformteile oder gleichartige Kleidungsstücke als Ausdruck einer politischen Gesinnung trägt, sofern damit eine einschüchternde Wirkung verbunden ist."

4. Art. 58 Satz 1 wird wie folgt geändert:

a) Nach dem Wort „Person" werden ein Komma und die Worte „der Versammlungsfreiheit," eingefügt.

b) Nach den Worten „Art. 2 Abs. 2," werden die Worte „Art. 8 Abs. 1" und ein Komma eingefügt.

c) Nach den Worten „106 Abs. 3“ werden ein Komma und die Worte „Art. 113“ eingefügt.

Art. 28 Inkrafttreten, Außerkrafttreten, Übergangsregelung

(1) [1]Dieses Gesetz tritt am 1. Oktober 2008 in Kraft. [2]Es ersetzt nach Art. 125a Abs. 1 Satz 2 des Grundgesetzes das Gesetz über Versammlungen und Aufzüge (Versammlungsgesetz) in der Fassung der Bekanntmachung vom 15. November 1978 (BGBl I S. 1789), zuletzt geändert durch Art. 1 des Gesetzes vom 24. März 2005 (BGBl I S. 969). [3]Mit Ablauf des 30. September 2008 treten außer Kraft:

1. das Gesetz über die Befriedung des Landtagsgebäudes vom 7. März 1952 (BayRS 2180-5-I),
2. die Verordnung zur Durchführung des Gesetzes über die Befriedung des Landtagsgebäudes vom 30. April 1969 (BayRS 2180-5-1-I) und
3. das Gesetz zur Ausführung des Versammlungsgesetzes (AG-VersammlG) vom 15. Juli 1957 (BayRS 2180-4-I).

(2) Für Einladungen zu Versammlungen in geschlossenen Räumen und Anmeldungen zu Versammlungen unter freiem Himmel, die vor Inkrafttreten dieses Gesetzes erfolgten, gelten abweichend von Abs. 1 Satz 2 § 2 Abs. 1 und § 14 Abs. 1 des Versammlungsgesetzes, sofern die Versammlungen innerhalb eines Jahres nach Inkrafttreten dieses Gesetzes stattfinden.

b) Nach den Worten „Art. 2 Abs. 2," werden die Worte „Art. 8 Abs. 1" und ein Komma eingefügt.

c) Nach den Worten „106 Abs. 3" werden ein Komma und die Worte „Art. 113" eingefügt.

Art. 28
Inkrafttreten, Außerkrafttreten, Übergangsregelung

(1) [1]Dieses Gesetz tritt am 1. Oktober 2008 in Kraft. [2]Es ersetzt nach Art. 125a Abs. 1 Satz 2 des Grundgesetzes das Gesetz über Versammlungen und Aufzüge (Versammlungsgesetz) in der Fassung der Bekanntmachung vom 15. November 1978 (BGBl I S. 1789), zuletzt geändert durch Art. 1 des Gesetzes vom 24. März 2005 (BGBl I S. 969). [3]Mit Ablauf des 30. September 2008 treten außer Kraft:

1. das Gesetz über die Befriedung des Landtagsgebäudes vom 7. März 1952 (BayRS 2180-5-I),
2. die Verordnung zur Durchführung des Gesetzes über die Befriedung des Landtagsgebäudes vom 30. April 1969 (BayRS 2180-5-1-I) und
3. das Gesetz zur Ausführung des Versammlungsgesetzes (AGVersammlG) vom 15. Juli 1957 (BayRS 2180-4-I).

(2) Für Einladungen zu Versammlungen in geschlossenen Räumen und Anmeldungen zu Versammlungen unter freiem Himmel, die vor Inkrafttreten dieses Gesetzes erfolgten, gelten abweichend von Abs. 1 Satz 2 § 2 Abs. 1 und § 14 Abs. 1 des Versammlungsgesetzes, sofern die Versammlungen innerhalb eines Jahres nach Inkrafttreten dieses Gesetzes stattfinden.

Begründung

A. Allgemeines

Art. 8 Abs. 1 des Grundgesetzes umfasst das Recht, sich „ohne Anmeldung oder Erlaubnis friedlich und ohne Waffen zu versammeln". Dieses Recht unterliegt für Versammlungen unter freiem Himmel nach Art. 8 Abs. 2 des Grundgesetzes einem Gesetzesvorbehalt; für die übrigen Versammlungen gelten nur verfassungsunmittelbare Schranken. Nach der Rechtsprechung des Bundesverfassungsgerichts darf das Versammlungsrecht wegen seiner Bedeutung für die freiheitliche Demokratie nur durch gleichrangige, elementare Rechtsgüter unter strikter Wahrung des Grundsatzes der Verhältnismäßigkeit eingeschränkt werden. Das Versammlungsgrundrecht wird für Meinungsäußerungen in Versammlungen zudem durch das Grundrecht auf Meinungsfreiheit nach Art. 5 Abs. 1 des Grundgesetzes ergänzt, das nach dessen Abs. 2 insbesondere nur durch allgemeine (d. h. nicht speziell meinungs- oder meinungsfreiheitbezogene) Gesetze und das Recht der persönlichen Ehre eingeschränkt werden darf. Die Bayerische Verfassung trifft nach Art. 110, 113, 98 Satz 2 im Ergebnis vergleichbare Regelungen. Einfach-gesetzliches Versammlungsrecht hat diesen verfassungsrechtlichen Rahmen zu beachten. Es ist unmittelbar Ausführungsrecht zu den genannten Grundrechtsgarantien.

Das Versammlungsgesetz des Bundes (im Folgenden: VersG) aus dem Jahr 1953 trägt den tatsächlichen und rechtlichen Entwicklungen im Versammlungswesen nicht mehr in vollem Umfang Rechnung. Dies gilt sowohl für neue Erscheinungsformen von Versammlungen als auch für zahlreiche Vorgaben für das Versammlungsrecht insbesondere durch die Rechtsprechung des Bundesverfassungsgerichts.

Durch die zum 1. September 2006 in Kraft getretene Föderalismusreform ging die Gesetzgebungskompetenz für das Versammlungsrecht vom Bund auf die Länder über. Das VersG gilt nach Art. 125a Abs. 1 des Grundgesetzes bis zu einer landesrechtlichen Ersetzung als Bundesrecht fort.

B. Zwingende Notwendigkeit einer normativen Regelung

Regelungen zu Versammlungen bedürfen wegen ihres Eingriffs in die Grundrechte der Versammlungs- und Meinungsfreiheit einer gesetzlichen Grundlage. Dies fordern Art. 5 Abs. 2, Art. 8 Abs. 2 des Grundgesetzes sowie der aus dem Rechtsstaatsprinzip folgende Grundsatz des Gesetzesvorbehalts.

C. Begründung der einzelnen Vorschriften des Bayerischen Versammlungsgesetzes (BayVersG)

Zu Art. 1

Die Vorschrift präzisiert und konkretisiert den bisherigen § 1 VersG und lehnt sich dabei enger als die Vorgängervorschrift an den verfassungsrechtlichen Versammlungsbegriff des Art. 8 Abs. 1 des Grundgesetzes an. Wie bisher gewährleistet Art. 1 die Versammlungsfreiheit als Jedermannsrecht und geht insoweit über Art. 8 des Grundgesetzes hinaus. Aufzüge sind im Gegensatz zum bisherigen Recht nicht mehr ausdrücklich genannt, da sie vom Versammlungsbegriff, wie er in Art. 2 definiert ist, mit umfasst sind.

Nach Art. 8 Abs. 1 des Grundgesetzes und Art. 113 der Verfassung sind Versammlungen grundsätzlich erlaubnisfrei. Diese verfassungsrechtliche Privilegierung suspendiert auch außerversammlungsgesetzliche Erlaubnisvorbehalte (etwa nach Straßen- und Wegerecht oder Straßenverkehrsrecht), soweit sie unmittelbar versammlungsbezogene Betätigungen betreffen. Öffentliche Versammlungen unter freiem Himmel müssen auf Grund der für sie unverzichtbaren Publizitätschance im Regelfall auf öffentlichen Verkehrsflächen stattfinden und beschränken sich oft nicht auf die verkehrsübliche Inanspruchnahme dieser Flächen. Auch die nicht verkehrsübliche Inanspruchnahme fällt daher grundsätzlich in den Schutzbereich der Versammlungsfreiheit. Etwaige außerversammlungsgesetzliche Erlaubnisvorbehalte werden also nicht erst einfachgesetzlich durch dieses Gesetz, sondern bereits unmittelbar durch Art. 8 Abs. 1 des Grundgesetzes und Art. 113 der Verfassung eingeschränkt, soweit die ansonsten erlaubnispflichtigen Handlungen für die konkrete Versammlung funktional notwendig sind. Fehlt die funktionale Notwendigkeit, bleibt die außerversammlungsgesetzliche Erlaubnispflicht aber unberührt.

Abs. 1 passt den Wortlaut von § 1 Abs. 1 VersG an die Grenzen des Schutzbereichs aus Art. 8 Abs. 1 des Grundgesetzes „friedlich und ohne Waffen" an. Dies stellt klar, dass das Recht, sich mit anderen zu versammeln, auf friedliche Inanspruchnahme ohne Waffen begrenzt ist. Die Änderung bezweckt nicht, unfriedlich verlaufende Versammlungen aus dem Geltungsbereich des Versammlungsrechts auszugrenzen. Vielmehr enthält das Bayerische Versammlungsgesetz aus Gründen der Gefahrenabwehr auch Regelungen zu nicht friedlichen Versammlungen mit der Folge, dass

Maßnahmen gegen sie ohne Berücksichtigung des Grundrechtsschutzes des Art. 8 Abs. 1 des Grundgesetzes getroffen werden können.

Abs. 2 entspricht inhaltlich im Wesentlichen § 1 Abs. 2 VersG. Die Einfügung der Wörter „oder nach dem Vereinsgesetz" in Nr. 4 trägt der geänderten Rechtslage im Vereinsrecht Rechnung, da § 14 Abs. 2 VereinsG für Ausländervereine mittlerweile auch Verbotsgründe kennt, die über die in Art. 9 Abs. 2 des Grundgesetzes genannten und in § 3 Abs. 1 Satz 1 VereinsG nur wiederholten hinausgehen.

Keine Sperrwirkung entfaltet das Bayerische Versammlungsgesetz gegenüber dem Gesetz über den Schutz der Sonn- und Feiertage vom 21. Mai 1980 (GVBl S. 215, BayRS 1131-3-I).

Zu Art. 2

Die Vorschrift ergänzt das bisherige Recht um eine gesetzliche Definition des zentralen Begriffs der „öffentlichen Versammlung".

Die Legaldefinition für eine „Versammlung" in Abs. 1 lehnt sich an die Rechtsprechung des Bundesverfassungsgerichts an, wonach in den Schutzbereich der Versammlungsfreiheit nur solche Veranstaltungen fallen, deren Zweck eine auf die Teilhabe an der öffentlichen Meinungsbildung gerichtete Erörterung oder Kundgebung ist (vgl. BVerfGE 69, 315 [343]). Für die Eröffnung des Schutzbereichs des Art. 8 des Grundgesetzes reicht es nicht aus, dass die Teilnehmer bei ihrem gemeinschaftlichen Verhalten durch irgendeinen Zweck miteinander verbunden sind. Das Wort „überwiegend" in Abs. 1 stellt in Anlehnung an die Rechtsprechung des Bundesverfassungsgerichts zur sog. „Love-Parade" (vgl. BVerfG NJW 2001, 2459) klar, dass der Schwerpunkt einer Veranstaltung den Ausschlag für ihre Qualifizierung als Versammlung gibt (Meinungsbildung oder sonstiger Zweck, z. B. Unterhaltung). Für sonstige Veranstaltungen, die überwiegend anderen, z. B. gewerblichen oder Unterhaltungszwecken, dienen, gelten die allgemeinen Regeln (z. B. über Sondernutzungen, Kosten der Straßenreinigung sowie zu Verkehrsregelungs- und Sicherungspflichten). Eine Zusammenkunft mehrerer Personen ist nur dann eine Versammlung im Sinn des Abs. 1, wenn sie einen örtlichen Bezug aufweist, so dass virtuelle „Versammlungen" im Internet (z.B. in sog. Chat-Rooms) den Versammlungsbegriff des Abs. 1 nicht erfüllen. Abs. 1 übernimmt den veralteten Begriff des Aufzugs nicht mehr, weil sowohl ortsfeste, als auch sich fortbewegende Versammlungen von der Definition des Abs. 1 umfasst sind. Schließlich stellt Abs. 1 klar, dass zwei Personen ausreichen, um eine Versammlung zu bilden.

Abs. 2 definiert, wann eine Versammlung „öffentlich" ist. Entscheidend ist demnach, dass die Teilnahme nicht auf einen individuell feststehenden Personenkreis beschränkt ist.

Abs. 3 stellt klar, dass das Gesetz grundsätzlich nur für öffentliche, nicht aber für nichtöffentliche Versammlungen gilt. Soweit das Gesetz daher von „Versammlungen" spricht, betrifft die jeweilige Regelung auf Grund Abs. 3 nur öffentliche Versammlungen. Bezieht eine Regelung ausnahmsweise auch nichtöffentliche Versammlungen ein, stellt das Gesetz dies ausdrücklich klar. So verbietet es etwa das Militanzverbot des Art. 7 Abs. 2, auch an nichtöffentlichen Versammlungen in einer militanten Art und Weise teilzunehmen. Für das VersG ist streitig, ob es auch für nichtöffentliche Versammlungen gilt oder insoweit allgemeines Polizei- und Sicherheitsrecht greift. Nichtöffentliche Versammlungen haben aber bereits wegen ihres abgeschlossenen Charakters nicht die gleiche Bedeutung für die öffentliche Meinungsbildung wie öffentliche Versammlungen. Nicht nur ihre räumliche Abgeschlossenheit, sondern darüber hinaus auch ihre Beschränkung auf einen individuell bestimmten Personenkreis und ihre grundsätzlich fehlende Außenwirkung führen dazu, dass von ihnen regelmäßig weder besondere Gefahren ausgehen, noch ihnen solche drohen. Eine spezialgesetzliche Regelung wie für öffentliche Versammlungen ist für sie daher grundsätzlich entbehrlich. Sofern die Ausstrahlungswirkung des Versammlungsgrundrechts, das auch für nichtöffentliche Versammlungen gilt, beachtet wird, führt hier grundsätzlich auch das allgemeine Polizei- und Sicherheitsrecht zu angemessenen Ergebnissen.

Zu Art. 3

Die Vorschrift entspricht im Wesentlichen § 7 Abs. 1 bis 3 VersG. Sie ist aber – systematisch zutreffender – nun den Allgemeinen Bestimmungen zugeordnet und gilt daher für öffentliche Versammlungen in geschlossenen Räumen und unter freiem Himmel.

Abs. 1 Satz 1 bestimmt entsprechend der bisherigen Rechtslage, dass bei jeder öffentlichen Versammlung die Versammlungsleitung durch eine natürliche Person sicherzustellen ist. Der Sinn dieser Regelung liegt insbesondere darin, einen Ansprechpartner für die Behörde und einen Adressaten für Verwaltungsakte zu schaffen. Satz 2 stellt klar, dass die Pflicht zur Versammlungsleitung durch eine natürliche Person für die in Art. 13 Abs. 4 geregelten Spontanversammlungen nicht gilt. Ebenso wie Spontanversammlungen in aller Regel keinen anzeigefähigen und folgerichtig auch keinen anzeigepflichtigen Veranstalter haben, verfügen sie zumeist auch nicht über einen Versammlungsleiter. Daher wird nur eine Ausnahme von der Pflicht zur Versammlungsleitung der Grundrechtsgewährleistung bei Spontanversammlungen gerecht. Sollte die spontan zustande gekommene Versammlung jedoch einen Leiter bestimmen oder akzeptieren, kommen diesem alle mit der Leitungsfunktion verbundenen Rechte und Pflichten zu.

Abs. 2 entspricht § 7 Abs. 2 und 3 VersG. Veranstalter können auch Personenmehrheiten, z. B. Interessenverbände, sein.

Nach Abs. 3 muss sowohl die Einladung zu einer öffentlichen Versammlung in geschlossenen Räumen, als auch die Bekanntgabe einer öffentlichen Versammlung unter freiem Himmel öffentlich erfolgen. Dabei sind Ort, Zeit, Thema und der Name des Veranstalters anzugeben. Zweck ist es, die Öffentlichkeit über die wesentlichen Daten einer Versammlung zu informieren, damit auch zunächst Unbeteiligte entscheiden können, ob sie die aus Art. 8 Abs. 1 des Grundgesetzes, Art. 113 der Verfassung folgende Möglichkeit, an der Versammlung teilzunehmen, wahrnehmen wollen. Potenzielle Teilnehmer sollen erkennen können, mit wem sie sich gegebenenfalls solidarisieren oder gegen wen bzw. was sie protestieren wollen. Grundvoraussetzung für die Teilnahme ist zudem die Kenntnis, wo und wann die Versammlung überhaupt stattfinden soll. Die Bekanntgabe oder Einladung zu einer Versammlung ist dementsprechend nur dann öffentlich, wenn sie nicht gezielt an individuell bestimmte Personen, sondern in einer Art und Weise erfolgt, die jedermann zumindest die Möglichkeit einräumt, von der Versammlung Kenntnis zu erlangen. Öffentlichkeit in diesem Sinn ist insbesondere bei Bekanntgaben und Einladungen über Rundfunk und Fernsehen, im Internet, durch Plakate oder Anzeigen in Printmedien gewährleistet. In Übereinstimmung mit der Definition des Art. 2 Abs. 2 kann auch die Bekanntgabe einer Versammlung an einen bestimmten Personenkreis im Sinn des Art. 13 Abs. 1 Satz 4 öffentlich erfolgen, solange dieser allgemein umschrieben ist (z.B. alle Studenten) und nicht ein feststehender Kreis namentlich bezeichneter Personen angesprochen wird. Abweichend von § 2 Abs. 1 VersG schließt Abs. 3 verdeckte Einladungen aus, also solche Einladungen, die sich nicht an die allgemeine Öffentlichkeit richten, sondern beispielsweise durch Telefonketten oder SMS an einen nur eingeschränkten, individualisierten Empfängerkreis weitergegeben werden, ohne dass die Allgemeinheit Näheres über die beabsichtigte Versammlung erfährt. Dieses teils konspirative Vorgehen ist nicht vereinbar mit den Privilegien einer öffentlichen Versammlung. Denn im Rahmen öffentlicher Versammlungen muss auch die Möglichkeit bestehen, gegenteilige Meinungen zu äußern.

Zu Art. 4

Die Vorschrift fasst die Aufgaben und Befugnisse der bisher in §§ 8, 9 und 12 VersG geregelten Versammlungsleitung zusammen und ordnet sie systematisch dem Allgemeinen Teil zu. Zudem nimmt sie den Veranstalter in die Pflicht, für einen friedlichen Ablauf der Versammlung zu sorgen.

Abs. 1 konkretisiert das Friedlichkeitsgebot des Art. 8 Abs. 1 des Grundgesetzes und Art. 113 der Verfassung. Er verpflichtet dementsprechend den Veranstalter, im Vorfeld geeignete Maßnahmen zu treffen, um einen gewalttätigen Verlauf der Versammlung zu verhindern, falls tatsächliche Anhaltspunkte hierfür vorliegen. Es ist sachgerecht, nicht nur den Leiter, sondern auch den Veranstalter einer Versammlung zur Einhaltung des Friedlichkeitsgebots in die Pflicht zu nehmen, da Veranstalter und Leiter einer Versammlung nicht personenidentisch sein müssen (vgl. Art. 3 Abs. 2 Satz 3) und der Leiter seine Befugnisse erst mit Beginn der Versammlung ausüben kann. Im Vorfeld einer Versammlung hat daher der Veranstalter alles ihm Mögliche zu unternehmen, um einen friedlichen Ablauf der Versammlung zu gewährleisten. Dies kann dadurch geschehen, dass er zu Gewaltfreiheit aufruft, die Versammlung verschiebt bzw. verlegt oder als letztes Mittel sogar absagt. Die Rechte des Veranstalters ergeben sich unmittelbar aus Art. 8 Abs. 1 des Grundgesetzes und Art. 113 der Verfassung, die das Recht gewähren, eine Versammlung zu organisieren.

Abs. 2 entspricht inhaltlich im Wesentlichen § 8 VersG. Die Vorschrift strukturiert Aufgaben und Befugnisse der Versammlungsleitung stärker als das bisherige Recht. Da die Unterbrechung und die Fortsetzung einer Versammlung von der „Bestimmung des Versammlungsablaufs" im Sinn des Abs. 2 Nr. 1 umfasst sind, bedarf es hierzu keiner besonderen Regelung. Nr. 1 soll zudem das Worterteilungs- und -entziehungsrecht des Versammlungsleiters stärken, um dem Missbrauch der aus der Teilnahme an einer öffentlichen Versammlung folgenden Rechte insbesondere durch die so genannte „Wortergreifungsstrategie" von Rechtsextremisten entgegenzuwirken. Rechtsextreme nehmen vermehrt an Versammlungen bürgerlicher Parteien oder an parteipolitisch neutralen Versammlungen in der Absicht teil, die Diskussion zu dominieren, um die Versammlung durch umfangreiche Vorträge der eigenen Positionen zu einer Propaganda- und Werbeveranstaltung für ihre rechtsextremen Ideologien umzufunktionieren oder – wo sie dies nicht erreichen – zumindest die Versammlung zu stören. Das Worterteilungs- und -entziehungsrecht berechtigt allerdings nicht dazu, ohne sachlichen Grund missliebige Meinungsäußerungen zu unterbinden. Auch der Versammlungsleiter darf seine Leitungsrechte nicht missbrauchen, da öffentliche Versammlungen nach der Rechtsprechung des Bundesverfassungsgerichts ein prinzipiell für jedermann offenes Forum auch für kontroverse Meinungsäußerungen bieten (Beschluss vom 11. Juni 1991, Az. 1 BvR 772/90). Erfahrungen aus der Vollzugspraxis erfordern es, in Nr. 4 eine Pflicht zur ständigen Anwesenheit des Versammlungsleiters während der Versammlung und seine Erreichbarkeit für die zuständige Behörde festzulegen.

Abs. 3 konkretisiert die Pflicht des Versammlungsleiters, die Ordnung sicherzustellen. Wegen der – in Art. 1 Abs. 1 übernommenen – Schutzbereichseinschränkung „friedlich und ohne Waffen" des Art. 8 Abs. 1 des Grundgesetzes steht der Versammlungsleiter in der Pflicht, auf einen friedlichen Versammlungsverlauf hinzuwirken. Er hat insoweit die Versammlung und die Öffentlichkeit gegen Gefahren aus der Versammlung heraus zu schützen. Dazu kann unter anderem auch gehören, auf Personen einzuwirken, die mit dem Versammlungsanliegen sympathisieren oder es sonst unterstützen. Die Pflicht, die Friedlichkeit der Versammlung zu gewährleisten, findet ihre Grenze in den dem Versammlungsleiter tatsächlich zur Verfügung stehenden Möglichkeiten. Beispielsweise hat der Versammlungsleiter bei Teilnehmerkreisen, die gewaltbereit sind und sich von einer Versammlungsleitung nicht beeinflussen lassen, oder bei Gegendemonstranten, die sich grundsätzlich gegen das Versammlungsanliegen wenden, die Möglichkeit, die Polizei um Unterstützung zur Aufrechterhaltung der Ordnung während der Versammlung zu ersuchen. Vermag sich der Versammlungsleiter nicht durchzusetzen, ist er, wie dies bereits bisher § 19 Abs. 3 VersG bei Aufzügen vorsah, verpflichtet, die Versammlung für beendet zu erklären.

Abs. 4 entspricht inhaltlich im Wesentlichen § 9 Abs. 1 VersG. Die redaktionelle Änderung in Satz 1 stellt klar, dass Abs. 1 nicht nur Rechte, sondern auch Pflichten begründet. Die Vorschrift hält am Erfordernis der Volljährigkeit der Ordner nach bisherigem Recht im Hinblick auf haftungsrechtliche Probleme fest, die sich ergeben könnten, wenn Jugendliche als Ordner hinzugezogen würden. Satz 1 verzichtet aber auf das Erfordernis der Ehrenamtlichkeit, um auch den Einsatz professioneller Sicherheitsdienste zu ermöglichen, die Erfahrungen mit größeren Menschenmengen besitzen. Im Umkehrschluss zu Satz 1 ergibt sich, dass sich der Leiter zur Erfüllung seiner Aufgaben nur von Ordnern helfen lassen darf. Für andere Hilfspersonen, z.B. stellvertretende Versammlungsleiter, besteht kein Bedürfnis, weil die Kernpflichten des Leiters, wie etwa die Verpflichtung zur Versammlungsbeendigung (Art. 4 Abs. 3 Satz 3), nicht übertragbar sind und erst die Kennzeichnungspflicht für Ordner nach Satz 2 ihre Erkennbarkeit als Hilfspersonen für Versammlungsteilnehmer und Polizei gewährleistet. Satz 2 behält das Gebot bei, dass die einheitliche Kennzeichnung ausschließlich durch eine weiße Armbinde mit der Aufschrift „Ordner" oder „Ordnerin" erfolgen darf; dies hat sich in der Praxis bewährt. Satz 3 ergänzt das auch für Ordner geltende Verbot des Art. 6, Waffen oder sonstige gefährliche Gegenstände mit sich zu führen, um ein Verbot für den Versammlungsleiter, entsprechend ausgerüstete Ordner in der Versammlung einzusetzen.

Abs. 5 übernimmt im Wesentlichen § 12 VersG. Die Regelung stellt klar, dass die Pflicht von in eine Versammlung entsandten Polizeibeamten, sich dem Versammlungsleiter zu erkennen zu geben, nicht nur durch die einzelnen Polizeibeamten, sondern auch durch deren Einsatzleitung vor Ort erfüllt werden kann.

Zu Art. 5

Die Vorschrift fasst die Regelungen der §§ 10, 11 und 13 Abs. 2 VersG über die Pflichten der teilnehmenden Personen zusammen und ordnet sie systematisch dem Allgemeinen Teil des Gesetzes zu.

Abs. 1 entspricht inhaltlich § 10 VersG. Die zur Aufrechterhaltung der Ordnung von der Versammlungsleitung oder von Ordnern erteilten Anweisungen müssen sich auf das Verhalten der Teilnehmer in der Versammlung beziehen. Sie müssen die Ordnung, also den äußeren Ablauf der Versammlung, betreffen. Zwischenrufe, Missfallensbekundungen und geäußerte Gegenmeinungen können die Diskussion in der Versammlung beleben und dürfen nicht durch Anweisungen nach Abs. 1 untersagt werden, solange sie keine Störung der Versammlung im Sinn des Art. 8 darstellen (vgl. BVerfGE 84, 203 [209]).

Abs. 2 übernimmt weitgehend § 11 Abs. 2 VersG, präzisiert das bisherige Recht aber im Hinblick auf den Bestimmtheitsgrundsatz. An Stelle der bisherigen Pflicht der Versammlungsteilnehmer, eine Versammlung „sofort" zu verlassen, wird eine Pflicht zum „unverzüglichen" Verlassen begründet. In diesem Sinn war auch § 11 Abs. 2 VersG verfassungskonform auszulegen. „Unverzüglich" bedeutet nach dem Rechtsgedanken des § 121 BGB, dass sich der Betroffene ohne schuldhaftes Zögern entfernen muss. Das Recht zum Ausschluss störender Teilnehmer steht bei Versammlungen in geschlossenen Räumen nach Art. 11 Abs. 1 dem Versammlungsleiter und bei Versammlungen unter freiem Himmel nach Art. 15 Abs. 4 der zuständigen Behörde zu.

Abs. 3 entspricht inhaltlich § 13 Abs. 2 VersG und begründet die Pflicht der Versammlungsteilnehmer, sich bei Auflösung der Versammlung durch die zuständige Behörde unverzüglich zu entfernen. Auflösung ist die Beendigung einer Versammlung durch Verwaltungsakt. Sie entzieht der Versammlung den durch Art. 8 Abs. 1 des Grundgesetzes, Art. 113 der Verfassung vermittelten Schutz. Durch die Auflösung wird die Versammlung zur bloßen Ansammlung, die nach allgemeinem Polizeirecht zu behandeln ist.

Zu Art. 6

Art. 6 übernimmt inhaltlich § 2 Abs. 3 VersG. An Stelle der bisherigen Formulierung „ohne behördliche Ermächtigung" verwendet Art. 6 aber die dem Waffengesetz entsprechende Formulierung „ohne Erlaubnis". Die Vorschrift konkretisiert das in Art. 8 Abs. 1 des Grundgesetzes und Art. 113 der Verfassung bestimmte Bewaffnungsverbot („ohne Waffen" bzw. „unbewaffnet"). Eine Missachtung des Verbots deutet auf potenzielle Unfriedlichkeit und damit auf ein Verhalten außerhalb des Schutzbereichs der Versammlungsfreiheit hin. Wegen des Vorbehalts des Gesetzes bedarf es für Maßnahmen zur Durchsetzung des Verbots dennoch einer versammlungsgesetzlichen Verbotsnorm.

Das Waffenverbot gilt nicht nur für Versammlungsteilnehmer, sondern auch für Versammlungsleiter und Ordner. Eine behördliche Erlaubnis nach Art. 6 scheidet für Versammlungsleiter und Ordner in der Regel aus, um die Friedlichkeit der Versammlung nicht zu gefährden.

Zu Art. 7

Die Vorschrift entspricht in Abs. 1 und Abs. 3 Satz 1 im Wesentlichen dem Uniformierungsverbot nach § 3 Abs. 1 VersG. Abs. 2 erweitert dies um ein allgemeines Militanzverbot bei öffentlichen und nichtöffentlichen Versammlungen. Abs. 3 Satz 2 übernimmt schließlich die Ausnahme für Jugendverbände nach § 3 Abs. 2 VersG.

Abs. 1 knüpft für öffentliche und nichtöffentliche Versammlungen an das Uniformierungsverbot des § 3 Abs. 1 VersG an, schränkt dies aber dadurch ein, dass mit der Uniformierung eine einschüchternde Wirkung verbunden sein muss. Der Grundgedanke der Norm ist nach wie vor richtig. Das Uniformierungsverbot stellt unter anderem eine Reaktion auf Erfahrungen der deutschen Geschichte dar und soll insbesondere die Entstehung aus der Weimarer Republik bekannter uniformierter „Parteiarmeen" verhindern. Das Tragen von Uniformen als Ausdruck politischer Gesinnung ist geeignet, nicht nur die Außenwirkung kollektiver Äußerungen zu verstärken, sondern darüber hinaus suggestiv-militante Effekte in Richtung auf einschüchternde uniforme Militanz auszulösen (vgl. BVerfG NJW 1982, 1803). Das zusätzliche Erfordernis einer einschüchternden Wirkung berücksichtigt aber, dass das Tragen gleichartiger Kleidungsstücke auch eine andere soziale Bedeutung haben kann, als die Zurschaustellung einer quasi-militärischen Organisation und von Gewaltbereitschaft. Sofern gesellschaftliche Gruppen auf Versammlungen versuchen, durch äußere, der Wiedererkennbarkeit dienende Mittel – wie gleichartige Bekleidung – ihre gemeinsame Identität zu fördern oder nur die Massenhaftigkeit ihres Anliegens zu unterstreichen, ist dies legitim. Ohne eine einschüchternde Wirkung unterfällt dies dementsprechend nicht dem Uniformierungsverbot. Von vornherein nicht unter das Verbot des Abs. 1 fällt dagegen ein uniformes Auftreten, das kein Ausdruck einer gemeinsamen politischen Gesinnung ist, sondern z.B. nur kommunikative Inhalte in künstlerisch beeinflussten Formen ausdrückt.

Das Militanzverbot nach Abs. 2 berücksichtigt, dass Versammlungen extremistischer Gruppierungen vielfach einen Gesamteindruck vermitteln, der an militärische Aufmärsche erinnert. Dies gilt sowohl für Teilnehmer rechtsextremistischer Versammlungen, die mit einheitlicher Kleidung (Bomberjacken, Springerstiefel mit gleichfarbigen Schnürsenkeln), Marschtritt, Trommelschlagen und schwarzen Fahnen an die Tradition der Aufmärsche von SA-Verbänden zum Ende der Weimarer Republik anknüpfen. Es gilt aber auch für linksextremistische Versammlungen, bei denen sich regelmäßig militante Autonome zu so genannten „Schwarzen Blöcken" zusammenschließen. Ein derartiges, pseudomilitärisches Gehabe erstrebt eine suggestiv-militante, Aggression stimulierende und einschüchternde Wirkung. Es erzeugt bei Außenstehenden den Eindruck von Gewalt- und Kampfbereitschaft. Versammlungen, die ein solches militantes Gepräge mit der damit verbundenen Gewaltmetaphorik aufweisen, laufen dem Friedlichkeitsgebot von Art. 8 Abs. 1 des Grundgesetzes und Art. 113 der Verfassung zuwider, das jeweils den Schutzbereich der Versammlungsfreiheit begrenzt. Nach dem Bundesverfassungsgericht schützt Art. 8 des Grundgesetzes zwar Aufzüge, nicht aber Aufmärsche mit paramilitärischen oder sonstwie einschüchternden Begleitumständen (Beschluss vom 24. März 2001, Az. 1 BvQ 13/01). Es hat daher Beschränkungen der Versammlungsfreiheit für verfassungsrechtlich unbedenklich erachtet, die ein aggressives und provokatives, die Bürger einschüchterndes Verhalten der Versammlungsteilnehmer verhindern sollen, das ein Klima der Gewaltdemonstration und potenzieller Gewaltbereitschaft erzeugt (Beschluss vom 23. Juni 2004, Az. 1 BvQ 19/04). Das Uniformierungsverbot des § 3 Abs. 1 VersG erweist sich aber als unzureichend, um derartigen Zurschaustellungen von Gewaltbereitschaft bei öffentlichen Versammlungen wirkungsvoll begegnen zu können. § 3 Abs. 1 VersG bezieht sich tatbestandlich nur auf das Tragen von Uniformen, Uniformteilen oder (sonstigen) gleichartigen Kleidungsstücken und erfasst damit nicht Fahnen, Fackeln, Trommeln, Abzeichen oder das Marschieren im Gleichschritt.

Abs. 2 erweitert daher das bisherige Uniformierungsverbot um ein Verbot, das Gesamtinszenierungen vorbeugen soll, die den Eindruck von Militanz erwecken oder Gewaltbereitschaft vermitteln, wenn mit der Art und Weise der Versammlungsdurchführung eine einschüchternde Wirkung einhergeht. Dabei kommt es entscheidend auf den Gesamteindruck der Versammlung an. Einzelne, für sich genommen unbedenkliche Verhaltensweisen können in ihrer Gesamtheit der Versammlung einen bedrohlichen militanten Charakter verleihen. Voraussetzung des Verbots ist aber, dass der Einschüchterungseffekt von den äußeren Versammlungsmodalitäten ausgeht, also von den Verhaltensweisen der Teilnehmer, und nicht von den auf der Versammlung geäußerten, möglicherweise als provokativ oder aggressiv empfundenen Meinungsinhalten. Anknüpfungspunkt des Militanzverbots ist die Form, nicht der Inhalt der Kommunikation im Rahmen öffentlicher Versammlungen. Ein allgemeiner politischer „Klimaschutz" oder Schutz subjektiver, unter Umständen überzogener Empfindlichkeiten gegenüber geistig-konfrontativen Versammlungen ist nicht beabsichtigt.

Versammlungen erzielen ihre besondere Wirkung oft durch die Verbindung geistiger und physischer Kommunikation; dies gilt insbesondere für Großdemonstrationen. Der Versammlungsteilnehmer steht nicht nur durch seine Meinungsäußerung, sondern auch durch seine physische Präsenz für das von ihm verfolgte Anliegen ein. Erst diese physische Präsenz erzeugt den – von der Versammlungsfreiheit grundsätzlich umfassten – „Druck der Straße". Erst wenn die in diesem Sinn versammlungstypische physische Konfrontation zu einer Zurschaustellung einschüchternder Gewaltbereitschaft übersteigert wird, überschreitet dies die Grenze des Friedlichkeitsgebots und verletzt das Militanzverbot. Zu den Verhaltensweisen, die den Eindruck einschüchternder Militanz und Gewaltbereitschaft erwecken können, zählen insbesondere Trommelschlagen, Marschieren in Formation oder im Gleichschritt sowie das Mitführen und Verwenden von Fahnen, Fackeln oder Abzeichen. Auch hier ist aber zu beachten, dass etwa das Mitführen von Trommeln, Fahnen und anderen Hilfsmitteln zur Wirksamkeitssteigerung der Versammlung grundsätzlich erlaubt bleibt und nur dann unter das Militanzverbot fällt, wenn ein Gesamteindruck entsteht, der Gewalt- und Kampfbereitschaft vermittelt und andere einschüchtert.

Nach der Rechtsprechung des Bundesverfassungsgerichts kann die öffentliche Ordnung durch ein aggressives, die Grundlagen eines verträglichen Zusammenlebens der Bürger beeinträchtigendes, insbesondere andere Bürger einschüchterndes, Auftreten der Versammlungsteilnehmer verletzt werden (Beschluss vom 5. September 2003, Az. 1 BvQ 32/03). Abs. 2 wandelt das Verbot einschüchternder Militanz bei Versammlungen von einem Rechtsgut der – ungeschriebenen – öffentlichen Ordnung zu einem Rechtsgut der öffentlichen Sicherheit; denn mit der normativen Regelung wird das Verbot zum Bestandteil der (geschriebenen) Rechtsordnung, deren Unversehrtheit Teil der öffentlichen Sicherheit ist. Droht ein Verstoß gegen das Militanzverbot, begründet dies daher eine unmittelbare Gefahr für die öffentliche Sicherheit, was beschränkende Verfügungen nach Art. 15 Abs. 1 erlaubt.

Aufgrund des verfassungsrechtlichen Gewichts der Versammlungsfreiheit scheiden Versammlungsverbote aus Gründen der Verhältnismäßigkeit gleichwohl in aller Regel aus. Denn einer Gefährdung des Friedlichkeitsgebots kann zumeist durch entsprechende beschränkende Verfügungen (z. B. Verbot des Marschierens im Gleichschritt oder des Mitführens schwarzer Fahnen) hinreichend begegnet werden.

Das Militanzverbot nach Abs. 2 gilt abweichend von Art. 2 Abs. 3 nicht nur für öffentliche, sondern auch für nichtöffentliche Versammlungen. Auch von militant auftretenden Teilnehmern einer nichtöffentlichen Versammlung kann eine einschüchternde Wirkung ausgehen, etwa auf Polizeibeamte, die zur Gefahrenabwehr oder zur Strafverfolgung zu einer nichtöffentlichen Versammlung gerufen werden, oder auf andere Versammlungsteilnehmer.

Das Militanzverbot nach Abs. 2 gilt auch für Teile einer Versammlung. Dies soll gewährleisten, dass insbesondere bei Großdemonstrationen, zu denen typischerweise eine Vielzahl verschiedener Gruppierungen aufruft, der abgrenzbare, militante Teil einer Versammlung für Beschränkungsmaßnahmen herangezogen werden kann. Verhalten sich andere Versammlungsteilnehmer friedlich, soll ihr Versammlungsrecht nicht durch den unfriedlichen Teil beeinträchtigt werden. Dies gebietet der Grundsatz der Verhältnismäßigkeit. Insbesondere so genannte „Schwarze Blöcke" militanter Autonomer versuchen sich bei Großdemonstrationen nach Gewalttaten in der Masse der friedlichen Demonstranten dem Zugriff durch die Polizei zu entziehen. Ein abgrenzbarer, einschüchternd-militanter Teil einer Versammlung wird vielfach erst nach Versammlungsbeginn erkennbar werden. In diesem Fall sind Beschränkungsmaßnahmen gegen den Versammlungsteil nach Art. 15 Abs. 3 möglich, sofern es sich um eine öffentliche Versammlung handelt. Gegen militante Teile nichtöffentlicher Versammlungen ist nach allgemeinem Polizei- und Sicherheitsrecht vorzugehen. Handelt es sich um eine selbständige „Versammlung in der Versammlung" gilt für diese Abs. 2 unmittelbar.

Abs. 3 übernimmt in Satz 1 das Uniformierungsverbot des bisherigen Rechts für das uniformierte Auftreten in der Öffentlichkeit außerhalb von Versammlungen. Bei öffentlichen und nichtöffentlichen Versammlungen geht Abs. 1 als lex specialis vor. Anders als in den Fällen von Abs. 1 ist eine einschüchternde Wirkung der Uniformierung nach Abs. 3 keine Voraussetzung für das Verbot. Die Differenzierung rechtfertigt sich durch das Grundrecht der Versammlungsfreiheit, das eine durch physische Präsenz ausgelöste erhöhte Wirkungschance der Versammlung gewährleistet und damit – bis zur Grenze der Einschüchterung – gerade auch die Beeindruckung der Öffentlichkeit durch expressive Massenselbstdarstellungen schützt. Steht die Uniformierung aber nicht in Zusammenhang mit der Versammlungsfreiheit, soll Abs. 3 Satz 1 jeden Anreiz für politisch motiviertes Uniformiertsein in der Öffentlichkeit ausschließen.

Abs. 3 Satz 2 entspricht im Wesentlichen § 3 Abs. 2 Satz 1 VersG. Der im VersG verwendete Begriff der „Jugendpflege" ist dem heutigen Sprachgebrauch entsprechend durch „Jugendarbeit" ersetzt, ohne dass damit eine Rechtsänderung verbunden ist. Die Zuständigkeit des Staatsministeriums des Innern bestimmt Art. 24 Abs. 2 Satz 3. Die Ausnahmegenehmigung hat zur Folge, dass Mitglieder von Jugendverbänden Uniformen, Uniformteile oder gleichartige Kleidungsstücke als Ausdruck einer gemeinsamen politischen Gesinnung außerhalb von Versammlungen in der Öffentlichkeit tragen dürfen. Eine Befreiungsmöglichkeit von den Verboten nach Abs. 1 und 2 für Versammlungen ist dagegen nicht erforderlich. Von Mitgliedern von Jugendverbänden, die an Versammlungen teilnehmen, geht regelmäßig keine einschüchternde Wirkung aus. Erzeugt die Uniformierung aber ausnahmsweise doch eine einschüchterne Wirkung auf andere, verstößt dies gegen das Uniformierungsverbot. Hier ist eine Ausnahmemöglichkeit aber nicht geboten, da ein solcher Missbrauch der Uniformierung nicht schützenswert ist. Zudem greift das Militanzverbot nach Abs. 2 – unabhängig von der Art und Weise der Uniformierung und der Erteilung einer Ausnahmegenehmigung nach Abs. 3 Satz 1 – auch dann, wenn die Mitglieder des Jugendverbandes durch ihr sonstiges Verhalten auf Versammlungen paramilitärisch wirken oder den Eindruck von Gewaltbereitschaft vermitteln und damit eine einschüchternde Wirkung bei anderen erzeugen.

Für Jugendverbände, deren Mitglieder mit Uniformierung andere als politische Anliegen verfolgen und keine politische Gesinnung zum Ausdruck bringen, greift der Verbotstatbestand des Abs. 3 Satz 1 von vornherein nicht. Insoweit bedarf es auch keiner Ausnahmemöglichkeit nach Satz 2.

Zu Art. 8

Die Vorschrift fasst die Regelungen des § 2 Abs. 2 und der §§ 21 bis 23 VersG, die das Verbot von Störungen bei Versammlungen betreffen, zusammen. Sie gilt gleichermaßen für öffentliche Versammlungen in geschlossenen Räumen wie unter freiem Himmel und teilweise auch für nichtöffentliche Versammlungen.

Abs. 1 begründet in Anlehnung an § 2 Abs. 2 VersG das Verbot von Störungen, die bezwecken, die ordnungsgemäße Durchführung von Versammlungen zu verhindern, weitet diesen Schutz neben öffentlichen aber auch auf nichtöffentliche Versammlungen aus. Teilnehmer nichtöffentlicher Versammlungen können sich auch auf das Grundrecht der Versammlungsfreiheit aus Art. 8 Abs. 1 des Grundgesetzes, Art. 113 der Verfassung berufen. Es ist daher geboten, den Schutz vor Störungen auch auf nichtöffentliche Versammlungen zu erweitern. Das Verbot erfasst bereits Störungen im Vorfeld der Versammlung, sofern diese Handlungen bezwecken, die ordnungsgemäße Durchführung der Versammlung zu verhindern.

Abs. 2 enthält weitere Verbotstatbestände, die im Fünften Abschnitt strafbewehrt werden und den Regelungsgehalt der §§ 21 und 22 VersG aufgreifen.

Unter den Schutz des Abs. 2 Nr. 1 – der im Wesentlichen § 21 VersG entspricht – fällt jede nicht verbotene, öffentliche oder nichtöffentliche Versammlung.

Abs. 2 Nr. 2, der § 22 VersG aufgreift, dient dem Schutz der Personen, die für die ordnungsgemäße Durchführung öffentlicher Versammlungen verantwortlich sind. Schutzzweck ist sowohl die ungestörte Wahrnehmung der Ordnungsbefugnisse durch Versammlungsleiter und Ordner als auch der persönliche Schutz dieser Funktionsträger. Abweichend vom grundsätzlichen Sprachgebrauch des Gesetzes, wonach mit dem ohne Zusatz verwendeten Begriff „Versammlung" wegen Art. 2 Abs. 3 stets nur öffentliche Versammlungen gemeint sind, ist in Abs. 2 Nr. 2 ausnahmsweise ausdrücklich von öffentlichen Versammlungen die Rede. Dies ist gerechtfertigt, da Abs. 2 Nr. 2 systematisch an Abs. 1 und an Abs. 2 Nr. 1 anknüpft, die jeweils für öffentliche und für nichtöffentliche Versammlungen gelten. Ohne eine ausdrückliche Regelung in Abs. 2 Nr. 2 blieben Auslegungszweifel. Das Verbot nach Abs. 2 Nr. 2 auf nichtöffentliche Versammlungen zu erweitern, ist angesichts der Strafbewehrung nach Art. 20 Abs. 2 Nr. 5 nicht sinnvoll, weil es nicht rechtssicher zu handhaben wäre. Nichtöffentliche Versammlungen müssen keinen Leiter haben und für gegebenenfalls eingesetzte Ordner besteht – anders als nach Art. 4 Abs. 4 Satz 2 bei öffentlichen Versammlungen – keine Pflicht zur Kennzeichnung.

Abs. 3 entspricht im Wesentlichen § 23 VersG. Die Einfügung des Begriffs „Internet" in Abs. 3 trägt der zunehmenden Nutzung des Internets als effizientem Informationsweg Rechnung. Darüber hinaus wird in Abs. 3 der Begriff „Datenspeicher" eingefügt. Er umfasst elektronische, elektromagnetische, optische, chemische oder sonstige Datenspeicher, die gedankliche Inhalte verkörpern, die nur unter Zuhilfenahme technischer Geräte wahrgenommen werden; für die Wahrnehmbarkeit kommt insbesondere eine Anzeige auf einem Bildschirm in Betracht. Erfasst werden sowohl Inhalte in Datenträgern (Magnetbändern, Festplatten, CD-ROMs u. a.), als auch in elektronischen Arbeitsspeichern, die Inhalte nur vorübergehend bereithalten.

Zu Art. 9

Die Vorschrift entspricht im Wesentlichen § 12a VersG, der über die Verweisungsnorm des § 19a VersG auch für öffentliche Versammlungen unter freiem Himmel galt.

Bild- und Tonaufnahmen oder -aufzeichnungen oder sonstige personenbezogene Datenerhebungen können faktische Grundrechtseingriffe darstellen, die das Recht auf informationelle Selbstbestimmung und die Versammlungsfreiheit beeinträchtigen. Der Schutzbereich von Art. 8 Abs. 1 des Grundgesetzes und Art. 113 der Verfassung erfasst als innere Versammlungsfreiheit auch die Entschließungsfreiheit, das Grundrecht angstfrei auszuüben, ohne eine unbeschränkte staatliche Überwachung der Versammlungsteilnehmer befürchten zu müssen.

Durch den Begriff „Aufzeichnungen" statt „Aufnahmen" stellt Abs. 1 Satz 1 klar, dass neben Bild- und Tonaufnahmen auch Bild- und Tonaufzeichnungen unter den dort genannten, § 12a Abs. 1 Satz 1 VersG entsprechenden Voraussetzungen zulässig sind. Unter einer Bild- und Tonaufnahme ist die Erhebung personenbezogener Daten in Form von Bildern und/oder Tönen ohne deren Speicherung zu verstehen, wie etwa die bloße Echtzeitübertragung von Bildern in eine Einsatzleitstelle zur Koordinierung des Polizeieinsatzes. Dagegen umfasst die Aufzeichnung auch die Speicherung einer Bild- und Tonaufnahme. Daher sind Bild- und Tonaufnahmen als Maßnahmen geringerer Intensität notwendiger Weise von der Befugnis für Bild- und Tonaufzeichnungen mit umfasst. Abs. 1 Satz 1 erlaubt die Anfertigung von Bild- und Tonaufnahmen oder -aufzeichnungen ausschließlich nur von solchen Personen, bei denen tatsächliche Anhaltspunkte dafür bestehen, dass gerade von ihnen erhebliche Gefahren für die öffentliche Sicherheit und Ordnung ausgehen. Weiter bezieht die Regelung nun ausdrücklich auch die Erhebung personenbezogener Daten auf sonstige Weise ein, etwa durch das Beobachten oder Befragen erkannter Störer. Der Begriff der „personenbezogenen Daten" ist in Art. 4 Abs. 1 des Bayerischen Datenschutzgesetzes legal definiert und nicht mit den „persönlichen Daten" im Sinn des Art. 10 Abs. 3 Satz 1 zu verwechseln. Ob eine Datenerhebung auf sonstige Weise als Mindermaßnahme zu Bild- und Tonaufnahmen nach dem bisherigen VersG zulässig ist, ist streitig. Auch wenn diese Datenerhebungen gegenüber Bild- und Tonaufzeichnungen als eingriffsschwächere Maßnahmen zu qualifizieren sind, sind sie dennoch nur unter den gleichen Voraussetzungen nach Abs. 1 Satz 1 zulässig. Diese Voraussetzungen sind gegenüber Art. 31 PAG enger, weil – wie bisher – nur eine *erhebliche* Gefahr für die öffentliche Sicherheit oder Ordnung für den Eingriff ausreicht, was die verfassungsrechtlich gebotene Privilegierung von Versammlungen gegenüber dem allgemeinen Polizei- und Sicherheitsrecht widerspiegelt. Gleichwohl dürfen Bild- und Tonaufnahmen oder -aufzeichnungen sowie personenbezogene Daten über die Voraussetzungen des Abs. 1 Satz 1 hinaus stets nur im Lichte der Versammlungsfreiheit und unter strikter Beachtung des Verhältnismäßigkeitsgrundsatzes angefertigt bzw. erhoben werden. Abs. 1 Satz 2, der § 12a Abs. 1 Satz 2 VersG entspricht, stellt klar, dass Maßnahmen nach Abs. 1 Satz 1 auch dann durchgeführt werden können, wenn Dritte unvermeidbar betroffen werden.

Im bisherigen Recht fehlt zudem eine Befugnis zur Anfertigung der für eine polizeiliche Lagebeurteilung unabdingbaren Übersichtsaufnahmen von Versammlungen und deren Umfeld. Abs. 2 Satz 1 enthält daher eine solche Befugnis der Polizei zur Lenkung und Leitung des Polizeieinsatzes, die jedoch keine Speicherung der erhobenen Daten erlaubt, weil für den hier genannten Zweck eine Echtzeitübertragung ausreicht. Übersichtsaufzeichnungen sind nach Abs. 2 Satz 2 dagegen nur zulässig, wenn die Speicherung von Übersichtsaufnahmen zur Auswertung des polizeitaktischen Vorgehens erforderlich sein kann. Unter „Auswertung" ist eine in der Regel nachträglich vorzunehmende Analyse zu verstehen, was eine Speicherung der Daten voraussetzt. Übersichtsaufnahmen verletzen das Recht der Versammlungsteilnehmer auf informationelle Selbstbestimmung nicht, da sie nicht mit dem Ziel der Individualisierung einzelner Teilnehmer angefertigt werden. Es ist jedoch in der Regel technisch möglich, derartige Übersichtsaufnahmen in Echtzeit oder nachträglich zur Individualisierung von Personen zu nutzen; Gleiches gilt für Übersichtsaufzeichnungen. Auf Grund der damit verbundenen Grundrechtsbeeinträchtigung ist die Auswertung der Aufnahmen und Aufzeichnungen mit dem Ziel der Identifizierung Einzelner nach Abs. 2 Satz 3 nur unter den strengeren Voraussetzungen des Abs. 1 zulässig.

Abs. 3 entspricht bis auf redaktionelle Anpassungen dem § 12a Abs. 2 VersG. Er gilt grundsätzlich auch für Übersichtsaufzeichnungen nach Abs. 2 Satz 2. Allerdings berücksichtigt Satz 3, dass Übersichtsaufzeichnungen zur langfristigen Auswertung des polizeitaktischen Vorgehens wertvoll sind. Bei einer Verwendung für diesen Zweck unterliegen Übersichtsaufzeichnungen daher keiner Löschungspflicht. Die Auswertung des polizeitaktischen Vorgehens bei Versammlungen umfasst auch eine polizeiliche Aus- und Fortbildung anhand anschaulicher Beispiele.

Abs. 4 entspricht § 12a Abs. 3 VersG, ersetzt aber redaktionell die veralteten Begriffe der „personenbezogenen Informationen" durch „personenbezogene Daten". Inhaltlich bestimmt die Vorschrift wie bisher, dass sich die Nutzung der Daten nach der Strafprozessordnung und dem Gesetz über Ordnungswidrigkeiten richtet, wenn die Auswertung der Aufnahmen für Zwecke der Strafverfolgung oder zur Ahndung von Ordnungswidrigkeiten erfolgen soll.

Zu Art. 10

Die Vorschrift fasst die Veranstalterrechte und -pflichten bei Versammlungen in geschlossenen Räumen zusammen und knüpft dabei an §§ 6 und 9 Abs. 2 VersG an.

Die Ausgestaltung der Veranstalterpflichten richtet sich nach der besonderen Grundrechtsdogmatik des Art. 8 des Grundgesetzes. Danach sind die Pflichten des Veranstalters bereits Ausdruck der ausdrücklich genannten schutzbereichsimmanenten Grenzen der Friedlichkeit und Waffenlosigkeit. Einen Eingriff in das Grundrecht der Versammlungsfreiheit können nur verfassungssystematische Schranken legitimieren. Der Gesetzesvorbehalt des Art. 8 Abs. 2 des Grundgesetzes findet auf Versammlungen in geschlossenen Räumen keine Anwendung. Immanente Schranken des Grundrechts sind etwa die Grundrechte Dritter und andere Normen des Grundgesetzes.

Abs. 1 entspricht § 6 Abs. 1 VersG. Die Vorschrift konkretisiert das Grundrecht der Versammlungsfreiheit, indem sie das aus Art. 8 Abs. 1 des Grundgesetzes und Art. 113 der Verfassung folgende Recht auf grundsätzliche Teilnahme an öffentlichen Versammlungen für öffentliche Versammlungen in geschlossenen Räumen inhaltlich begrenzt. Sie steht mit Art. 8 Abs. 1 des Grundgesetzes und Art. 113 der Verfassung in Einklang, weil die ausgeschlossenen Personen zum gleichen Thema eine eigene Versammlung durchführen können.

Abs. 2 übernimmt weitgehend § 6 Abs. 2 VersG. Die Pflicht von Pressevertretern, sich als solche auszuweisen, besteht nunmehr auch gegenüber Ordnern. Dass eine Person ein Pressevertreter ist, muss sie nicht durch einen Presseausweis nachweisen. Dies kann auch auf andere Weise erfolgen, etwa durch Vorlage eines Begleitschreibens der Redaktion. Dies berücksichtigt, dass insbesondere kleinere Redaktionen heute zur Berichterstattung vielfach auf freie Mitarbeiter zurückgreifen, die nicht regelmäßig, sondern nur im Einzelfall und nach entsprechendem Auftrag für die Redaktion tätig sind.

Abs. 3 setzt Erfahrungen der Vollzugspraxis über ungeeignete und die Friedlichkeit von Versammlungen gefährdende Versammlungsleiter um. Die Vorschrift trifft eine dem Abs. 4 vergleichbare Regelung für den Versammlungsleiter und definiert Familiennamen, Vornamen, Geburtsnamen, Geburtsdatum, Geburtsort und Anschrift legal als persönliche Daten. Das Anfordern der persönlichen Daten des Leiters durch die zuständige Behörde ist nur zulässig, soweit es zur Prüfung von Maßnahmen nach Abs. 3 Satz 2 erforderlich ist. Die weitere Verarbeitung der erhobenen Daten und die Rechte der Betroffenen bestimmen sich nach den Vorschriften des Bayerischen Datenschutzgesetzes bzw. – soweit die Polizei als Versammlungsbehörde zuständig ist – nach dem Polizeiaufgabengesetz.

Abs. 4 ersetzt § 9 Abs. 2 VersG. Der Veranstalter ist verpflichtet, Angaben im Sinn des Abs. 3 Satz 1 auch über die Ordner zu machen. Die zuständige Behörde erhält damit die Möglichkeit, die vorgesehenen Ordner vor Beginn der Versammlung darauf zu überprüfen, ob sie die Friedlichkeit der Versammlung gefährden. Eine Gefährdung der Friedlichkeit der Versammlung ist anzunehmen, wenn der vorgesehene Ordner z. B. wegen Gewaltverbrechen oder waffenrechtlicher Delikte strafrechtlich vorbelastet ist. In diesem Fall kann die Behörde den Einsatz dieser Person ablehnen. Wie bei Abs. 3 ist auch das Anfordern der persönlichen Daten von Ordnern durch die zuständige Behörde nur zulässig, soweit es zur Prüfung von Maßnahmen nach Abs. 4 Satz 2 erforderlich ist. Zudem gilt auch im Rahmen des Abs. 4, dass sich die weitere Verarbeitung der erhobenen Daten und die Rechte der Betroffenen nach den Vorschriften des Bayerischen Datenschutzgesetzes bzw. – soweit die Polizei als Versammlungsbehörde zuständig ist – nach dem Polizeiaufgabengesetz bestimmen. Abweichend von § 9 Abs. 2 VersG ist die Versammlungsbehörde bei Versammlungen in geschlossenen Räumen nicht nur zur Beschränkung, sondern auch zur Erhöhung der Anzahl der Ordner befugt. Eine übermäßig große Anzahl von Ordnern kann durch massives, gleichförmiges und dadurch bedrohliches Auftreten die Friedlichkeit der Versammlung stören. Eine zu geringe Ordnerzahl kann die Ordnung der Versammlung gefährden, unter Umständen aber auch die Friedlichkeit, etwa wenn die Versammlungsbehörde Hinweise auf potenziell unfriedliche Versammlungsteilnehmer hat. Anordnungen zur Anzahl der Ordner müssen nach dem Verhältnismäßigkeitsgrundsatz erfolgen und daher jeweils angemessen sein.

Zu Art. 11

Die Vorschrift führt die Regelungen des bisherigen Rechts, die die Abwehr von Störungen bei Versammlungen in geschlossenen Räumen betreffen, in einer Norm zusammen.

Abs. 1 entspricht weitgehend § 11 Abs. 1 VersG. In Übereinstimmung mit dem Sprachgebrauch im Strafgesetzbuch ist die Formulierung der „gröblichen" Störung der Ordnung aber durch die Formulierung einer „erheblichen" Störung der Ordnung ersetzt, ohne dass hierdurch die Eingriffsschwelle verändert wird. Ein Ausschluss nach Abs. 1 hat zur Folge, dass die ausgeschlossene Person ihren Status als Teilnehmer der Versammlung verliert und nach Art. 5 Abs. 2 verpflichtet ist, die Versammlung unverzüglich zu verlassen. Kommt die ausgeschlossene Person dieser Pflicht nicht nach, begeht sie eine Ordnungswidrigkeit nach Art. 21 Abs. 1 Nr. 4.

Abs. 2 entspricht § 7 Abs. 4 VersG. Der systematische Nachrang gegenüber Abs. 1 stellt klar, dass das Hausrecht gegenüber Teilnehmern einer Versammlung keine Bedeutung hat, sondern nur gegenüber Nicht-Teilnehmern. Das Hausrecht wird durch das Grundrecht der Versammlungsfreiheit überlagert und eingeschränkt. Der Ausschluss von Teilnehmern einer öffentlichen Versammlung in geschlossenen Räumen ist nur unter den Voraussetzungen des Abs. 1 möglich. Abs. 2 begründet allerdings kein Hausrecht, sondern setzt es gerade voraus. Der Besitzberechtigte muss es daher auf Grund einer privatrechtlichen Regelung oder im Rahmen öffentlich-rechtlicher Zugangsrechte gestattet haben, die Versammlung in den Räumlichkeiten stattfinden zu lassen.

Zu Art. 12

Die Vorschrift fasst §§ 5 und 13 VersG zusammen und schafft damit eine einheitliche Befugnisnorm für Beschränkungen, Verbote und Auflösung von Versammlungen in geschlossenen Räumen.

Abs. 1 enthält – anders als § 5 VersG – eine ausdrückliche Ermächtigung für beschränkende Verfügungen vor Versammlungsbeginn. Dies stellt die von der Rechtsprechung vertretene Auslegung des § 5 VersG, wonach ein Erst-Recht-Schluss von der Ermächtigung zum Verbot einer Versammlung auf die Ermächtigung zum Erlass bloßer Beschränkungen möglich ist, auf eine ausdrückliche gesetzliche Grundlage. In Anwendung des Grundsatzes der Verhältnismäßigkeit ist ein Versammlungsverbot nur zulässig, wenn das mildere Mittel der Beschränkung nicht ausreicht. In Nr. 1 entfällt das Erfordernis, dass im Fall des Art. 1 Abs. 2 Nr. 4 das Verbot durch die zuständige Verwaltungsbehörde festgestellt worden sein muss. Eine entsprechende Regelung findet sich mittlerweile im Vereinsgesetz, so dass dies hier nicht mehr gesondert bestimmt werden muss. Nr. 2 sieht abweichend von § 5 Nr. 2 VersG bereits in der Gefahr der Zutrittsgewährung bewaffneter Teilnehmer einen Verbotsgrund, um der Vorschrift eine größere praktische Bedeutung zu geben. In Nr. 3 entfällt der – auch im Hinblick auf die Streichung des Aufruhrtatbestandes aus dem Strafgesetzbuch – veraltete Begriff „aufrührerisch". Der Begriff „gewalttätig" beschreibt die Unfriedlichkeit der Versammlung umfassend.

Abs. 2 regelt die Eingriffsbefugnisse nach Beginn der Versammlung im Wesentlichen entsprechend § 13 VersG. In Nr. 1 entfällt – ebenso wie in Abs. 1 Nr. 1 – aber das Erfordernis der Verbotsfeststellung durch die zuständige Verwaltungsbehörde. Im Verbotsgrund der Nr. 2 wird „oder aufrührerisch" – wie auch bei Abs. 1 Nr. 3 – als veraltet gestrichen.

Zu Art. 13

Die Vorschrift greift den Regelungsinhalt des § 14 VersG auf, ersetzt den Begriff der „Anmeldung" aber durch das Wort „Anzeige". Weiter beschränkt die Vorschrift die Möglichkeit, Versammlungen mehrere Jahre im Voraus auf Vorrat anzuzeigen und sieht erstmals gesetzliche Definitionen für Eil- und Spontanversammlungen vor. Schließlich schafft sie in Anlehnung an § 18 Abs. 2 VersG eine Auskunftspflicht des Veranstalters über die vorgesehenen Ordner.

Abs. 1 vermeidet den vermeintlichen Widerspruch des § 14 VersG zu Art. 8 Abs. 1 des Grundgesetzes („ohne Anmeldung oder Erlaubnis") und sieht künftig nur eine „Anzeige" der Versammlung vor. Die Anzeige schafft die Voraussetzung dafür, dass die zuständige Behörde die notwendigen Informationen erhält, die sie für die Beurteilung benötigt, was zum möglichst störungsfreien Verlauf der Versammlung veranlasst werden muss, was andererseits im Interesse Dritter und im Gemeinschaftsinteresse notwendig ist und wie dies aufeinander abgestimmt werden kann (BVerfGE 69, 315 [350]).

Satz 1 normiert die Pflicht zur Anzeige einer Versammlung bis spätestens 72 Stunden bzw. bei überörtlichen Versammlungen im Sinn des Art. 24 Abs. 3 Satz 1 bis spätestens 96 Stunden vor der Bekanntgabe. Die Ausweitung der Anzeigefrist auf 72 Stunden ist erforderlich, weil die bisherige Frist von 48 Stunden in der Vergangenheit oft nicht ausreichte, um die Versammlungsbehörde und die Polizei in die Lage zu versetzen, der Versammlung den notwendigen Schutz zuteil werden zu lassen sowie Dritt- und Sicherheitsinteressen zu berücksichtigen. Bei überörtlichen Versammlungen, die das Gebiet mehrerer Kreisverwaltungsbehörden oder mehrerer Regierungsbezirke berühren, weitet Satz 1 die Anzeigefrist auf 96 Stunden aus. Dies ist etwa dann notwendig, wenn die Bestimmung der entscheidungsbefugten Kreisverwaltungsbehörde durch die jeweilige Regierung bzw. das Staatsministerium des Innern und die anschließend notwendige Koordination der betroffenen Kreisverwaltungsbehörden untereinander einen größeren Zeitaufwand erfordert. Dies schränkt das Grundrecht der Versammlungsfreiheit nicht unverhältnismäßig ein, zumal durch die Regelungen zu Eil- und Spontanversammlungen in Abs. 3 und 4 die Ausübung des Grundrechts auch in den Fällen gewährleistet ist, in denen die Anzeigefristen ausnahmsweise nicht eingehalten werden können.

Satz 2 regelt die Form und den frühest möglichen Zeitpunkt einer Anzeige. Die Anzeige ist bei der zuständigen Behörde schriftlich, elektronisch oder zur Niederschrift zu erstatten. Sie soll damit auch über das Internet, im E-Mail-Verkehr oder durch persönliches Vorsprechen bei der zuständigen Behörde vorgenommen werden können. Anzeigen, die in einer anderen Form erfolgen, sind keine Anzeigen im Sinn des Satzes 1 und damit unwirksam, wie sich aus Satz 2 Halbsatz 1 ergibt. Eine telefonische Anzeige ist daher nicht möglich. Bei ihr kann sich die Behörde nicht verlässlich von der Ernsthaftigkeit des Versammlungsanliegens überzeugen. Darüber hinaus ist dem Anzeigenden zur Rechtssicherheit in der Regel eine Bescheinigung über den erfolgten Zugang seiner Anzeige auszustellen. Dies ist letztlich nur auf der Grundlage einer schriftlich oder elektronisch eingereichten oder festgehaltenen Anzeige sinnvoll.

Nach bisherigem Recht konnte eine Versammlung ohne zeitliche Begrenzung im Voraus angemeldet werden. Die Anmeldung konnte daher gleichsam auf Vorrat mehrere Jahre im Voraus für den gleichen Tag oder Ort erfolgen, auch wenn wegen des langen Zeitraums zwischen Anmeldung und beabsichtigter Versammlung nicht sicher feststand, ob die Versammlung überhaupt durchgeführt werden wird. Dies versuchten Versammlungsanmelder insbesondere aus dem rechtsextremistischen Bereich immer wieder auszunutzen, um bestimmte exponierte Orte vor allem an historisch bedeutsamen Tagen in der Absicht zu besetzen, anderen potenziellen Veranstaltern Versammlungen am gleichen Tag und Ort unmöglich zu machen. Satz 2 Halbsatz 2 bestimmt nun, dass eine Versammlung unter freiem Himmel frühestens zwei Jahre vor Beginn der beabsichtigten Versammlung angezeigt werden kann. Darin liegt kein Eingriff in die Versammlungsfreiheit, da es jedermann unbenommen ist, eine Versammlung noch mit ausreichendem zeitlichen Vorlauf zu organisieren. Zwar ist bereits bisher anerkannt, dass für mehrere Versammlungen in derselben Zeit am selben Ort eine Ausrichtung allein am Prioritätsgrundsatz nicht stattfindet (BVerfG vom 6. Mai 2005 – 1 BvR 961/05). Ein absolutes Erstanmeldeprivileg gibt es im Versammlungsrecht daher nicht. Vielmehr hat die Versammlungsbehörde die praktische Konkordanz zwischen den kollidierenden Rechtsgütern durch beschränkende Verfügungen – etwa örtliche Verlegungen – herzustellen, um die Ausübung der Versammlungsfreiheit so weit als möglich allen Grundrechtsträgern zu ermöglichen (BayVGH vom 8. November 2005 – 24 CS 05.2916). Dennoch soll unabhängig davon Satz 2 Halbsatz 2 grundlos frühzeitigen Versammlungsanzeigen entgegen wirken und unnötigen Verwaltungsaufwand bei den Versammlungsbehörden vermeiden helfen. Die Frist zur frühest möglichen Anzeige einer Versammlung von zwei Jahren berücksichtigt, dass Veranstalter und Versammlungsbehörden gerade bei Großdemonstrationen eine ausreichend lange Vorbereitungszeit bedürfen.

Verstößt der Veranstalter gegen die Anzeigepflichten nach Satz 1, indem er z. B. die Anzeige verspätet erstattet, ist die Anzeige zwar wirksam. Allerdings hat der Veranstalter in diesem Fall eine Ordnungswidrigkeit nach Art. 21 Abs. 1 Nr. 11 begangen. Erfolgt die Anzeige abweichend von Satz 2 nicht in der vorgeschriebenen Form oder zu früh, ist dies dagegen nicht ordnungswidrig. Vielmehr sind Anzeigen, die gegen die Anforderungen des Satzes 2 verstoßen, bereits keine Anzeigen im Sinn des Gesetzes und unwirksam. Finden die nicht wirksam angezeigten Versammlungen dennoch statt, erfüllt dies den Straftatbestand des Art. 20 Abs. 2 Nr. 8.

Die Hinweispflicht der zuständigen Behörde in Satz 3 soll sicherstellen, dass der Veranstalter seiner Anzeigepflicht in dem nach Abs. 2 gebotenen Umfang auch dann nachkommt, falls die Erstanzeige nicht die erforderlichen Angaben enthielt. Die Ergänzungs-

und Berichtigungsmöglichkeit nach Satz 3 hat aber auf die Anzeigefrist keinen Einfluss, was daraus folgt, dass Satz 3 lediglich die inhaltlichen Anforderungen an eine Anzeige nach Abs. 2 in Bezug nimmt. Das heißt, dass die Anzeige – außer bei Eilversammlungen – spätestens 72 bzw. 96 Stunden vor Bekanntgabe der Versammlung in vollständiger bzw. richtiger Form bei der zuständigen Behörde vorliegen muss, da der Veranstalter andernfalls eine Ordnungswidrigkeit nach Art. 21 Abs. 1 Nr. 11 begeht. Abs. 1 Satz 4 erläutert den Begriff der Bekanntgabe im versammlungsrechtlichen Zusammenhang. Die Legaldefinition knüpft insbesondere an die Mitteilung an einen bestimmten oder unbestimmten Personenkreis an. In Übereinstimmung mit der Definition der Öffentlichkeit nach Art. 2 Abs. 2 ist auch die Bekanntgabe an einen bestimmten Personenkreis öffentlich, wenn dieser Kreis allgemein umschrieben ist (z.B. alle Studenten) und nicht ein feststehender Kreis namentlich bezeichneter Personen angesprochen wird. Sinn der Vorschrift ist es insbesondere, dass die Versammlungsbehörde noch die Möglichkeit hat, andere Stellen zu beteiligen und gegebenenfalls mit dem Versammlungsveranstalter Kontakt aufzunehmen, um Modifikationen seines Versammlungsvorhabens anregen zu können, bevor sich der Veranstalter durch öffentliche Äußerungen festlegt.

Abs. 2 erweitert den notwendigen Inhalt der Anzeige gegenüber dem VersG, um die Versammlungsbehörden in die Lage zu versetzen, die für einen geordneten Versammlungsverlauf erforderlichen Maßnahmen treffen zu können. Die Angaben sind notwendig, um Auswirkungen und mögliche Gefahren, die einer Versammlung drohen oder von ihr ausgehen, einschätzen zu können. Sie ermöglichen es den Versammlungsbehörden, früh auf einen Interessenausgleich gerichtete Abstimmungen mit betroffenen Dritten und gegebenenfalls Veranstaltern von Gegenversammlungen anzuregen. Die in der Anzeige mitzuteilenden Angaben sind zugleich die Grundlage für die eventuell erforderliche weitere Zusammenarbeit zwischen Versammlungsveranstalter und Versammlungsbehörde nach Art. 14.

Die weitere Verarbeitung der erhobenen personenbezogenen Daten und die Rechte der Betroffenen bestimmen sich nach den Vorschriften des Bayerischen Datenschutzgesetzes bzw. – soweit Anzeigen von Eilversammlungen bei der Polizei erfolgen – nach den Datenverarbeitungsbestimmungen des Polizeiaufgabengesetzes.

Abs. 3 schließt im Interesse der Rechtssicherheit die bisherige einfach-gesetzliche Regelungslücke für Eilversammlungen. Eilversammlungen sind zwar geplant, die Zeit bis zu ihrer Durchführung ist aber kürzer als die in Abs. 1 geregelte Anzeigefrist. Abs. 3 stellt klar, dass die in Abs. 1 genannten Anzeigefristen für Eilversammlungen nicht gelten, verdeutlicht im Umkehrschluss aber auch, dass die übrigen Regelungen des Bayerischen Versammlungsgesetzes grundsätzlich auch auf solche Versammlungen anwendbar sind. Eine Eilversammlung ist spätestens mit ihrer Bekanntgabe schriftlich, elektronisch oder zur Niederschrift der zuständigen Behörde anzuzeigen; dies schränkt das Versammlungsgrundrecht für Eilversammlungen nicht unverhältnismäßig ein (BVerfG NJW 1992, 890). Darüber hinaus begründet Abs. 3 bei Eilversammlungen eine doppelte Anzeigepflicht des Veranstalters gegenüber Versammlungsbehörde und Polizei. Dies soll gewährleisten, dass die Polizei, unabhängig von der Weiterleitung der Anzeige von der Versammlungsbehörde an sie auch von sehr kurzfristigen Eilversammlungen erfährt und noch die notwendigen Maßnahmen zur Durchführung der Versammlung treffen kann. Die doppelte Anzeigepflicht ist nicht unverhältnismäßig, sondern dem Veranstalter einer Eilversammlung zumutbar. Die Ausweitung der Mitwirkungsobliegenheit des Veranstalters sichert letztlich auch die Grundrechtsausübung. Auch bei Versammlungen aus kurzfristigen Anlässen ist es erforderlich, dass Versammlungsbehörde und Polizei rechtzeitig Vorkehrungen zum Schutz der Versammlung selbst und der öffentlichen Sicherheit treffen können.

Abs. 4 stellt klar, dass Spontanversammlungen, d. h. Versammlungen, die sich aus einem momentanen, augenblicklichen Anlass ungeplant und ohne Veranstalter entwickeln, von Abs. 1 nicht erfasst sind, und setzt damit die Rechtsprechung des Bundesverfassungsgerichts um (BVerfGE 85, 69, [75]).

Der Versammlungsleitung kommt eine entscheidende Bedeutung für den ordnungsgemäßen Ablauf und die Aufrechterhaltung der öffentlichen Sicherheit bei einer Versammlung zu. Dementsprechend räumt Abs. 5 der Versammlungsbehörde nun ausdrücklich das Recht ein, eine Person als Leiter einer Versammlung ablehnen zu können. Der Entscheidungsmaßstab entspricht dabei demjenigen für die Ablehnung von Ordnern nach Abs. 6. Das Recht, den Versammlungsleiter abzulehnen, wurde bisher aus § 15 VersG abgeleitet. Die Klarstellung in Abs. 5 ist erforderlich, um auch die materiellen Ablehnungskriterien festzulegen.

Abs. 6 verpflichtet den Veranstalter, auf Anforderung der Versammlungsbehörde Angaben im Sinn des Art. 10 Abs. 3 Satz 1 über die Ordner zu machen. Die Versammlungsbehörde erhält damit die Möglichkeit, die vorgesehenen Ordner vor Beginn der Versammlung darauf zu überprüfen, ob sie für ihre Aufgabe geeignet sind oder ob von ihnen Störungen der Versammlung oder Gefahren für die öffentliche Sicherheit ausgehen könnten. Das Anfordern der persönlichen Daten von Ordnern ist daher nur zulässig, soweit es zur Prüfung von Maßnahmen nach Satz 2 erforderlich ist. Die Behörde kann als Ordner benannte Personen wegen fehlender fachlicher oder persönlicher Eignung ablehnen. Eine vorherige „Genehmigung" der Ordner, wie dies § 18 Abs. 2 VersG vorsah, ist damit nicht mehr erforderlich. Die Informationspflicht obliegt – ebenso wie in Art. 10 Abs. 4 – dem Veranstalter. Adressat der Mitteilung des Veranstalters ist aber nicht mehr die Polizei, sondern die Versammlungsbehörde. Diese soll in die Lage versetzt werden, prüfen zu können, ob ein Ordner die Ausschlussvoraussetzungen nach Satz 2 oder 3 erfüllt. Die Versammlungsbehörde kann – ebenso wie nach Art. 10 Abs. 4 – für Versammlungen unter freiem Himmel die Anzahl der Ordner nicht nur beschränken, sondern dem Veranstalter auch aufgeben, eine zu geringe Ordnerzahl angemessen zu erhöhen, um die Ordnung der Versammlung zu gewährleisten.

Zu Art. 14

Art. 14 regelt erstmals das vom Bundesverfassungsgericht seit dem sog. Brokdorf-Beschluss (BVerfGE 69, 315) aus dem Jahr 1985 entwickelte Kooperationsgebot zwischen Versammlungsveranstalter, Versammlungsleiter, Versammlungsbehörde und Polizei sowohl im Vorfeld einer Versammlung als auch während ihrer Durchführung. Diese Zusammenarbeit dient verschiedenen Zwecken: Vor der Versammlung ermöglicht sie den wechselseitigen Informationsaustausch und die Erörterung offener Fragen zum geplanten Versammlungsablauf. Die Versammlungsbehörde erhält die notwendigen Angaben, um die erforderlichen Sicherheitsmaßnahmen zu planen. Sie berät ihrerseits den Veranstalter über die versammlungsrechtlichen Fragen und darüber hinausgehende ordnungsbehördliche Belange. Während der Versammlung soll die Kooperation dazu dienen, die für den friedlichen Verlauf der Versammlung wichtigen Informationen auszutauschen. In jeder Phase soll sie darüber hinaus zwischen den Beteiligten vertrauensbildend wirken, um den friedlichen Ablauf der Versammlung zu gewährleisten und gewalttätigen Aktionen vorzubeugen.

Abs. 1 konkretisiert die Pflicht der verantwortlichen staatlichen Stelle, mit dem Veranstalter zusammenzuarbeiten. Diese Pflicht

Bayerisches Versammlungsgesetz vom 22.4.2010 (BayVersG2010)

Erster Teil Allgemeine Bestimmungen

Art. 1 Grundsatz

(1) Jedermann hat das Recht, sich friedlich und ohne Waffen öffentlich mit anderen zu versammeln.

(2) Dieses Recht hat nicht,

1. wer das Grundrecht der Versammlungsfreiheit gemäß Art. 18 des Grundgesetzes verwirkt hat,
2. wer mit der Durchführung oder Teilnahme an einer Versammlung die Ziele einer nach Art. 21 Abs. 2 des Grundgesetzes für verfassungswidrig erklärten Partei oder Teil- oder Ersatzorganisation einer Partei fördern will,
3. eine Partei, die nach Art. 21 Abs. 2 des Grundgesetzes für verfassungswidrig erklärt worden ist, oder
4. eine Vereinigung, die nach Art. 9 Abs. 2 des Grundgesetzes oder nach dem Vereinsgesetz verboten ist.

Art. 2 Begriffsbestimmungen, Anwendungsbereich

(1) Eine Versammlung ist eine Zusammenkunft von mindestens zwei Personen zur gemeinschaftlichen, überwiegend auf die Teilhabe an der öffentlichen Meinungsbildung gerichteten Erörterung oder Kundgebung.

(2) Eine Versammlung ist öffentlich, wenn die Teilnahme nicht auf einen individuell feststehenden Personenkreis beschränkt ist.

(3) Soweit nichts anderes bestimmt ist, gilt dieses Gesetz nur für öffentliche Versammlungen.

Art. 3 Versammlungsleitung

(1) [1]Der Veranstalter leitet die Versammlung. [2]Er kann die Leitung einer natürlichen Person übertragen.

(2) Veranstaltet eine Vereinigung die Versammlung, ist Leiter die Person, die den Vorsitz der Vereinigung führt, es sei denn, der Veranstalter hat die Leitung nach Abs. 1 Satz 2 auf eine andere natürliche Person übertragen.

(3) Abs. 1 und 2 gelten nicht für Spontanversammlungen nach Art. 13 Abs. 4.

Art. 4 Leitungsrechte und -pflichten

(1) Der Leiter

1. bestimmt den Ablauf der Versammlung, insbesondere durch Erteilung und Entziehung des Worts,
2. hat während der Versammlung für Ordnung zu sorgen,
3.kann die Versammlung jederzeit schließen und muss während der Versammlung anwesend sein.

(2) [1]Der Leiter kann sich zur Erfüllung seiner Aufgaben der Hilfe einer angemessenen Anzahl volljähriger Ordner bedienen. [2]Die Ordner müssen weiße Armbinden mit der Aufschrift „Ordner" oder „Ordnerin" tragen; zusätzliche Kennzeichnungen sind nicht zulässig. [3]Der Leiter darf keine Ordner einsetzen, die Waffen oder sonstige Gegenstände mit sich führen, die ihrer Art nach geeignet und den Umständen nach dazu bestimmt sind, Personen zu verletzen oder Sachen zu beschädigen.

(3) [1]Polizeibeamte haben das Recht auf Zugang und auf einen angemessenen Platz

1. bei Versammlungen unter freiem Himmel, wenn dies zur polizeilichen Aufgabenerfüllung erforderlich ist,
2. bei Versammlungen in geschlossenen Räumen, wenn tatsächliche Anhaltspunkte für die Begehung von Straftaten vorliegen oder eine erhebliche Gefahr für die öffentliche Sicherheit zu besorgen ist.

[2]Polizeibeamte haben sich dem Leiter zu erkennen zu geben; bei Versammlungen unter freiem Himmel genügt es, wenn dies die polizeiliche Einsatzleitung tut.

Art. 5 Pflichten der teilnehmenden Personen

(1) Personen, die an der Versammlung teilnehmen, haben die zur Aufrechterhaltung der Ordnung getroffenen Anweisungen des Leiters oder der Ordner zu befolgen.

(2) Wer aus der Versammlung ausgeschlossen wird, hat sie unverzüglich zu verlassen.

(3) Wird eine Versammlung aufgelöst, haben sich alle teilnehmenden Personen unverzüglich zu entfernen.

Art. 6 Waffenverbot

Es ist verboten, Waffen oder sonstige Gegenstände, die ihrer Art nach zur Verletzung von Personen oder zur Beschädigung von Sachen geeignet und den Umständen nach dazu bestimmt sind, ohne Erlaubnis der zuständigen Behörde

1. bei Versammlungen mit sich zu führen oder
2. auf dem Weg zu Versammlungen mit sich zu führen, zu Versammlungen hinzuschaffen oder sie zur Verwendung bei Versammlungen bereitzuhalten oder zu verteilen.

Art. 7 Uniformierungs- und Militanzverbot
Es ist verboten,
1. in einer öffentlichen oder nichtöffentlichen Versammlung Uniformen, Uniformteile oder gleichartige Kleidungsstücke als Ausdruck einer gemeinsamen politischen Gesinnung zu tragen oder
2. an einer öffentlichen oder nichtöffentlichen Versammlung in einer Art und Weise teilzunehmen, die dazu beiträgt, dass die Versammlung oder ein Teil hiervon nach dem äußeren Erscheinungsbild paramilitärisch geprägt wird,

sofern dadurch eine einschüchternde Wirkung entsteht.

Art. 8 Störungsverbot, Aufrufverbot
(1) Störungen, die bezwecken, die ordnungsgemäße Durchführung öffentlicher oder nichtöffentlicher Versammlungen zu verhindern, sind verboten.
(2) Es ist insbesondere verboten,
1. in der Absicht, nicht verbotene öffentliche oder nichtöffentliche Versammlungen zu verhindern oder zu sprengen oder sonst ihre Durchführung zu vereiteln, Gewalttätigkeiten vorzunehmen oder anzudrohen oder erhebliche Störungen zu verursachen oder
2. bei einer öffentlichen Versammlung dem Leiter oder den Ordnern in der rechtmäßigen Erfüllung ihrer Ordnungsaufgaben mit Gewalt oder Drohung mit Gewalt Widerstand zu leisten oder sie während der Ausübung ihrer Ordnungsaufgaben tätlich anzugreifen.

(3) Es ist verboten, öffentlich, in einer öffentlichen oder nichtöffentlichen Versammlung, im Internet oder durch Verbreiten von Schriften, Ton- oder Bildträgern, Datenspeichern, Abbildungen oder anderen Darstellungen zur Teilnahme an einer Versammlung aufzufordern, deren Durchführung durch ein vollziehbares Verbot untersagt oder deren vollziehbare Auflösung angeordnet worden ist.

Art. 9 Bild- und Tonaufnahmen oder -aufzeichnungen

(1) [1]Die Polizei darf bei oder im Zusammenhang mit Versammlungen Bild- und Tonaufnahmen oder -aufzeichnungen von Teilnehmern nur offen und nur dann anfertigen, wenn tatsächliche Anhaltspunkte die Annahme rechtfertigen, dass von ihnen erhebliche Gefahren für die öffentliche Sicherheit oder Ordnung ausgehen. [2]Die Maßnahmen dürfen auch durchgeführt werden, wenn Dritte unvermeidbar betroffen werden.

(2) [1]Die Polizei darf Übersichtsaufnahmen von Versammlungen unter freiem Himmel und ihrem Umfeld zur Lenkung und Leitung des Polizeieinsatzes nur offen und nur dann anfertigen, wenn dies wegen der Größe oder Unübersichtlichkeit der Versammlung im Einzelfall erforderlich ist. [2]Übersichtsaufnahmen dürfen aufgezeichnet werden, soweit Tatsachen die Annahme rechtfertigen, dass von Versammlungen, von Teilen hiervon oder ihrem Umfeld erhebliche Gefahren für die öffentliche Sicherheit oder Ordnung ausgehen. [3]Die Identifizierung einer auf den Übersichtsaufnahmen oder -aufzeichnungen abgebildeten Person ist nur zulässig, soweit die Voraussetzungen nach Abs. 1 vorliegen.

(3) [1]Die nach Abs. 1 oder 2 angefertigten Bild-, Ton- und Übersichtsaufzeichnungen sind nach Beendigung der Versammlung unverzüglich auszuwerten und spätestens innerhalb von zwei Monaten zu löschen, soweit sie nicht benötigt werden

1. zur Verfolgung von Straftaten bei oder im Zusammenhang mit der Versammlung oder
2. im Einzelfall zur Gefahrenabwehr, weil die betroffene Person verdächtig ist, Straftaten bei oder im Zusammenhang mit der Versammlung vorbereitet oder begangen zu haben, und deshalb zu besorgen ist, dass von dieser Person erhebliche Gefahren für künftige Versammlungen ausgehen.

[2]Soweit die Identifizierung von Personen auf Bild-, Ton- und Übersichtsaufzeichnungen für Zwecke nach Satz 1 Nr. 2 nicht erforderlich ist, ist sie technisch unumkehrbar auszuschließen. [3]Bild-, Ton- und Übersichtsaufzeichnungen, die aus den in Satz 1 Nr. 2 genannten Gründen nicht gelöscht wurden, sind spätestens nach Ablauf von sechs Monaten seit ihrer Entstehung zu löschen, es sei denn, sie werden inzwischen zur Verfolgung von Straftaten nach Satz 1 Nr. 1 benötigt.

(4) [1]Soweit Übersichtsaufzeichnungen nach Abs. 2 Satz 2 zur polizeilichen Aus- und Fortbildung benötigt werden, ist hierzu eine eigene Fassung herzustellen, die eine Identifizierung der darauf abgebildeten

Personen unumkehrbar ausschließt. [2]Sie darf nicht für andere Zwecke genutzt werden. [3]Die Herstellung einer eigenen Fassung für Zwecke der polizeilichen Aus- und Fortbildung ist nur zulässig, solange die Aufzeichnung nicht nach Abs. 3 zu löschen ist.
(5) [1]Die Gründe für die Anfertigung von Bild-, Ton- und Übersichtsaufzeichnungen nach Abs. 1 und 2 und für ihre Verwendung nach Abs. 3 Satz 1 Nrn. 1 und 2 sind zu dokumentieren. [2]Werden von Übersichtsaufzeichnungen eigene Fassungen nach Abs. 4 Satz 1 hergestellt, sind die Notwendigkeit für die polizeiliche Aus- und Fortbildung, die Anzahl der hergestellten Fassungen sowie der Ort der Aufbewahrung zu dokumentieren.
(6) Die Befugnisse zur Erhebung personenbezogener Daten nach Maßgabe der Strafprozessordnung und des Gesetzes über Ordnungswidrigkeiten bleiben unberührt.

Zweiter Teil Versammlungen in geschlossenen Räumen

Art. 10 Veranstalterrechte und -pflichten

(1) Bestimmte Personen oder Personenkreise können in der Einladung von der Teilnahme an der Versammlung ausgeschlossen werden.
(2) [1]Pressevertreter können nicht ausgeschlossen werden. [2]Sie haben sich gegenüber dem Leiter oder gegenüber den Ordnern als Pressevertreter auszuweisen.
(3) [1]Der Veranstalter hat der zuständigen Behörde auf Anforderung Familiennamen, Vornamen, Geburtsnamen und Anschrift (persönliche Daten) des Leiters mitzuteilen, wenn Tatsachen die Annahme rechtfertigen, dass dieser die Friedlichkeit der Versammlung gefährdet. [2]Die zuständige Behörde kann den Leiter ablehnen, wenn die Voraussetzungen nach Satz 1 vorliegen.
(4) [1]Der Veranstalter hat der zuständigen Behörde auf Anforderung die persönlichen Daten eines Ordners im Sinn des Abs. 3 Satz 1 mitzuteilen, wenn Tatsachen die Annahme rechtfertigen, dass dieser die Friedlichkeit der Versammlung gefährdet. [2]Die zuständige Behörde kann den Ordner ablehnen, wenn die Voraussetzungen nach Satz 1 vorliegen.
(5) Die zuständige Behörde kann dem Veranstalter aufgeben, die Anzahl der Ordner zu erhöhen, wenn ohne die Erhöhung eine Gefahr für die öffentliche Sicherheit zu besorgen ist.

Art. 11 Ausschluss von Störern, Hausrecht

(1) Der Leiter kann teilnehmende Personen, die die Ordnung erheblich stören, von der Versammlung ausschließen.

(2) Der Leiter übt das Hausrecht aus.

Art. 12 Beschränkungen, Verbote, Auflösung

(1) Die zuständige Behörde kann die Durchführung einer Versammlung in geschlossenen Räumen beschränken oder verbieten, wenn

1. der Veranstalter eine der Voraussetzungen des Art. 1 Abs. 2 erfüllt,
2. Tatsachen festgestellt sind, aus denen sich ergibt, dass der Veranstalter oder der Leiter Personen Zutritt gewähren wird, die Waffen oder sonstige Gegenstände im Sinn des Art. 6 mit sich führen,
3. Tatsachen festgestellt sind, aus denen sich ergibt, dass der Veranstalter oder sein Anhang einen gewalttätigen Verlauf der Versammlung anstrebt, oder
4. Tatsachen festgestellt sind, aus denen sich ergibt, dass der Veranstalter oder sein Anhang Ansichten vertreten oder Äußerungen dulden wird, die ein Verbrechen oder ein von Amts wegen zu verfolgendes Vergehen zum Gegenstand haben.

(2) [1]Nach Versammlungsbeginn kann die zuständige Behörde die Versammlung unter Angabe des Grundes beschränken oder auflösen, wenn

1. der Veranstalter eine der Voraussetzungen des Art. 1 Abs. 2 erfüllt,
2. die Versammlung einen gewalttätigen Verlauf nimmt oder eine unmittelbare Gefahr für Leben oder Gesundheit der teilnehmenden Personen besteht,
3. der Leiter Personen, die Waffen oder sonstige Gegenstände im Sinn des Art. 6 mit sich führen, nicht sofort ausschließt und nicht für die Durchführung des Ausschlusses sorgt, oder
4. durch den Verlauf der Versammlung gegen Strafgesetze verstoßen wird, die ein Verbrechen oder ein von Amts wegen zu verfolgendes Vergehen zum Gegenstand haben, oder wenn in der Versammlung zu solchen Straftaten aufgefordert oder angereizt wird und der Leiter dies nicht unverzüglich unterbindet.

[2]In den Fällen von Satz 1 Nrn. 2 bis 4 ist die Auflösung nur zulässig, wenn andere Maßnahmen der zuständigen Behörde, insbesondere eine Unterbrechung, nicht ausreichen.

Dritter Teil Versammlungen unter freiem Himmel

Art. 13 Anzeige- und Mitteilungspflicht

(1) [1]Wer eine Versammlung unter freiem Himmel veranstalten will, hat dies der zuständigen Behörde spätestens 48 Stunden vor ihrer Bekanntgabe fernmündlich, schriftlich, elektronisch oder zur Niederschrift anzuzeigen. [2]Bei der Berechnung der Frist bleiben Samstage, Sonn- und Feiertage außer Betracht. [3]Bei einer fernmündlichen Anzeige kann die zuständige Behörde verlangen, die Anzeige schriftlich, elektronisch oder zur Niederschrift unverzüglich nachzuholen. [4]Eine Anzeige ist frühestens zwei Jahre vor dem beabsichtigten Versammlungsbeginn möglich. [5]Bekanntgabe einer Versammlung ist die Mitteilung des Veranstalters von Ort, Zeit und Thema der Versammlung an einen bestimmten oder unbestimmten Personenkreis.

(2) [1]In der Anzeige sind anzugeben

1. der Ort der Versammlung,
2. der Zeitpunkt des beabsichtigten Beginns und des beabsichtigten Endes der Versammlung,
3. das Versammlungsthema,
4. der Veranstalter und der Leiter mit ihren persönlichen Daten im Sinn des Art. 10 Abs. 3 Satz 1 sowie
5. bei sich fortbewegenden Versammlungen der beabsichtigte Streckenverlauf.

[2]Der Veranstalter hat wesentliche Änderungen der Angaben nach Satz 1 der zuständigen Behörde unverzüglich mitzuteilen.

(3) Entsteht der Anlass für eine geplante Versammlung kurzfristig (Eilversammlung), ist die Versammlung spätestens mit der Bekanntgabe fernmündlich, schriftlich, elektronisch oder zur Niederschrift bei der zuständigen Behörde oder bei der Polizei anzuzeigen.

(4) Die Anzeigepflicht entfällt, wenn sich die Versammlung aus einem unmittelbaren Anlass ungeplant und ohne Veranstalter entwickelt (Spontanversammlung).

(5) Die zuständige Behörde kann den Leiter ablehnen, wenn Tatsachen die Annahme rechtfertigen, dass dieser die Friedlichkeit der Versammlung gefährdet.

(6) [1]Der Veranstalter hat der zuständigen Behörde auf Anforderung die persönlichen Daten eines Ordners im Sinn des Art. 10 Abs. 3 Satz 1 mitzuteilen, wenn Tatsachen die Annahme rechtfertigen, dass dieser die Friedlichkeit der Versammlung gefährdet. [2]Die zuständige Behörde kann den Ordner ablehnen, wenn die Voraussetzungen nach Satz 1 vorliegen.

(7) Die zuständige Behörde kann dem Veranstalter aufgeben, die Anzahl der Ordner zu erhöhen, wenn ohne die Erhöhung eine Gefahr für die öffentliche Sicherheit zu besorgen ist.

Art. 14 Zusammenarbeit

(1) [1]Die zuständige Behörde soll dem Veranstalter Gelegenheit geben, mit ihr die Einzelheiten der Durchführung der Versammlung zu erörtern. [2]Der Veranstalter ist zur Mitwirkung nicht verpflichtet.

(2) Die zuständige Behörde kann bei Maßnahmen nach Art. 15 berücksichtigen, inwieweit der Veranstalter oder der Leiter nach Abs. 1 mit ihr zusammenarbeiten.

Art. 15 Beschränkungen, Verbote, Auflösung

(1) Die zuständige Behörde kann eine Versammlung beschränken oder verbieten, wenn nach den zur Zeit des Erlasses der Verfügung erkennbaren Umständen die öffentliche Sicherheit oder Ordnung bei Durchführung der Versammlung unmittelbar gefährdet ist oder ein Fall des Art. 12 Abs. 1 vorliegt.

(2) Die zuständige Behörde kann eine Versammlung insbesondere dann beschränken oder verbieten, wenn nach den zur Zeit des Erlasses der Verfügung erkennbaren Umständen

1. die Versammlung an einem Tag oder Ort stattfinden soll, dem ein an die nationalsozialistische Gewalt- und Willkürherrschaft erinnernder Sinngehalt mit gewichtiger Symbolkraft zukommt, und durch sie
   a) eine Beeinträchtigung der Würde der Opfer zu besorgen ist, oder
   b) die unmittelbare Gefahr einer erheblichen Verletzung grundlegender sozialer oder ethischer Anschauungen besteht oder
2. durch die Versammlung die nationalsozialistische Gewalt- und Willkürherrschaft gebilligt, verherrlicht, gerechtfertigt oder verharmlost wird, auch durch das Gedenken an führende Repräsentanten des Nationalsozialismus, und dadurch die unmittelbare Gefahr einer Beeinträchtigung der Würde der Opfer besteht.

(3) Maßnahmen nach Abs. 1 oder 2 sind rechtzeitig vor Versammlungsbeginn zu treffen.

(4) Nach Versammlungsbeginn kann die zuständige Behörde eine Versammlung beschränken oder auflösen, wenn die Voraussetzungen für eine Beschränkung oder ein Verbot nach Abs. 1 oder 2 vorliegen oder gerichtlichen Beschränkungen zuwidergehandelt wird.

(5) Die zuständige Behörde kann teilnehmende Personen, die die Ordnung erheblich stören, von der Versammlung ausschließen.
(6) Eine verbotene Versammlung ist aufzulösen.

Art. 16 Schutzwaffen- und Vermummungsverbot
(1) Es ist verboten, bei Versammlungen oder sonstigen öffentlichen Veranstaltungen unter freiem Himmel oder auf dem Weg dorthin Schutzwaffen oder Gegenstände mit sich zu führen, die als Schutzwaffen geeignet und den Umständen nach dazu bestimmt sind, Vollstreckungsmaßnahmen eines Trägers von Hoheitsbefugnissen abzuwehren.
(2) Es ist auch verboten,

1. an derartigen Veranstaltungen in einer Aufmachung teilzunehmen, die geeignet und den Umständen nach darauf gerichtet ist, die Feststellung der Identität zu verhindern, oder den Weg zu derartigen Veranstaltungen in einer solchen Aufmachung zurückzulegen,
2. bei derartigen Veranstaltungen oder auf dem Weg dorthin Gegenstände mit sich zu führen, die geeignet und den Umständen nach dazu bestimmt sind, die Feststellung der Identität zu verhindern, oder
3. sich im Anschluss an oder sonst im Zusammenhang mit derartigen Veranstaltungen mit anderen zu einem gemeinschaftlichen friedensstörenden Handeln zusammenzuschließen und dabei
a) Waffen oder sonstige Gegenstände, die ihrer Art nach zur Verletzung von Personen oder Beschädigung von Sachen geeignet und den Umständen nach dazu bestimmt sind, mit sich zu führen,
b) Schutzwaffen oder sonstige in Nr. 2 bezeichnete Gegenstände mit sich zu führen oder
c) in einer in Nr. 1 bezeichneten Aufmachung aufzutreten.

(3) Die zuständige Behörde kann Ausnahmen von den Verboten nach Abs. 1 und 2 zulassen, wenn eine Gefährdung der öffentlichen Sicherheit oder Ordnung nicht zu besorgen ist.
(4) Abs. 1 und 2 gelten nicht für Gottesdienste unter freiem Himmel, kirchliche Prozessionen, Bittgänge und Wallfahrten, gewöhnliche Leichenbegängnisse, Züge von Hochzeitsgesellschaften und hergebrachte Volksfeste.
(5) Die zuständige Behörde kann Personen, die den Verboten nach Abs. 1 und 2 zuwiderhandeln, von der Versammlung ausschließen.

Vierter Teil Befriedeter Bezirk

Art. 17 Befriedeter Bezirk

[1]Für den Landtag des Freistaates Bayern wird ein befriedeter Bezirk gebildet. [2]Der befriedete Bezirk um das Landtagsgebäude umfasst das nachfolgend umgrenzte Gebiet der Landeshauptstadt München: Max-Weber-Platz, Innere Wiener Straße, Wiener Platz, Innere Wiener Straße, Am Gasteig, Ludwigsbrücke, Westufer der Isar, Prinzregentenbrücke, südliches Rondell am Friedensengel, Prinzregentenstraße, Ismaninger Straße, Max-Weber-Platz. [3]Die angeführten Straßen und Plätze sind nicht Teil des befriedeten Bezirks.

Art. 18 Schutz des Landtags

[1]Versammlungen unter freiem Himmel sind innerhalb des befriedeten Bezirks verboten. [2]Ebenso ist es verboten, zu Versammlungen nach Satz 1 aufzufordern.

Art. 19 Zulassung von Versammlungen

(1) Nicht verbotene Versammlungen unter freiem Himmel können innerhalb des befriedeten Bezirks zugelassen werden.
(2) [1]Anträge auf Zulassung von Versammlungen nach Abs. 1 sind spätestens sieben Tage vor der Bekanntgabe schriftlich, elektronisch oder zur Niederschrift beim Staatsministerium des Innern einzureichen. [2]Art. 13 Abs. 2 und 3 gelten entsprechend.
(3) Über Anträge auf Zulassung entscheidet das Staatsministerium des Innern im Einvernehmen mit dem Präsidenten des Landtags.
(4) Durch die Zulassung werden die übrigen Vorschriften dieses Gesetzes, insbesondere Art. 13 bis 15, nicht berührt.

Fünfter Teil Straf- und Bußgeldvorschriften

Art. 20 Strafvorschriften

(1) Mit Freiheitsstrafe bis zu zwei Jahren oder mit Geldstrafe wird bestraft, wer

1. entgegen Art. 6 eine Waffe oder einen sonstigen Gegenstand der dort bezeichneten Art mit sich führt, zu einer Versammlung hinschafft, bereithält oder verteilt,
2. entgegen Art. 8 Abs. 2 Nr. 1 Gewalttätigkeiten vornimmt oder androht oder eine erhebliche Störung verursacht oder
3. entgegen Art. 16 Abs. 2 Nr. 3 Buchst. a sich mit anderen zu einem gemeinschaftlichen friedensstörenden Handeln zusammen-

schließt und dabei Waffen oder sonstige Gegenstände der dort bezeichneten Art mit sich führt.

(2) Mit Freiheitsstrafe bis zu einem Jahr oder mit Geldstrafe wird bestraft, wer

1. entgegen Art. 4 Abs. 2 Satz 3 Ordner verwendet,
2. entgegen Art. 8 Abs. 2 Nr. 2 einer dort genannten Person Widerstand leistet oder sie tätlich angreift,
3. entgegen Art. 8 Abs. 3 oder Art. 18 Satz 2 zur Teilnahme an einer Versammlung auffordert,
4. als Veranstalter oder als Leiter einer vollziehbaren Anordnung nach Art. 12 Abs. 1 oder 2 Satz 1, Art. 15 Abs. 1, 2 oder 4 oder einer gerichtlichen Beschränkung zuwiderhandelt,
5. entgegen Art. 16 Abs. 2 Nr. 3 sich mit anderen zu einem gemeinschaftlichen friedensstörenden Handeln zusammenschließt und dabei den in Art. 16 Abs. 2 Nr. 3 Buchst. b oder c bezeichneten Verboten zuwiderhandelt.

Art. 21 Bußgeldvorschriften

(1) Mit Geldbuße bis zu dreitausend Euro kann belegt werden, wer

1. als Leiter entgegen Art. 4 Abs. 3 Satz 1 Polizeibeamten keinen Zugang oder keinen angemessenen Platz einräumt,
2. entgegen Art. 7 Nr. 1 eine Uniform, ein Uniformteil oder ein gleichartiges Kleidungsstück trägt,
3. entgegen Art. 10 Abs. 2 Satz 1 Pressevertreter ausschließt,
4. als Veranstalter Personen als Leiter der Versammlung einsetzt, die von der zuständigen Behörde nach Art. 10 Abs. 3 Satz 2 oder Art. 13 Abs. 5 abgelehnt wurden,
5. als Veranstalter Ordner einsetzt, die von der zuständigen Behörde nach Art. 10 Abs. 4 Satz 2 oder nach Art. 13 Abs. 6 Satz 2 abgelehnt wurden,
6. einer vollziehbaren Anordnung nach Art. 12 Abs. 1 oder 2 Satz 1, Art. 15 Abs. 1, 2 oder 4 oder einer gerichtlichen Beschränkung zuwiderhandelt,
7. als Veranstalter oder als Leiter eine Versammlung unter freiem Himmel ohne Anzeige nach Art. 13 Abs. 1 Satz 1 oder Abs. 3 durchführt, ohne dass die Voraussetzungen nach Art. 13 Abs. 4 vorliegen,
8. entgegen Art. 16 Abs. 1 eine Schutzwaffe oder einen Gegenstand mit sich führt,
9. entgegen Art. 16 Abs. 2 Nr. 1 an einer Versammlung teilnimmt oder den Weg zu einer Versammlung zurücklegt oder

10. entgegen Art. 18 Satz 1 an einer dort genannten Versammlung teilnimmt.

(2) Mit Geldbuße bis zu fünfhundert Euro kann belegt werden, wer als Leiter Ordner einsetzt, die anders gekennzeichnet sind, als es nach Art. 4 Abs. 2 Satz 2 zulässig ist, entgegen Art. 5 Abs. 2 die Versammlung nicht unverzüglich verlässt, entgegen Art. 5 Abs. 3 sich nicht unverzüglich entfernt, trotz wiederholter Zurechtweisung durch den Leiter oder einen Ordner fortfährt, entgegen Art. 8 Abs. 1 eine Versammlung zu stören, als Veranstalter entgegen Art. 10 Abs. 3 Satz 1 persönliche Daten nicht oder nicht richtig mitteilt, entgegen Art. 13 Abs. 2 Satz 2 eine Mitteilung nicht macht oder entgegen Art. 16 Abs. 2 Nr. 2 einen Gegenstand mit sich führt.

Art. 22 Einziehung

[1]Gegenstände, auf die sich eine Straftat nach Art. 20 oder eine Ordnungswidrigkeit nach Art. 21 Abs. 1 Nr. 6 oder 10 oder nach Art. 21 Abs. 2 Nr. 4 oder 7 bezieht, können eingezogen werden. [2]§ 74a des Strafgesetzbuchs und § 23 des Gesetzes über Ordnungswidrigkeiten sind anzuwenden.

Sechster Teil Schlussbestimmungen

Art. 23 Einschränkung von Grundrechten

Die Grundrechte der Versammlungsfreiheit (Art. 8 Abs. 1 des Grundgesetzes, Art. 113 der Verfassung) und der Meinungsfreiheit (Art. 5 Abs. 1 Satz 1 des Grundgesetzes, Art. 110 Abs. 1 Satz 1 der Verfassung) werden nach Maßgabe dieses Gesetzes eingeschränkt.

Art. 24 Zuständigkeiten

(1) Polizei im Sinn dieses Gesetzes ist die Polizei im Sinn des Art. 1 PAG.

(2) [1]Zuständige Behörden im Sinn dieses Gesetzes sind die Kreisverwaltungsbehörden, ab Beginn der Versammlung die Polizei. [2]In unaufschiebbaren Fällen kann die Polizei auch an Stelle der Kreisverwaltungsbehörde Maßnahmen treffen.

(3) [1]Bei Versammlungen unter freiem Himmel, die über das Gebiet einer Kreisverwaltungsbehörde hinaus gehen (überörtliche Versammlungen), genügt der Veranstalter seiner Anzeigepflicht, wenn er die Versammlung gegenüber einer zuständigen Kreisverwaltungsbehörde anzeigt. [2]Dies gilt nicht bei Eilversammlungen nach Art. 13 Abs. 3. [3]Die Kreisverwaltungsbehörde unterrichtet unverzüglich die übrigen

betroffenen Kreisverwaltungsbehörden und die Regierung; berührt die Versammlung mehrere Regierungsbezirke, unterrichtet sie das Staatsministerium des Innern.

(4) [1]Bei überörtlichen Versammlungen kann die Regierung bestimmen, dass eine der nach Abs. 2 Satz 1 zuständigen Kreisverwaltungsbehörden im Benehmen mit den übrigen über Verfügungen nach Art. 6, 13 Abs. 1 Satz 3, Abs. 5 bis 7, Art. 15 und 16 Abs. 3 entscheidet. [2]Bei überörtlichen Versammlungen, die mehrere Regierungsbezirke berühren, kann das Staatsministerium des Innern diese Bestimmung treffen.

Art. 25 Keine aufschiebende Wirkung der Klage

Klagen gegen Entscheidungen nach diesem Gesetz haben keine aufschiebende Wirkung.

Art. 26 Kosten

Mit Ausnahme von Entscheidungen über Erlaubnisse nach Art. 6 sind Amtshandlungen nach diesem Gesetz kostenfrei.

Art. 27 Folgeänderungen anderer Rechtsvorschriften

(1) Das Gesetz über die Aufgaben und Befugnisse der Bayerischen Staatlichen Polizei (Polizeiaufgabengesetz - PAG) in der Fassung der Bekanntmachung vom 14. September 1990 (GVBl S. 397, BayRS 2012-1-1-I), zuletzt geändert durch Gesetz vom 8. Juli 2008 (GVBl S. 365), wird wie folgt geändert:

1. In Art. 13 Abs. 1 Nr. 4 werden die Worte „§ 27 des Versammlungsgesetzes“ durch die Worte „Art. 20 Abs. 1 Nrn. 1 und 3, Abs. 2 Nrn. 10 bis 12 des Bayerischen Versammlungsgesetzes (BayVersG)“ ersetzt.
2. In Art. 32 Abs. 5 werden die Worte „gelten die §§ 12a und 19a des Versammlungsgesetzes“ durch die Worte „gilt Art. 9 BayVersG“ ersetzt.
3. Art. 74 wird wie folgt geändert:
a) Nach dem Wort „Person“ werden ein Komma und das Wort „Versammlungsfreiheit“ eingefügt.
b) Nach den Worten „Art. 2 Abs. 2 Sätze 1 und 2,“ werden die Worte „Art. 8 Abs. 1“ und ein Komma eingefügt.
c) Nach den Worten „Art. 112 Abs. 1“ werden ein Komma und die Worte „Art. 113 “ eingefügt.

(2) Das Gesetz über das Landesstrafrecht und das Verordnungsrecht auf dem Gebiet der öffentlichen Sicherheit und Ordnung - Landesstraf- und Verordnungsgesetz - LStVG - (BayRS 2011-2-I), zuletzt

geändert durch Gesetz vom 8. Juli 2008 (GVBl S. 364), wird wie folgt geändert:

1. In das Inhaltsverzeichnis wird folgender Art. 23a eingefügt: „Art. 23a Uniform- und politisches Kennzeichenverbot".
2. In Art. 23 Abs. 1 Satz 2 wird vor dem Wort „Versammlungsgesetzes" das Wort „Bayerischen" eingefügt.
3. Es wird folgender Art. 23a eingefügt:
„Art. 23a Uniform- und politisches Kennzeichenverbot
Mit Geldbuße bis zu dreitausend Euro kann belegt werden, wer außerhalb von Versammlungen öffentlich Uniformen, Uniformteile oder gleichartige Kleidungsstücke als Ausdruck einer politischen Gesinnung trägt, sofern damit eine einschüchternde Wirkung verbunden ist."
4. Art. 58 Satz 1 wird wie folgt geändert:
a) Nach dem Wort „Person" werden ein Komma und die Worte „der Versammlungsfreiheit," eingefügt.
b) Nach den Worten „Art. 2 Abs. 2," werden die Worte „Art. 8 Abs. 1" und ein Komma eingefügt.
c)Nach den Worten „106 Abs. 3" werden ein Komma und die Worte „Art. 113 " eingefügt.

Art. 28 Inkrafttreten, Außerkrafttreten, Übergangsregelung

(1) [1]Dieses Gesetz tritt am 1. Oktober 2008 in Kraft. [2]Es ersetzt nach Art. 125a Abs. 1 Satz 2 des Grundgesetzes das Gesetz über Versammlungen und Aufzüge (Versammlungsgesetz) in der Fassung der Bekanntmachung vom 15. November 1978 (BGBl I S. 1789), zuletzt geändert durch Art. 1 des Gesetzes vom 24. März 2005 (BGBl I S. 969). [3]Mit Ablauf des 30. September 2008 treten außer Kraft:

1. das Gesetz über die Befriedung des Landtagsgebäudes vom 7. März 1952 (BayRS 2180-5-I),
2. die Verordnung zur Durchführung des Gesetzes über die Befriedung des Landtagsgebäudes vom 30. April 1969 (BayRS 2180-5-1-I) und
3. das Gesetz zur Ausführung des Versammlungsgesetzes (AG-VersammlG) vom 15. Juli 1957 (BayRS 2180-4-I).

(2) Für Einladungen zu Versammlungen in geschlossenen Räumen und Anmeldungen zu Versammlungen unter freiem Himmel, die vor Inkrafttreten dieses Gesetzes erfolgten, gelten abweichend von Abs. 1 Satz 2 § 2 Abs. 1 und § 14 Abs. 1 des Versammlungsgesetzes, sofern die Versammlungen innerhalb eines Jahres nach Inkrafttreten dieses Gesetzes stattfinden.

Nachwort von Georg Vobruba

Die Leute als Souverän und Störpotential

Zur präventiven Wende im Versammlungsrecht

I.

Im Begriff der "Demokratie" wird Herrschaft zweifach auf den "Demos" bezogen: Das Volk ist der souveränen Herrschaft des Volkes unterworfen. Daraus resultiert ein Widerspruch, der sich nur in illusionären Identitätsvorstellungen von "Volk" auflöst. Joseph Schumpeter hat dies besonders deutlich gemacht. Es ist, argumentiert er, schon schwierig genug zu bestimmen, was das Volk überhaupt ist. Und, so muss man heute hinzufügen, mit dem Abbau der Selbstverständlichkeiten des "methodologischen Nationalismus" im praktischen und theoretischen Denken ist dies noch schwieriger geworden. Noch komplizierter ist die Frage, was "die Herrschaft" bedeutet, die das Volk über sich selbst ausüben soll; und vor allem: "Wie ist es dem 'Volk' technisch möglich zu herrschen?" (Schumpeter 1975: 389).

Für Schumpeters Frage gibt es keine theoretische Lösung, sie weist vielmehr auf das praktische Problem einer Balance, die in Demokratien immer wieder gestört wird und darum immer wieder gefunden werden muss. Man kann sich das Problem am einfachsten klar machen, indem man es als Spannungsverhältnis zwischen zwei Polen stilisiert. Es geht dabei darum, als was die Leute (Vobruba 2009) politisch beobachtet werden: als Souverän oder als Störpotential.

Den einen Pol bezeichnet der Herrschaftstypus "Direkte Demokratie". Für ihn ist der Anspruch konstitutiv, die Interessen der Leute unmittelbar in Politik umzusetzen, sein Mittel ist die unbedingte Rückbindung der politischen Exekutive an die individuellen Interessenartikulationen. Problematische Folgen zeitig dieser Herrschaftstypus stets, wenn es um Interessen von Minderheiten und meist, wenn es um längerfristige Politikziele geht. Denn angesichts solcher Materien tendiert dieser Herrschaftstypus entweder zur Unterdrückung von Minderheiten oder zu Einigungen auf den gemeinsamen Nenner von Nicht-Entscheidungen. Genau daraus schöpft der Populismus seine Dynamik. Denn bei Populismus handelt es sich um eine Art suchterzeugender Politik. Sie trifft im Namen der unmittelbaren Interessen "Aller" politische Entscheidungen oder Nicht-Entscheidungen, deren Folgeprobleme die Leute für mehr von den selben Entscheidungen votieren lassen.

Der andere Pol lässt sich mit der Formel "Alles für das Volk, nichts durch das Volk" umschreiben. Es handelt sich dabei um die Idee der Herrschaft einer Elite, die für sich beansprucht, über privilegierte Einsicht zu verfügen, was zum Wohle aller ist. Manifestationen von Interessen, die sich dem zentral repräsentierten gemeinsamen Besten nicht einfügen, können nur als Störungen wahrgenommen und müssen unterdrückt werden. Dass sich heutzutage auch noch die letzte Diktatur als Herrschaft "im Namen des Volkes" deklarieren muss, mag man als Beleg für die sich weltweit durchsetzende Idee der Demokratie nehmen. An der Praxis von Unterdrückung ändert dies erst einmal freilich nichts. Die politisch domestizierte Version dieses Herrschaftstypus beruht auf der Legitimationsfigur des "bonum commune", das gegen individuelle Interessen ausgespielt wird; entweder als privilegierte Einsicht in das politische Gemeinwohl oder in die überlegene Rationalität von Märkten (Vobruba 2009: 145).

II.

Die Praxis der Politik in parlamentarischen Demokratien bewegt sich im Rahmen des Spektrums zwischen "Direkter Demokratie" und "Diktatur", weit entfernt von solchen Extremen. Sie pendelt zwischen Bürgerbeteiligung, Rücksicht auf Partialinteressen samt politischen Blockaden als deren häufige Folge einerseits und Durchregieren im Namen kollektiver Rationalität und Ordnung mit dem Risiko von Legitimationsproblemen und Wahlniederlagen andererseits. Mit diesen beiden Modi von Politik verbinden sich die beiden unterschiedlichen Perspektiven auf die Leute. Im Politikmodus "Bürgerbeteiligung" erscheinen sie eher als Souverän von Politik, im Modus "Durchregieren" eher als Störpotential.

Soziologisch lässt sich beobachten, dass es eine allgemeine Tendenz in der Entwicklung gibt, wie die Leute politisch-praktisch beobachtet werden. In zahlreichen Politikfeldern laufen Diskurse, Recht und Politik der letzten Jahrzehnte auf die zunehmende Dominanz kollektiver Rationalität über individuelle Interessenartikulationen hinaus. Es bietet sich an, diese Entwicklung am Beispiel eines Kernbestandes demokratischer Rechte in der bürgerlichen Gesellschaft zu untersuchen. Versteht man das Versammlungsrecht als institutionelle Voraussetzung einer politischen Öffentlichkeit, wird es als ein Kernbestand des bürgerlichen Rechtsstaats erkennbar. "Der Rechtsstaat als ein bürgerlicher etabliert die politisch fungierende Öffentlichkeit als Staatsorgan, um den Zusammenhang von Gesetz und öffentlicher Meinung institutionell abzusichern." (Habermas 1962: 103) Untersucht man anhand des Versammlungsrechts das Problem der Balance zwischen individuellen Handlungsspielräumen einerseits und der Aufrechterhaltung der öffentlichen Ordnung andererseits, kann man darum sicher sein, ein zentrales Problem moderner Demokratien im Blick zu haben.

III.

Gegenstand der Untersuchung von Gina Wollinger ist das Versammlungsgesetz (Bundesgesetz ursprünglich von 1953), dessen Novellierung sowie die relevante Rechtsprechung dazu, das bayrischen Versammlungsgesetz von 2008 und dessen Reform 2010. Diagnostiziert wird die zunehmende Orientierung der Gesetzgebung und – abgeschwächt – der Rechtsprechung an öffentlicher Sicherheit und öffentlicher Ordnung. Daraus ergeben sich zwei Linien der Entwicklung.

Zum einen verstärkt der Gesetzgeber die Bedeutung der Perspektive auf die Leute als Träger von unspezifischen Gefahren. Diese Sicht auf die Leute als Störfaktor leitet diverse Formen der Einschränkung von Versammlungsfreiheit an, und es wird der Spielraum für anlassunabhängiges polizeiliches Handeln erweitert. Dies führt zur Einschränkung von individuellen Handlungsspielräumen und zu polizeilicher Prävention. Diese Tendenz wird durch die Verschärfung von Sanktionen gegenüber Versammlungsteilnehmer und -leiter verstärkt.

Zum anderen werden die Versammlungsverantwortlichen selbst auf präventive Gefahrenerkennung verpflichtet. Dieser Übertragung von vordem genuin polizeilichen Pflichten an Private stellt eine Aufwertung und zugleich Inpflichtnahme von individueller Handlungsautonomie dar. Entscheidend ist nicht nur, ob Versammlungsleiter selbst einen Verbotsgrund repräsentieren, vielmehr werden sie verpflichtet, schon im Vorlauf einer von ihnen angemeldeten Versammlung Störpotentiale aufzuspüren und gegebenenfalls zu beseitigen. Diese Verpflichtung der Veranstalter wird als ihr Recht zur Gestaltung des Versammlungsablaufs formuliert. Dem Verpflichtungsaspekt wird durch ihre verschärfte polizeiliche Registrierung Nachdruck verliehen. Dies zeigt zweierlei. Zum einen wird deutlich, dass dem Verfahren, Verantwortung an Private abzutreten, um selbstverantwortlich Ordnung zu stiften, nicht allzu viel zugetraut wird. Zum anderen wird deutlich, dass damit den derart Aufgewerteten aus unzureichender Gefahrenerkennung und mangelnder privater Prävention selbst ein Rechtsrisiko entsteht.

IV.

Fasst man das frühere bundesweite Versammlungsgesetz, das bayrische Versammlungsgesetz 2008, die Stellungnahmen des BVerfG und das novellierte bayrische Versammlungsgesetz 2010 in ihrer Abfolge ins Auge, erkennt man, dass es sich teils um tatsächlich neue, restriktivere versammlungsrechtliche Rahmenbedingungen, teils um vielsagende Versuche dazu handelt. Denn nicht alles aus dem BayVersG 2008 hielt der Prüfung des BVerfG stand. Insbesondere einige Aspekte der Inpflichtnahme von Versammlungsleitern für die präventive Prüfung von Störpotentialen, also: ihre Responsibilisierung für die Einschätzung von Gefahren, die von Teilnehmern geplanter Versammlungen ausgehen könnten, mussten vom bayrischen Gesetzgeber revidiert werden, um das Gesetz verfassungskonform zu machen.

In der Entwicklung des Versammlungsrechts manifestiert sich eine zunehmende Dominanz von Ordnungsentwürfen, die im Namen kollektiver Rationalität gegen individuelle Interessen diskursiv vorbereitet und mit rechtlichen und politischen Mitteln durchgesetzt werden. Dabei wird deutlich, dass zwei Versionen der Verschiebung von Politik im Spannungsfeld zwischen individueller Interessenartikulation und Aufrechterhaltung der gesellschaftlichen Ordnung unterschieden werden müssen. Es sind dies: erstens, die Eingrenzung individueller Handlungsfreiheit zugunsten von Ordnung und zweitens, die Inpflichtnahme von individueller Handlungsfreiheit für die Absicherung von Ordnung. Die politische Steuerungsintention ist zwar in beiden Fällen dieselbe, sie unterscheiden sich aber grundlegend hinsichtlich ihrer Voraussetzungen und ihrer Ergebnisse. Im einen Fall handelt es sich um rechtliche Einschränkungen der individuellen Handlungsfreiheit. Diese Version politischer Steuerung zielt auf die erzwingende Regulierung individuellen Handelns. Sie ist mit dem schlichten Risiko des Rechtsbruchs belastet. Im anderen Fall, der Inpflichtnahme von individueller Handlungsfreiheit, geht es um ermöglichende Steuerung. Es werden individuelle Handlungsspielräume eingeräumt, die freilich im Sinne der Absicherung von Ordnung genutzt werden sollen. Dabei bleibt das Risiko, dass die Nutzung diese Handlungsspielräume zu Resultaten führt, die den politischen Steuerungsintentionen nicht entsprechen; sei es, weil die Leute ihre Handlungsspielräume nicht den Ordnungsvorstellungen entsprechend nützen, sei es, weil die individuellen Inpflichtnahmen zwar gelingen, kollektiv aber zu einem nicht intendierten Ergebnis führen (Vobruba 2009: 141ff.).

V.

Insgesamt leistet die Untersuchung einen Beitrag zu der langen Debatte über Entwicklungstendenzen des Arrangements zwischen individueller Handlungsautonomie und gesellschaftlichen Ordnungsvorstellungen; und zwar in theoretischer ebenso wie in praktischer Hinsicht.

Theoretisch trägt die Untersuchung wesentlich dazu bei, aktuelle Entwicklungen der Lösung jenes Grundproblems posttraditionaler Gesellschaft zu eruieren und zu verstehen, welche das Denken über moderne Politik seit Jahrhunderten antreibt. Es ist dies die Hobbes'sche Frage nach der Vereinbarkeit von Individualität und Ordnung, somit von individueller und kollektiver Rationalität, und daraus folgend die Frage nach institutionellen Arrangements, welche die Behandlung der Leute als Souverän und als Störpotential ausbalancieren können. In zahlreichen Politikfeldern dokumentiert sich hier eine Tendenz, in den Leuten in erster Linie Störpotential zu sehen. Ihr Fluchtpunkt ist "eine Pflichtenordnung ..., in der die Freiheit individueller Zweckverfolgung einem überindividuellen Zweck untergeordnet ist" (Preuss 1979: 86). Im Versammlungsrecht sind es zwei Entwicklungen, die in diesem Sinn ineinander greifen. Es handelt sich zum einen um die Reduzierung individueller Handlungsspielräume in öffentlichen Räumen durch das Versammlungsrecht selbst. Und es handelt sich zum anderen, weiter gehend, um die Ausbreitung von urbanen "Hybridräumen" (Nissen 2008: 293), die zwar öffentlich genutzt, rechtlich aber als privat codiert sind, und in denen darum das Recht öffentlicher Versammlung nicht greift.

Praktisch geht es in dem Text um eine Einmischung in die Gestaltung des Verhältnisses zwischen individueller Interessenverfolgung und gesellschaftlicher Ordnung, um einen Beitrag zum permanenten Problem der Justierung der politischen Beobachtung der Leute als Souverän und als Störfaktor. Denn es handelt sich nicht nur um eine soziologische, sondern auch um eine rechtskritische Untersuchung. Es werden mit den Mitteln des Rechts das Recht und spezifische Rechtsauslegung kritisiert.

Dem politischen Projekt Demokratie ist eigen, dass die Balance zwischen individueller Autonomie und kollektiver Ordnung prinzipiell prekär ist. Dieses Problem ist theoretisch unlösbar und verlangt nach einer permanenten Praxis von Reflexion, Kritik und politischer Gestaltung der sozialen Verhältnisse. Eine Voraussetzung dafür sind Analysen, die zeigen, ob die Balance prekär wird; wann und in welcher Weise eine der beiden Perspektiven auf die Leute – als Souverän und als Störfaktor – die andere zu dominieren droht. Das leistet diese Untersuchung.

Literatur

Habermas, Jürgen 1962. Strukturwandel der Öffentlichkeit. Untersuchungen zu einer Kategorie der bürgerlichen Gesellschaft. Neuwied, Berlin: Luchterhand.

Nissen, Sylke 2008. Hybridräume. Zum Wandel von Öffentlichkeit und Privatheit in der Stadt. In: Arch.europ.sociol., XLIX, 2. S. 277-306.

Preuss, Ulrich K. 1979. Die Internalisierung des Subjekts. Zur Kritik der Funktionsweise des subjektiven Rechts. Frankfurt a. M.: Suhrkamp.

Schumpeter, Joseph A. 1975 (1950). Kapitalismus, Sozialismus und Demokratie. München: Francke Verlag.

Vobruba, Georg 2009. Die Gesellschaft der Leute. Kritik und Gestaltung der sozialen Verhältnisse. Wiesbaden: VS Verlag für Sozialwissenshaften.

Zeitfracht Medien GmbH
Ferdinand-Jühlke-Straße 7
99095 Erfurt, Deutschland
produktsicherheit@kolibri360.de